U0829931

中等职业学校重点建设项目系列规划教材

基础会计

主　编:杨登红　曾祥坤　郝梦洁
副主编:欧常春

天津大学出版社
TIANJIN UNIVERSITY PRESS

图书在版编目（CIP）数据

基础会计 / 杨登红，曾祥坤，郝梦洁主编 ；欧常春副主编. -- 天津 ：天津大学出版社，2025. 2. -- (中等职业学校重点建设项目系列规划教材). -- ISBN 978-7-5618-7866-8

Ⅰ. F230

中国国家版本馆CIP数据核字第202480EU12号

出版发行	天津大学出版社
地　　址	天津市卫津路92号天津大学内（邮编：300072）
电　　话	发行部：022-27403647
网　　址	www.tjupress.com.cn
印　　刷	北京虎彩文化传播有限公司
经　　销	全国各地新华书店
开　　本	787mm×1092mm　1/16
印　　张	16.5
字　　数	412千
版　　次	2025年2月第1版
印　　次	2025年2月第1次
定　　价	49.00元

前 言

会计，作为人类社会经济活动的重要组成部分，其历史可追溯至古代社会生产实践的需要。从原始计量与记录时代的"刻木记数""结绳记事"，到现代会计系统的完善与发展，会计始终在经济活动中扮演着至关重要的角色。

《基础会计》作为会计学领域的入门级核心教材，旨在培养初学者从基础知识出发，逐步构建起完整的会计理论体系，进而掌握专业实务操作。本教材全面深入地介绍会计学的核心概念、原则和实务操作，内容丰富翔实，既适合会计学专业的学生使用，也可供非会计专业人士以及对会计知识有浓厚兴趣的朋友们学习参考。

在本次修订过程中，旨在为读者提供一本全面、系统、实用的会计基础教材，帮助读者掌握会计的基本理论、方法和常用操作实务。在编写本书过程中，我们广泛听取了各方读者的反馈和建议，对内容进行了系统梳理与完善，并引入了最新的会计准则和政策要求，以确保教材的时效性和前瞻性，力求做到内容准确、结构清晰、语言简练。同时，我们还特别增设了一些实用性强的章节和案例分析，旨在帮助读者更好地理解和应用理论知识，提高解决实际问题的能力。

我们相信，《基础会计》凭借其全面系统的内容、严谨的逻辑结构和生动翔实的案例剖析，定能为广大读者提供一场丰富的知识盛宴，助力您在会计学的海洋中扬帆起航，达成理想中的学术高度和实践能力。本教材在每章结尾处都配备了丰富的习题和实训练习，旨在帮助读者巩固所学知识，提高实际应用能力。

本书内容共分为 9 个项目，内容涵盖了会计的产生与发展、会计的含义与职能、会计要素与会计等式、账户与复式记账、企业主要经济业务的核算、账户的分类、会计凭证、会计账簿、成本计算、财产清查、财务报告以及会计核算组织程序等多个方面。通过本书的学习，读者可以全面了解会计的基本理论和核算方法，为从事会计工作打下坚实的基础。

采用本书进行教学时，应以理论与实训练习相结合，建议安排 72 学时，其中实训训练不少于 40 学时。具体学时安排可参考下表。

项目	项目内容	项目分配（学时）		
		讲授	实训	合计
项目一	会计知识准备	4	—	4
项目二	会计科目与账户	6	2	8
项目三	复式记账	4	2	6
项目四	会计凭证	4	2	6
项目五	企业相关业务核算	16	6	22
项目六	会计账簿	4	2	6

续表

项目	项目内容	项目分配		
		讲授	实训	合计
项目七	财产清查	4	2	6
项目八	财务会计报告	4	2	6
项目九	会计核算	4	2	6
机动		2	—	2
合计		52	20	72

此外，本教材还注重培养读者的思考能力和批判性思维。在介绍会计学的基本概念、原则和实务操作时，我们注重引导读者深入思考，培养他们分析问题和解决问题的能力。本教材通过大量的案例分析和实例，帮助读者更好地理解会计学的实际应用，使他们能够更好地适应未来的工作环境。

本教材采用了通俗易懂的语言和生动的案例，使读者更容易理解和接受会计学的知识。我们深知初学者可能会对会计学的概念和术语感到困惑，因此我们特别注意语言的通俗易懂，避免使用过于专业或难以理解的词汇。

最后，我们希望广大读者朋友能够通过本教材全面深入地了解会计学的知识，为未来的职业发展打下坚实的基础。

本书由新疆生产建设兵团第一师阿拉尔职业技术学校教师编写，由杨登红、曾祥坤、郝梦洁担任主编，欧常春担任副主编。其中，曾祥坤编写项目一、项目二、项目三，杨登红编写项目四、项目五，欧常春编写项目六、项目八，郝梦洁编写项目七、项目九。

写作过程中，编者尽力为读者提供更好、更完善的内容，但由于水平有限，书中难免存在不足，恳请广大师生批评指正，以便我们修改和完善。

目　　录

项目一　会计知识准备

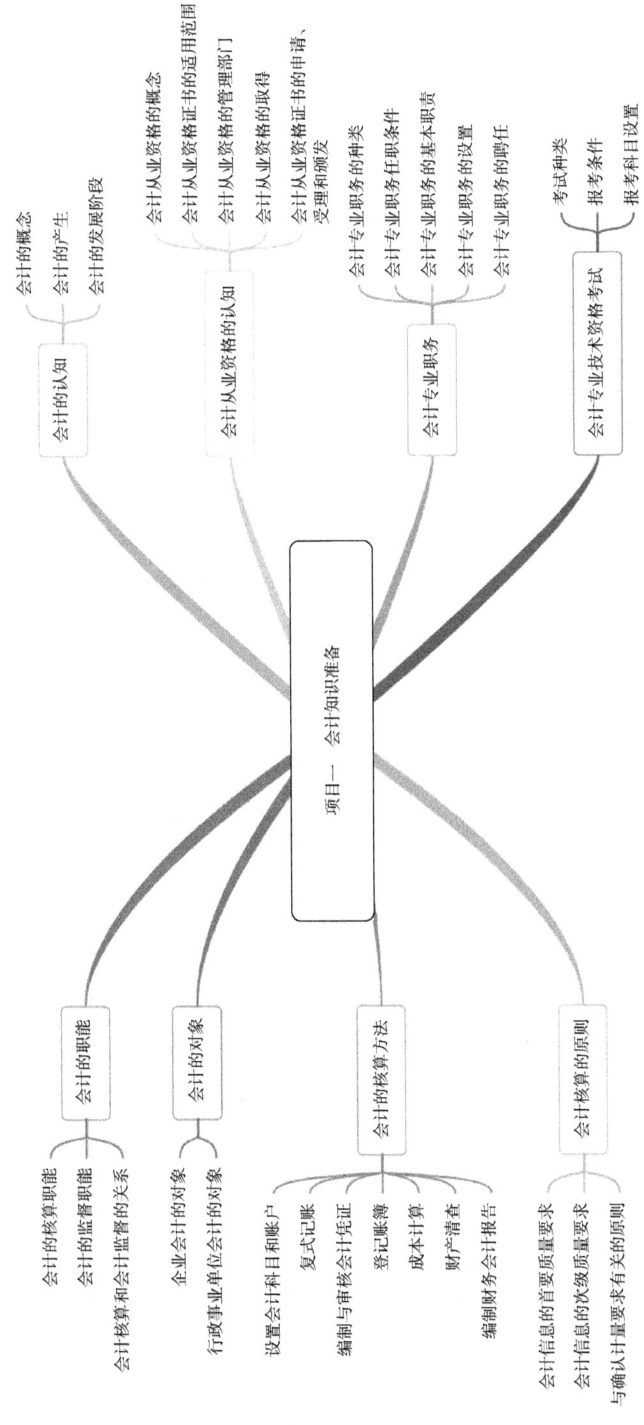

思维导图

1.1 会计的认知

1. 会计的概念

会计主要是以货币作为其主要计量单位,并运用一系列专门的技术方法,对特定对象的经济活动进行完整、连续、系统的核算与监督,以此来提高经济效益的经济管理活动。在这个过程中,会计还会向企业、事业单位等服务对象提供详尽的会计信息,以帮助其更好地进行经济决策。

2. 会计的产生

会计,作为一种重要的经济管理活动,它的产生与社会生产紧密相连,它是人类社会生产和发展的必然产物。随着社会生产力的不断提高和经济管理需求的日益增强,会计也在不断地发展并逐步完善。在物质资料的生产过程中,人类社会的生存和发展都离不开这个基础。人们在参与生产活动的过程中,虽然创造了丰富的物质财富,实现了劳动成果的转化,但是也不可避免地产生了劳动耗费,包括人力资源和物质资源的消耗。

在任何社会形态中,人们在开展生产活动时,总是希望能够以尽可能少的劳动耗费,获取尽可能多的劳动成果,从而实现所得大于所费,以此提升经济效益。因此,在开展生产活动时,人们必须采取一定的方法,对劳动的消耗和劳动成果进行观察、计量、记录和比较分析,以便对经营业绩进行评估。正是由于这种需求,会计便应运而生。可以说,会计的出现,正是为了适应社会生产的发展和经济管理的需要。

3. 会计的发展阶段

会计的发展阶段一般可以分为三个主要的时期:古代会计发展阶段、近代会计发展阶段以及现代会计发展阶段。

在古代会计发展阶段,由于社会生产力的提升,出现了剩余产品,因此会计逐渐从生产职能中分离出来,成为一种独立的职能。这个时期的会计活动主要以简单的记录为主,复式记账还未出现,这个阶段可以看作是会计的雏形阶段。在古代文明地区如中国、古巴比伦、古埃及、古印度与希腊等地区,都留下了关于会计活动的记载。

近代会计发展阶段一般认为始于复式簿记形成的前后。1494 年,意大利数学家卢卡·帕乔利在他的著作《算术、几何、比及比例概要》中,首次详细阐述了复式记账的基本原理。这一作品的出现,被认为是会计发展史上的第一个里程碑。随着工业化革命的到来,会计理论和方法也得到了显著的发展,从而完成了由簿记到会计的转化。1854 年,苏格兰成立了世界上第一家特许会计师协会,这被誉为会计发展史上的又一个里程碑。

现代会计发展阶段的标志是公认会计准则(Generally Accepted Accounting Principles, GAAP)的会计研究公报(Accounting Research Bulletins, ARB)的出现。这一阶段,会计理论与会计实务都取得了惊人的发展,这标志着会计的发展进入了一个成熟时期。此外,管理会计也从传统的、单一的会计系统中被分离出来,成为会计发展史上的第三个里程碑。

总的来说,会计的发展经历了从简单的记录到复式记账,再到现代会计理论和方法的发展,以及管理会计的分离,这三个主要阶段。

我国会计的发展历程可以追溯到远古时期，在经历了多个阶段后，逐步形成了具有中国特色的会计体系。

在以物物交换为主的原始社会，人们就开始有了简单的记账需求，会计工作主要是对物品的多少、质量的优劣等进行记录。随着农业的出现，人们开始有了剩余产品，会计工作也逐渐从简单的记录发展成为管理农民公社的财产和收支。

进入封建社会后，商业经济得到了发展，会计工作也逐渐专业化。明朝时期，出现了专门的会计书籍，如《算法统宗》，对会计的基本原理和方法进行了系统的总结。同时，明朝还设立了户部，专门负责国家的财政收支和会计工作。

鸦片战争后，中国进入了半殖民地半封建社会，西方的会计理念和制度开始传入中国。洋务运动时期，洋务派引进了西方的会计制度，设立了会计学堂，培养会计人才。戊戌变法时期，清政府颁布了《会计法》，这是中国第一部会计法律。

新中国成立后，会计工作得到了全新的发展。1950 年，我国制定了《中华人民共和国会计条例》，确立了计划经济体制下的会计制度。改革开放以来，我国会计制度逐渐与国际接轨，会计准则体系不断完善。1992 年，我国发布了《企业会计准则》，标志着我国会计准则体系的建立。

进入 21 世纪，我国继续深入推进会计工作改革，不断完善会计法律法规和准则体系。特别是近年来，我国会计行业在准则制定、人才培养、国际交流等方面取得了显著成果，为经济社会发展提供了有力的支持。

总体来说，我国会计的发展历程是一个不断学习、借鉴、创新的过程，会计制度在各个时期都为国家的经济社会发展做出了重要贡献。

1.2　会计从业资格的认知

1. 会计从业资格的概念

《中华人民共和国会计法》(以下简称《会计法》)第 38 条第 1 款和第 3 款明确规定，任何希望从事会计工作的人员都必须首先取得会计从业资格证书。这个证书不仅是个人能力的证明，也是其具备从事会计职业所需基本素质的标志。此外，会计人员从业资格证的具体管理办法，由我国国务院财政部门根据实际情况制定，以确保管理的科学性和严谨性。

第 39 条明确指出，会计人员不仅要取得从业资格证书，还需要遵守职业道德规范，不断提升自身的业务素质。这是对会计人员个人品质和职业能力的基本要求。为了达到这一要求，相关部门应当加强会计人员的教育和培训工作，确保每一位会计人员都能够熟练掌握专业知识，具备良好的职业素养。

第 40 条则对会计人员的违法行为进行了严格的规定。明确指出，任何因提供虚假财务会计报告、做假账、隐匿或故意销毁会计凭证、会计账簿、财务会计报告，或因贪污、挪用公款、职务侵占等与会计职务有关的违法行为被依法追究刑事责任的人员，都将失去取得或重新取得会计从业资格证书的资格。这一规定旨在保障会计职业的纯洁性，维护国家财经秩序和公共利益。

总体来说，《会计法》中关于会计从业资格、会计人员职业道德教育和业务培训的规定，既是对会计人员个人素质和职业能力的要求，又是对会计职业整体形象和信誉的维护。会计从业资格证书不仅是进入会计职业的“门槛”，更是会计人员职业生涯中不可或缺的重要文件。持有会计从业资格证书的人员，应严格遵守相关规定，不得涂改、转让会计从业资格证书，以保持会计职业的声誉和形象。

2. 会计从业资格证书的适用范围

首先，持有会计从业资格证书的人员可以在我国各类企事业单位、社会团体以及其他组织中从事会计工作。这包括但不限于财务会计、成本会计、管理会计、财务管理等岗位，涵盖了各类会计职能和会计业务。

其次，会计从业资格证书的适用范围还涉及持证人可以担任会计主管、会计负责人等职务。在这些职务岗位上，持证人需要具备更高的专业素养和领导能力，为组织的财务管理提供有力支持。

再次，持有会计从业资格证书的人员还可以在会计师事务所、审计师事务所等中介服务机构从事审计、鉴证等相关工作。在这些机构中，持证人需要运用专业知识和技术，对企业的财务状况、经济活动等进行独立、客观的审查和评价。

最后，会计从业资格证书的持有者还可以在政府部门及其下属单位从事会计工作。在这些岗位上，持证人需要遵守国家法律法规，为政府部门提供专业的会计服务，确保公共资源的合理使用和有效管理。

总体来说，会计从业资格证书的适用范围相当广泛，涵盖了各类企业、事业单位、社会团体以及其他组织。同时，持证人还可以在会计师事务所、审计师事务所等中介服务机构以及政府部门及其下属单位从事会计、审计等相关工作。这为持证人提供了丰富的职业选择和发展空间。

3. 会计从业资格的管理部门

在我国，会计从业资格的管理遵循属地原则，也就是说，这项工作主要由县级以上地方人民政府财政部门来负责，它们会对本行政区域内的会计从业资格进行有效管理。然而，由于我国的国情以及管理工作的实际需求，某些中央业务主管部门也可以负责其部门或系统的会计从业资格管理。

例如，财政部就委托了中共中央直属机关事务管理局和国家机关事务管理局，按照各自的权限，分别负责中央在京的会计从业资格的管理。同样，新疆生产建设兵团财政局负责所属单位的会计从业资格的管理。铁道部也被委托负责铁路系统的会计从业资格的管理。此外，财政部还委托中国人民武装警察部队后勤部和中国人民解放军原总后勤部分别负责中国人民武装警察部队、中国人民解放军系统的会计从业资格的管理。这样的管理模式既考虑到了我国的实际情况，又保证了会计从业资格管理的高效和有序。

4. 会计从业资格的取得

会计从业资格的获取是通过考试制度来实现的。具体的考试科目涵盖了《财经法规与会计职业道德》《会计基础》以及《初级会计电算化》（或珠算五级）。

关于会计从业资格的报名条件，申请参加考试的人员需满足以下基本条件：首先，必须遵守会计及其他财经法律、法规；其次，需具备良好的道德品质；最后，需具备会计专业的基本知识和技能。值得注意的是，因违反《会计法》第 42 条、第 43 条、第 44 条所列情形而被依法吊销会计从业资格证书的人员，在自被吊销之日起的5年内（含5年），将不得参加会计从业资格考试，也无法重新取得会计从业资格证书。此外，对于因提供虚假财务会计报告、做假账、隐匿或故意销毁会计凭证、会计账簿、财务会计报告，以及贪污、挪用公款、职务侵占等与会计职务相关的违法行为而被依法追究刑事责任的人员，同样不得参加会计从业资格考核，也无法取得或重新取得会计从业资格证书。

在会计从业资格的部分考试科目中，存在免试条件。具体而言，若申请人符合会计从业资格报名条件，并持有国家教育行政主管部门认可的中专以上（含中专，下同）会计类专业学历（或学位），则自毕业之日起的2年内（含2年），可免试《会计基础》及《初级会计电算化》（或珠算五级）两门课程。这里的会计类专业包括会计学、会计电算化、注册会计师专门化、审计学、财务管理及理财学。

5. 会计从业资格证书的申请、受理和颁发

1）会计从业资格证书的申请

会计从业资格考试全科合格的申请人，可以向会计从业资格考试所在地县级以上地方财政部门、新疆生产建设兵团财政局和中央主管单位（以下简称“会计从业资格管理机构”）申请会计从业资格证书。县级以上地方财政部门会计从业资格证书的颁发权限由各省、自治区、直辖市、计划单列市财政部门确定。

申请会计从业资格证书时，应当填写《会计从业资格证书申请表》，并持下列材料：考试成绩合格证明，有效身份证件原件，近期同一底片一寸免冠证件照两张。

符合会计从业资格部分考试科目免试条件，且《财经法规与会计职业道德》考试成绩合格的申请人，还需提供学历或学位证书原件（中国香港特别行政区、中国澳门特别行政区、中国台湾地区居民及外国居民的学历或学位须经中华人民共和国教育行政主管部门认可）。

申请人可以通过委托代理人申请会计从业资格证书。申请人应当对其申请材料实质内容的真实性负责。

2）会计从业资格证书申请的受理

申请人的申请材料齐全且符合规定形式的，会计从业资格管理机构应当场受理；申请材料不齐全或者不符合规定形式的，会计从业资格管理机构应当场或者5日内一次告知申请人需要补正的全部内容，逾期不告知的，自收到申请材料之日起即为受理。会计从业资格管理机构受理或者不予受理会计从业资格证书申请，应当出具书面证明，同时注明日期，并加盖本机构专用印章。

3）会计从业资格证书的颁发

会计从业资格管理机构能够当场作出决定的，应当场作出颁发会计从业资格证书的书面决定；不能当场作出决定的，应当自受理之日起20日内对申请人提交的申请材料进行审查，并作出是否颁发会计从业资格证书的决定；20日内不能作出决定的，经会计从业资格管理机构负责人批准，可以延长10日，并应当将延长期限的理由告知申请人。

会计从业资格管理机构作出准予颁发会计从业资格证书的决定，应当自作出决定之日起10日内向申请人颁发会计从业资格证书。

会计从业资格管理机构作出不予颁发会计从业资格证书的决定，应当说明理由，并告知

申请人享有依法申请行政复议或者提起行政诉讼的权利。

1.3 会计专业职务

1. 会计专业职务的种类

会计专业职务是用来区分会计人员在其业务领域内的技术水平和专业能力的等级分类。这种分类系统旨在衡量会计人员在其职业生涯中所积累的专业知识、技能以及工作经验的深度和广度。会计专业职务的等级划分包括高级会计师、会计师、助理会计师以及会计员,这四个等级分别代表了会计人员专业技能的不同层次和业务能力的差异。

高级会计师是会计专业职务中的高级等级,这一职务的人员通常需要拥有丰富的会计理论知识和实践经验,以及高度的专业判断力和决策能力。他们往往负责制定会计政策和标准,对复杂的会计问题进行分析和处理,并在一定程度上对会计部门的运营和管理负责。

会计师是中级职务,他们应当具备扎实的会计理论知识和较为熟练的会计操作技能。在日常工作中,会计师负责执行和维护会计政策,进行日常账务处理、财务报告编制,以及参与预算编制和财务分析等工作。

助理会计师和会计员则属于初级职务,他们通常刚进入会计行业,需要通过学习和实践不断提升自己的专业技能。助理会计师和会计员的工作主要包括协助完成会计记录、处理简单的会计事务、执行日常的财务管理工作等。他们通过不断积累经验,逐步提高业务水平,向更高层次的职务发展。

这种职务级别的设立,不仅有助于激励会计人员积极提升自己的业务技能和专业素养,而且也有利于促进会计队伍的规范化建设和整体业务水平的提高。通过明确不同职务的职责和要求,可以更好地指导会计人员的职业发展路径,为他们提供公平竞争的平台,从而为整个会计行业的发展贡献力量。

2. 会计专业职务任职条件

会计专业人员必须拥护中国共产党的领导,热爱祖国,坚持四项基本原则,遵守和执行《会计法》,积极为社会主义建设事业服务。

(1)会计员的基本条件:①初步掌握财务会计知识和技能;②熟悉并能正确执行有关会计法规和财务会计制度;③能担负一个岗位的财务会计工作;④大学专科或中等专业学校毕业,在财务会计工作岗位上见习一年期满。

(2)助理会计师的基本条件:①掌握一般的财务会计基础理论和专业知识;②熟悉并能正确执行有关的财经方针、政策和财务会计法规、制度;③能担负一个方面或某个重要岗位的财务会计工作;④取得硕士学位,或取得第二学士学位或研究生班结业证书,具备履行助理会计师职责的能力;大学本科毕业,在财务会计工作岗位上见习一年期满;大学专科毕业并担任会计员职务二年以上;中等专业学校毕业并担任会计员职务四年以上。

(3)会计师的基本条件:①较系统地掌握财务会计基本理论和专业知识;②掌握并能正确贯彻执行有关的财经方针、政策和财务会计法规、制度;③具有一定的财务会计工作经验,能胜任一个单位或管理一个地区、一个部门、一个系统某个方面的财务会计工作;④取得博士学位,并具有履行会计师职责的能力;取得硕士学位并担任助理会计师职务二年左右;取得第二学士学位或研究生班结业证书,并担任助理会计师职务二年至三年;大学本科或大学专科毕业并担任助理会计师职务四年以上;⑤掌握一门外语。

(4)高级会计师的基本条件:①较系统地掌握经济、财务会计理论和专业知识;②具有较高的政策水平和丰富的财务会计工作经验,能担负一个地区、一个部门或一个系统的财务会计管理工作;③取得博士学位,并担任会计师职务二年至三年;取得硕士学位、第二学位或研究生班结业证书,或大学本科毕业并担任会计师职务五年以上;④较熟练地掌握一门外语。

各级专业职务的学历和从事财务会计工作年限的要求,一般都应满足,但对确有真才实学、成绩显著、贡献突出、符合任职条件的,在确定其相应专业职务时,可以不受学历和工作年限的限制。

3. 会计专业职务的基本职责

会计专业职务,主要是指在企业、机关、团体等组织中,承担会计核算、财务管理、审计等工作的专业技术职务。会计专业职务的基本职责包括但不限于以下几个方面。

第一,会计专业职务需要负责日常的会计核算工作。这包括对企业的各项经济业务进行详细的记录、分类、汇总,确保财务数据的准确性和完整性。同时,还需要对各项财务数据进行分析和解读,为企业管理层提供决策依据。

第二,会计专业职务需要参与企业的财务管理。这包括制定和执行财务管理制度,监控企业的财务状况,确保企业的财务运作符合法律法规和内部规定。同时,还需要参与企业的预算编制和执行,确保企业的资金使用效率和财务状况的健康。

第三,会计专业职务需要承担审计工作。这包括对企业的财务报表进行审计,确保财务报表的真实性和准确性。同时,还需要对企业的内部控制进行审计,及时发现和纠正企业的财务风险和问题。

第四,会计专业职务还需要进行会计咨询和服务。这包括为企业提供会计政策咨询,帮助企业理解和应用会计政策。同时,还需要为企业提供财务管理咨询,帮助企业优化财务管理。

第五,会计专业职务需要不断学习和提升自己的专业能力。这包括关注和研究会计领域的最新发展和变化,参加相关的培训和学习。同时,还需要通过实践和思考,不断提升自己的专业水平和综合素质。

总体来说,会计专业职务的基本职责是负责企业的财务核算、管理、审计等工作,并提供相关的咨询和服务,同时不断提升自己的专业能力。

4. 会计专业职务的设置

会计专业职务的设定,完全取决于各个单位对于会计工作的具体需求。在实施过程中,必须严格遵守国家的相关规定,确保职务设置的数量不超过限额,同时也要符合批准的编制要求。为了保证整个流程的合法性和规范性,相关单位需要按照既定的程序进行职务设置的申报工作,并在得到批准之后,方可正式实施。这一系列的操作,旨在确保会计工作的专业性、准确性和规范性,从而更好地服务于我国的经济建设和社会发展。

5. 会计专业职务的聘任

会计专业职务的聘任,是指在各类企事业单位、社会团体及个体工商户等组织中,对具有会计专业技能和知识的人员，根据其业务能力、工作业绩、职业道德等条件，经过一定的程序和考核，赋予其相应的会计专业技术职务，并与其签订聘任合同，明确双方的权利和义务的过程。

会计专业职务的聘任，既是对会计人员专业素质和业务能力的认可，也是对其职业责任和使命感的强化。会计人员在接受聘任后，应严格遵守国家法律法规，遵循会计职业道德规范，认真履行会计职责，保证会计信息的真实性、准确性和完整性，为单位的决策提供有力的财务支持，维护单位的合法权益。

会计专业职务的聘任，通常需要经过以下程序：一是单位根据业务需要和岗位空缺情况，制订会计职务聘任计划，并向社会发布招聘信息；二是应聘者根据自己的实际情况，提交应聘材料，包括身份证明、学历证书、资格证书、工作经历证明等；三是单位对应聘者进行资格审查，组织必要的考试或考核，评价应聘者的专业能力和综合素质；四是根据考核结果，单位确定拟聘人员名单，进行公示，接受社会监督；五是单位与拟聘人员签订聘任合同，明确聘期、职责、待遇等事项；六是单位为聘任人员提供必要的培训和职业发展机会，促进其业务水平和综合素质的提升。

会计专业职务的聘任，既有利于激发会计人员的工作积极性和创造性，也有利于提高会计队伍的整体素质和业务水平，对于保障和促进我国经济社会的健康发展具有重要意义。

1.4 会计专业技术资格考试

1. 考试种类

会计专业技术资格被明确划分为初级、中级和高级三个层次。初级与中级会计资格的取得，遵循全国统一的考试制度；而高级会计师技术资格的评定，则结合了考试与评审的双重机制。通过参与并成功通过全国统一的会计专业技术资格考试的会计人员，标志着其已具备履行相应会计专业职务所需的水平与能力。需注意的是，所取得的专业技术资格并不直接对应或影响会计人员的工资待遇。在岗位需求出现时，单位将依据相关规定，秉持德才兼备的选拔原则，从已取得会计专业技术资格的会计人员中，择优进行聘任。

2. 报考条件

（1）参与会计专业技术资格考试的候选人需满足以下基本条件：①秉持原则，展现出卓越的职业道德品质；②严格遵循《会计法》及国家统一的会计制度，同时遵守相关财经法律、法规及规章制度，无任何严重违反财经纪律的记录；③恪尽职守，热爱并全身心投入本职工作；④具备会计从业资格，且持有有效的会计从业资格证书。

（2）欲报名参加会计专业技术初级资格考试的候选人，除需满足上述基本条件外，还需具备教育部门认可的高中毕业及以上学历。

（3）对于有意向报名参加会计专业技术中级资格考试的候选人，除基本条件外，还需满足以下条件之一：①拥有大学专科学历，并具备五年以上会计工作经验；②持有大学本科学历，并具备四年以上会计工作经验；③获得双学士学位或研究生班毕业，同时拥有两年以上会计工作经验；④取得硕士学位，且具备一年以上会计工作经验；⑤获得博士学位。

（4）凡是通过全国统一考试，成功取得经济、统计、审计专业技术、中初级资格的人员，且符合前述所列的基本条件，均有资格报名参加相应级别的会计专业技术资格考试。

若出现以下任一情形，会计考试管理机构将吊销其会计专业技术资格，并由发证机关收回其会计专业技术资格证书，同时在二年内禁止其再次参加会计专业技术资格考试：①伪造学历、会计从业资格证书及资历证明；②在考试期间存在违纪行为。

3. 报考科目设置

（1）会计专业技术初级资格考试包含以下科目：《初级会计实务》与《经济法基础》。所有参与初级资格考试的考生，必须确保在一个完整的考试年度内，成功通过所有科目的考核。

（2）会计专业技术中级资格考试的科目包括：《中级会计实务》《财务管理》与《经济法》。参与中级资格考试的考生，同样需在一个考试年度内，全面通过所有科目的考试。

（3）会计专业技术资格考试原则上按年度进行，通常定于每年五月的第三个星期六与星期日举行。如遇特殊情况需对考试时间进行调整，财政部与人事部将提前通知各地相关机构。

1.5　会计的职能

会计的职能是指会计在经济管理过程中所具有的作用和能力。会计的职能是由其本质属性和特征所决定的，是会计所固有的、直接的职能。随着社会经济的发展，会计的内容和作用在不断地扩大，会计的职能也在不断地发展和完善。在传统意义上，会计的职能主要体现在记账、算账和报账等方面。然而，随着市场经济的深入发展和科技水平的不断提高，现代会计的职能也在不断地创新和发展。尽管如此，会计的基本职能却始终不变。《会计法》对会计的基本职能作出了明确的表述：会计核算与会计监督。

1. 会计的核算职能

会计的核算职能主要是指会计以货币为主要计量单位，通过确认、记录、计算、报告等环节，从数量方面全面反映企业已经发生或已经完成的各项经济活动，并为经济管理提供会计信息的功能。会计的核算职能是会计最基本的职能，它贯穿于经济活动的全过程。会计核算职能的基本特点主要包括以下三个方面。

（1）会计核算主要是利用货币计量单位对经济活动的数量方面进行核算。从数量方面反映经济活动，可以采用货币量度、实物量度和劳动量度（劳动工时）这三种量度，但在市场经济条件下，利用货币计量，通过价值量的核算才能综合反映单位的经济活动的过程和结果。因此，会计核算从数量上反映单位的经济活动状况，是以货币计量为主，以实物量度和劳动量度为辅助。

（2）会计核算主要是对已经发生的经济活动进行事中、事后的核算，同时也为预算、经营决策和管理控制提供信息。会计核算对发生的经济活动进行事中、事后的记录、核算和分析，通过加工处理后提供会计信息，反映单位经济活动的现时情况和历史状况，同时，还要分析和预测经济前景，为经营管理决策提供信息，满足会计信息使用者的需要，以更好地发挥会计的管理功能。

（3）会计核算具有完整性、连续性和系统性。完整性是指会计核算对所有会计对象都应无一遗漏地进行计量、记录和报告。连续性是指会计核算对发生的经济业务的计量、记录和报告要连续进行,不得有任何中断。系统性是指对发生的经济业务要采用科学的核算方法,分门别类地进行计量、记录和报告,提供系统的会计信息。由此可以看出,完整性、连续性和系统性三者缺一不可、相辅相成,它们之间的有机结合是会计信息资料真实性和可靠性的保证。

2. 会计的监督职能

会计的监督职能主要是指按照一定的目的和要求,利用会计核算所提供的经济信息,对各单位的经济活动的合法性、合理性进行审查、控制,使之达到预期目标的功能。会计监督职能的基本特点包括以下三个方面。

(1)会计监督主要通过价值指标来全面、及时、有效地控制单位的经济活动。会计核算主要通过货币计量,提供一系列综合反映各单位经济活动的价值指标,如资产、负债、所有者权益、收入、成本、费用、利润以及偿债能力、获利能力、营运能力等指标。会计监督就是依据这些价值量指标进行的。通过价值量指标对各单位的经济活动进行监督,不仅可以比较全面地控制各单位的经济活动,而且可以经常地、及时地对经济活动进行指导和调节。此外,根据需要,有时也利用实物量度进行实物监督。

(2)会计监督与会计核算活动同时进行,包括事前、事中和事后监督。事前监督是会计在经济活动开始前所进行的监督,如通过制定预算和定额,控制消耗和费用,通过对会计资料的分析利用,找出差距,制定措施,从而做到在事前就有目的地控制经济活动的进程。事中监督是会计对正在发生的经济活动过程和取得的核算资料进行审查、分析,并据以纠错、纠偏,控制经济活动按预定目标和要求进行。事后监督是会计对已经发生的经济活动以及相应的核算资料进行的审查、分析和评价,监督经济活动的合理性、合法性和有效性。

(3)会计监督包括内部监督和外部监督。为了保证各单位经济活动的合法性,各单位除对经济活动全过程进行内部监督外,还要接受国家财政、上级主管部门、税务、银行等部门的监督和注册会计师的社会监督。

3. 会计核算和会计监督的关系

会计核算和会计监督的关系十分密切,两者相辅相成。会计核算是会计监督的基础,会计监督是会计核算的保证,两者必须结合起来发挥作用,才能正确、及时、完整地反映经济活动,有效提高经济效益。如果没有可靠、完整的会计核算资料,会计监督就没有客观依据。反之,只有会计核算没有会计监督,会计核算也就没有意义。

随着社会经济的不断发展,会计的职能也在不断地发生变化,一些新的职能不断出现。一般认为,除了会计核算、会计监督两个基本职能之外,会计还有分析经济情况、预测经济前景、参与经济决策等各种职能。

1.6 会计的对象

会计对象可理解为会计的客观存在,特指会计核算和监督的焦点。任何可量化为货币的特定主体的经济活动,皆可视为会计对象。明确这一对象,旨在界定会计工作的具体范围,以更有效地发挥其会计职能。会计的具体对象涉及各个单位会计实践的详细内容。由于各组织的结构差异，其资金及其动态表现形式各异，故会计对象的具体内涵也会有所区别。

1. 企业会计的对象

企业作为社会经济活动的重要组成部分，是按照经济核算的基本原则运行的组织实体。它们以独立经营、自负盈亏、独立核算为运作模式，旨在通过商品、产品生产或提供服务来获取利润。企业类型多样，包括但不限于工业企业、商品流通企业、农业企业、施工企业、房地产开发企业、旅游饮食服务企业以及金融企业等，这些企业共同构成了全球经济的多元生态系统。

企业会计作为企业管理和决策的重要工具，其研究对象是企业再生产过程中的资金运动。这涵盖了资金的取得，如通过发行股票、债券或银行贷款等方式获取资金；资金的循环与周转，如投入生产、购买原材料、支付工资、支付运营成本等；以及资金的耗费与收回，如产品销售后收回的销售收入，扣除成本后的利润等。在各种类型的企业中，工业企业与商品流通企业的经济活动最具典型性，因为它们更直接地反映了资金的流入、使用和回收的全过程。

理解企业及其会计对象，对于投资者、管理者、政策制定者以及社会公众来说都至关重要。它可以帮助我们评估企业的经营状况，预测未来的盈利能力，制定合理的投资策略，同时也有助于政府制定有效的经济政策，促进社会经济的健康发展。因此，深入研究企业及其会计对象，对于揭示经济运行的规律，推动企业创新和经济增长具有深远的意义。

1）工业企业会计的对象

工业企业的主要活动是从事产品生产以及进行与生产有关的购销业务活动，即用货币资金购进生产所需的各种材料，投入生产发生生产耗费，制造出产品，并通过销售实现产品的价值。工业企业的主要生产经营过程分为供应、生产和销售三个阶段，其经济业务主要有资金筹集、供应（采购）、生产、销售、分配等几个过程。上述资金运动过程，如图 1-1 所示。工业企业，如汽车制造商或电子产品生产商，主要关注产品的生产过程，从原材料采购到成品制造，再到市场销售，形成了一条完整的产业链。而商品流通企业，如零售商或批发商，它们在供应链中起着桥梁作用，将制造商的产品传递到消费者手中，促进商品的流通。

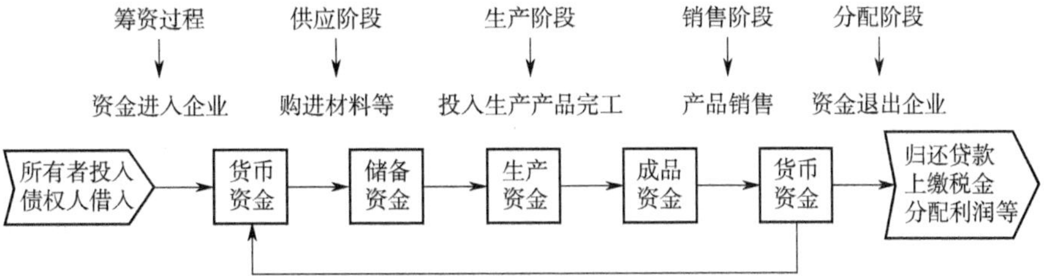

图 1-1　工业企业资金运动图

2）商品流通企业会计的对象

商品流通企业的主要经济活动是组织商品流转，把工农业产品通过买卖活动从生产领域转向消费领域，并对已实现的商品价值进行分配。商品流通企业的经营过程分为购进、销售两个阶段，其经济业务包括资金筹集、供应（采购）、销售、分配等，商品流通企业的经济活动，除了缺少生产阶段外，其他内容与工业企业相似。

2. 行政事业单位会计的对象

行政事业单位作为国家行政管理和社会公共服务的重要载体，与企业有着本质的区别。它们不以营利为目的，而是以实现公共利益和社会效益为核心目标。这些单位的运行和活动，是国家治理体系和治理能力现代化的重要组成部分，它们承担着政策执行、公共服务提供、社会管理等多元化的职责。

为了有效地履行这些职责，行政事业单位需要一定的资金支持。这些资金主要来源于国家的预算拨款，这是国家财政对行政事业单位进行资金配置的主要方式。预算拨款的数额和使用范围，通常由国家的法律法规和财政政策来确定，以确保资金的合理、有效和透明使用。

预算拨款并非一次性完成，而是根据行政事业单位的年度预算计划进行。在预算年度内，各单位会根据预先制订的预算计划，以货币形式支付人力、物力、财力等各种资源，以支持其日常运营和专项任务的实施，这些支出被称为预算支出。预算支出涵盖了人员薪酬、办公费用、设备购置、项目实施等各项费用，是行政事业单位运行的血液，确保其各项工作的顺利进行。

预算拨款和预算支出构成了行政事业单位会计对象的主要内容，是其财务管理的核心。通过科学、精细的预算管理，行政事业单位可以实现资源的合理配置，提高资金使用效率，更好地服务于国家大局和公众需求。同时，预算管理也是行政事业单位接受国家审计和社会监督的重要途径，有助于提升其财务透明度和公信力。

总体来说，行政事业单位在非营利性的基础上，通过国家预算拨款和预算支出的管理，实现其公共服务和社会管理的职能，为国家的稳定和发展贡献力量。

1.7 会计的核算方法

会计方法是用于处理和监控会计对象，实施会计管理，以及达成会计目标的一系列手段。此范畴涵盖了会计核算方法和会计管理方法。会计核算方法，作为会计方法的基石，是初学者必须熟练掌握的基本概念，因此，我们的重点将主要放在阐述会计核算方法的内容上。会计管理方法，是在会计管理实践中运用的策略，它包括会计分析技术、会计检查策略、会计预测方法等不同形式。

会计核算方法的核心功能是对单位已完成的经济活动进行持续、有序和全面的记录和监督。这通常涉及一系列专业方法，如设置会计科目与账户、采用复式记账法、编制与审核会计凭证、登记账簿、进行成本计算、执行财产清查，以及编制财务会计报告等七大关键步骤。

1. 设置会计科目和账户

设置会计科目与账户是一种专门的策略，用于对会计对象复杂多样的具体内容进行有条不紊的核算与监控。鉴于会计对象的多样性，为了实现有序的核算和持续的监督，我们需要对经济活动进行严谨的分类，从而能够有组织地、连续不断地进行记录。会计科目，正是对会计要素具体内容进行分类核算的工具。在构建会计体系时，我们会预先设定这些核算类别，接着在账簿中依据会计科目设立账户，以此结构化、系统化、连贯地记录单位的各类经济业务事件。这不仅揭示了会计要素具体内容因经济活动而产生的增减变动情况，还提供了多种性质、满足管理需求的定制化信息和指标。

2. 复式记账

复式记账是一种会计技术，它将每一项经济交易以相等的数额，在两个或两个以上相互关联的账户中同步登记。此方法旨在体现任何项经济活动对资金流动或财务收支产生的双重影响。以 20 万元购入汽车为例，这将导致银行存款减少相同金额，但同时汽车作为固定资产的价值相应增加。通过实施复式记账，可详尽无遗地追溯每一笔交易的始末，有助于防止会计错误，便于评估账簿记录的准确性和完整性，因此，它被视为一种高度科学的记账方式。

3. 编制与审核会计凭证

会计凭证是记载经济交易，明晰经济责任，且用作会计记账基础的书面证据。其制作与审核过程，涉及每一宗实际发生的经济活动，应详细记录其发生时刻、具体事项、涉及的数量以及金额，确保所有信息在会计凭证中准确无遗漏。同时，要对凭证进行严谨的核查，只有经过严格审核、确认无误的会计凭证，才能作为登记会计账簿的可靠依据。正确执行会计凭证的编制和审核，是核算经济活动、监控财务流动的基础，也是确保会计工作质量的首要条件。

4. 登记账簿

账簿作为一种详尽、连贯且有序记录各项经济活动的档案，是保存会计信息的关键工具。记账，即登记账簿的过程，涉及将会计凭证中反映的经济业务，按照时间顺序逐一分类录入相应的账簿，并确保定期执行结账和对账操作，以便为编制全面且结构化的财务会计报告提供准确且全面的数据。账簿记录作为至关重要的会计信息来源，是进行会计分析和会计审核的重要参考依据。

5. 成本计算

成本计算是一种精细的策略，涉及在生产运营或业务活动中，系统性地汇集和分配与特定对象相关的各项费用。其目标在于量化这些对象的总成本及单位成本。产品成本，作为一个综合性的指标，它全面揭示了企业的运营效率。准确的成本计算至关重要，它能评估生产运营过程中的成本支出效率，为企业盈亏的判定和产品定价提供坚固的基石，同时，也为企业的经营决策输送关键的数据支持。

6. 财产清查

财产清查是一种详尽的核查手段，涉及对货币余额、实物资产及债权债务的逐项盘点或账目比对，以确知其实际存量，并与会计记录中的数额进行对比，以验证账实是否一致。此过程旨在提升会计信息的精确性，确保账实相符无误。此外，清查亦能揭示各类财产物资的保管和使用状况，以及各种结算款项的执行状态。如此，对于滞留或损坏的资产及逾期未结算的款项，就能及时采取相应措施，进行有效清理，同时强化财产物资的管控机制。

7. 编制财务会计报告

财务会计报告是综合展示企业在特定时点的财务状况，以及在特定会计时段内经营业绩和现金流动情况的书面文档。它是以日常会计核算数据为基石，经过系统性的汇集、加工和提炼后形成的，体现了企业会计核算的巅峰成果。

会计核算的七大方法各自承载独特的意义和功能，尽管独立存在，但彼此间的关系犹如一张精密的网，相互联系、互为依存、彼此制约，共同构建了一个完整的核算体系。在实际操作中，应精准地运用这些方法。通常，当经济活动发生后，需遵循既定程序编制和审核会计凭证。接着，采用复式记账原理在相关账簿中进行系统记录。到了会计期末，还需对生产运营中产生的费用进行精确的成本计算，以及进行全面的财产清查。这一切都建立在账证无误、账账相符、账实一致的基础上，最后根据账簿的详细记录来编制财务会计报告。会计核算的工作流程，如图 1-2 所示，环环相扣，严谨有序。

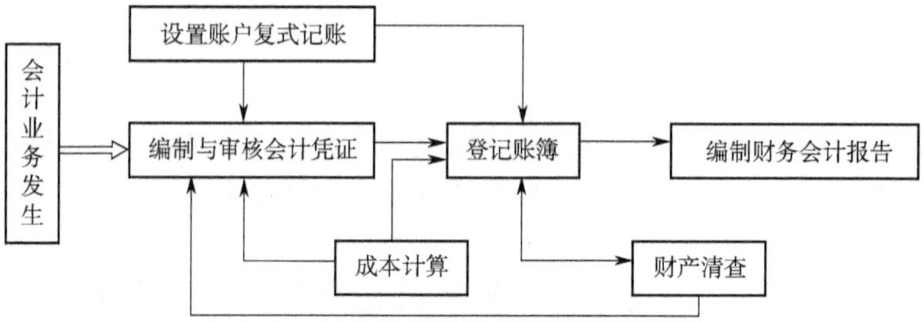

图 1-2　会计核算方法工作程序图

这些方法相互配合运用的程序如下：

（1）经济业务发生后，经办人员要填制原始凭证，原始凭证经会计人员审核整理后，按照设置的会计科目，运用复式记账法编制记账凭证，并据以登记账簿。

（2）依据会计凭证和账簿记录对生产经营过程中发生的各项费用进行成本计算。

（3）通过财产清查，对账簿记录加以核实，保证账实相符。

（4）会计期末，根据账簿记录资料和其他资料，进行必要的加工计算，编制财务会计报告。

1.8　会计核算的原则

会计核算的基本原则旨在设定信息标准和质量规范，为处理各种会计事务提供坚实的理论依据。这些原则确保财务报告中披露的会计信息对投资者等利益相关者的决策过程具有实质性的辅助作用，这是对会计信息质量的首要期望。依据核心准则，会计信息质量的衡量标准涵盖了可信性、相关性、可理解性、可比性、实质超越形式、重要性、审慎性和时效性等多个维度。

1. 会计信息的首要质量要求

（1）可靠性。可靠性是指企业应当以实际发生的交易或者事项为依据进行会计确认、计量和报告，如实反映符合确认和计量要求的各项会计要素及其他相关信息，保证会计信息真实可靠，内容完整。为了贯彻可靠性要求，企业应做到以下几点。

①以实际发生的交易或者事项为依据进行确认、计量，将符合会计要素定义及其确认条件的资产、负债、所有者权益、收入、费用和利润等如实反映在财务报表中，不得根据虚构的、

没有发生的或者尚未发生的交易或者事项进行确认、计量和报告。②在符合重要性和成本效益原则前提下，保证会计信息的完整性。其中包括编制的报表及其附注内容等应当保持完整，不能随意遗漏或者减少应予披露的信息，与使用者决策相关的有用信息都应当充分披露。

（2）相关性。相关性是指企业提供的会计信息应当与财务报表使用者的经济决策需要相关，有助于财务报表使用者对企业过去、现在或者未来的情况作出评价或预测。会计信息与信息使用者之间是否有相关性，取决于这些信息是否有预测性、反馈性和及时性。预测价值指会计信息有助于使用者在决策时能预测未来。反馈价值指会计信息能使使用者证实或修正决策时所判断的预期结果。及时性指信息应在对使用者失效之前提供给使用者。

（3）可理解性。可理解性要求企业提供的会计信息应当清晰明了，便于投资者等财务报告使用者理解和使用。企业编制财务报告，提供会计信息的目的在于使用，要让使用者有效使用会计信息就必须弄清会计信息的内容，否则就谈不上会计信息的使用。

（4）可比性。可比性是指企业提供的会计信息应当相互可比。具体包括两个方面：一是同一企业不同时期可比，即同一企业不同时期发生的相同或者相似的交易或事项，应当采用一致的会计政策，不得随意变更，确需变更的，应当在附注中说明；二是不同企业相同会计事项可比，即不同企业发生的相同或相似的交易或事项，应当采用统一规定的会计政策，确保会计信息口径一致，相互可比。

2. 会计信息的次级质量要求

（1）实质重于形式。实质重于形式，要求企业应当按照交易或者事项的经济实质进行会计确认、计量和报告，不仅仅以交易或者事项的法律形式为依据。

（2）重要性。重要性要求企业提供的会计信息应当反映与企业财务状况、经营成果和现金流量有关的所有重要交易或者事项。

（3）谨慎性。谨慎性要求企业对交易或事项进行会计确认、计量和报告时保持应有的谨慎，不应高估资产或者收益、低估负债或者费用。

（4）及时性。及时性是指企业对于已经发生的交易或者事项，应当及时进行会计确认、计量和报告，不应提前或者延后。会计信息具有时效性，其价值往往随着时间的流逝而逐渐降低，因而在会计确认、计量和报告过程中要贯彻及时性。及时性包括收集会计信息及时、处理会计信息及时和传递会计信息及时三个方面。

3. 与确认计量要求有关的原则

（1）划分收益性支出与资本性支出原则。划分收益性支出与资本性支出，是指企业的会计核算应当合理划分收益性支出与资本性支出的界限。凡支出的效益仅与本会计年度或一个营业周期相关，应当作为收益性支出，如企业支付的办公费、企业职工的工资、职工报销的差旅费等支出属于收益性支出；凡支出的效益与几个会计年度或几个营业周期相关的，应当作为资本性支出，如企业购入的房屋、机器设备、专利权等支出属于资本性支出。

（2）配比原则。配比原则是指企业在进行会计核算时，收入与其成本、费用应当相互比，同一会计期间的各项收入和与其相关的成本、费用，应当在该会计期间确认、计量和记录，而不能提前或延后，否则就会造成经营成果虚假不实。会计核算中坚持配比原则有两层含义：一是因果配比，将收入与其相应的成本、费用配比；二是时间配比，将一定时间的收入与同期的成本、费用相配比。

（3）历史成本原则。历史成本，又称实际成本，就是取得或制造某项财产物资时所实际支付的现金或其他等价物。在历史成本计量下，企业的各项财产在取得时应当按照实际成本计量。其后，各项财产如果发生减值，应当按照企业会计制度的规定计提相应的减值准备。除法律、行政法规和国家统一的会计制度另有规定的，企业一律不得自行调整其账面价值。

项目二　会计科目与账户

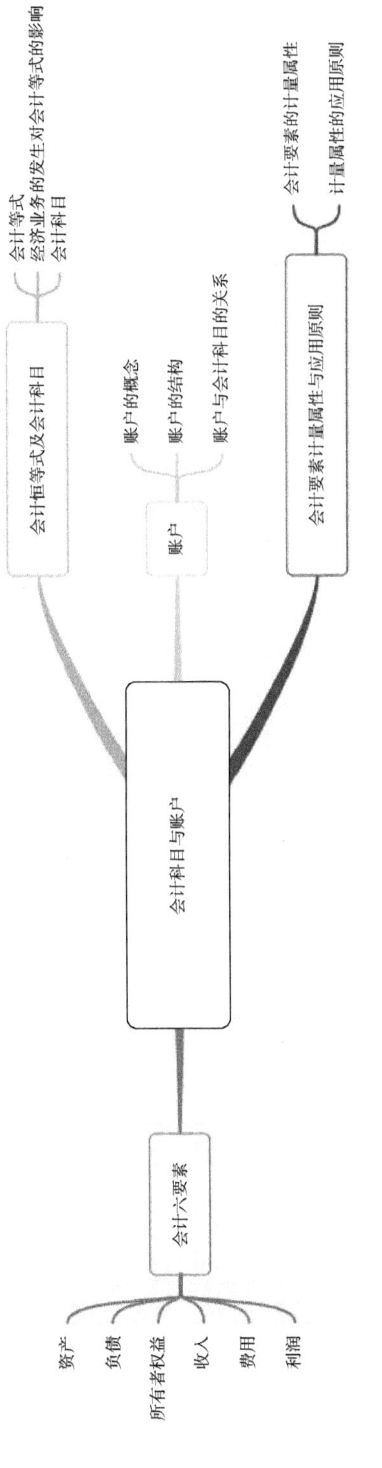

思维导图

2.1 会计六要素

会计要素是基于经济活动的特性对财务会计对象进行的系统性划分，是会计核算对象的具体体现，它们构成了财务报告的基础部分，同时也是设立会计科目的理论依据。由于不同单位的性质和功能差异，其会计要素也会有所区别。根据我国的《企业会计准则》，企业会计要素被划分为六大类：资产、负债、所有者权益、收入、费用和利润。其中，资产、负债和所有者权益这三者揭示了企业的财务状况，常被称为静态会计要素；而收入、费用和利润则揭示了企业的经营绩效，故被称作动态会计要素。对于行政事业单位，其会计要素包括资产、负债、净资产、收入和支出。在这些要素中，资产、负债和净资产用于反映行政事业单位的财务状况；收入和支出则用于反映特定会计期间的收支状况。

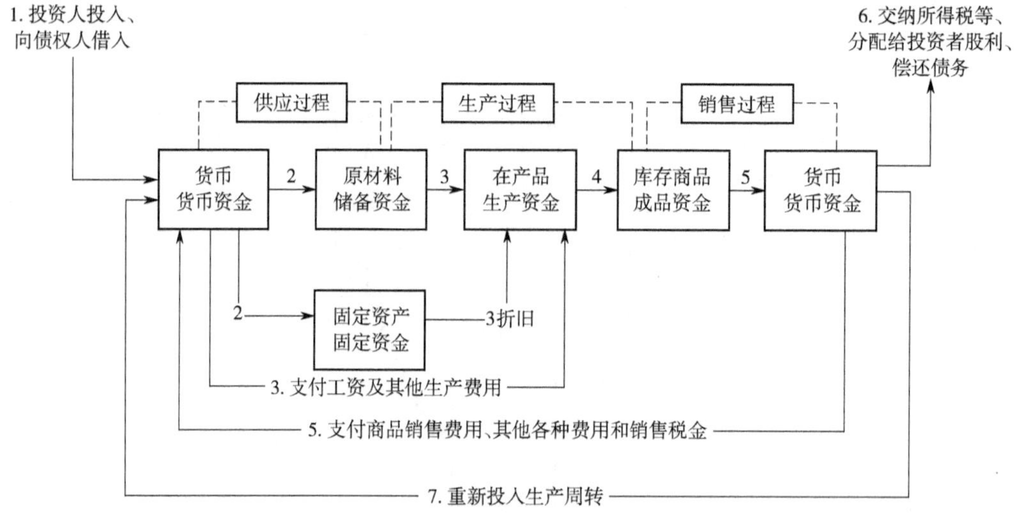

图 2-1 资金运动过程

2.1.1 资产

资产是指企业过去的交易或者事项形成的、由企业拥有或者控制的、预期会给企业带来经济利益的资源。

1. 资产的特征

（1）资产是过去的交易或事件所创造的。这些交易或事件涵盖了一系列活动，如购买、生产过程或建设行为。然而，预期在未来的交易或事件，即使它们可能会对企业产生影响，也不被视为资产的组成部分。例如，一个企业计划建造一个生产设施，但在实际动工之前，这个计划并不符合资产的定义，因此不能被确认为资产。

（2）资产应被视作企业所拥有或控制的资源。通常，判断一项资源是否属于企业的资产，首要标准是所有权。如果企业拥有资产的所有权，这通常意味着企业能够排他性地从该资产中获取经济利益。然而，在某些情况下，即使企业并不拥有资产，但只要它能有效控制资产，也应该将其视为资产进行确认，如融资租赁的固定资产。

（3）资产需具备为企业带来经济利益的潜力。这意味着资产直接或间接地有能力吸引现金或现金等价物流入企业。例如，企业购买的原材料可以用于生产，建造的厂房和设备可以提高生产效率，而开发的专利则可能为企业创造新的收入来源。如果某个项目预期无法为企业带来经济利益，那么它不应被认定为企业的资产。

2. 资产的分类

企业的资产按照其流动性分为流动资产和非流动资产。

（1）流动资产是指预期在标准营业周期内可转换为现金、出售或消耗的资产，或是为了交易目的而持有，或者在资产负债表日起一年内（含一年）可实现的资产，以及不受限制的、可在一年内转换为现金或现金等价物的资产。这涵盖了货币资金、交易性金融资产、应收票据、应收账款、预付账款、应收利息、应收股利、其他应收款以及各类库存等。

（2）非流动资产则指除流动资产以外的资产，主要包括持有至到期投资、长期股权投资、固定资产、在建工程、工程物资、无形资产、开发支出等。这些资产的特点是它们的价值将在超过一年的更长时间内体现或转化为公司的经济利益。

2.1.2　负债

负债是指企业过去的交易或事项形成的，预期会导致经济利益流出企业的现时义务。

1. 负债的特征

（1）负债源于过往的交易或事件，它们在这些活动发生时已经确定。预期未来将要进行的承诺，如签订的合同，不被视为负债的构成部分，除非这些承诺在当下即产生了约束力。

（2）一个负债的履行预计会导致企业经济利益的流失。只有当企业执行其当前义务时，预期会引发经济利益流出的交易或事件才符合负债的定义。如果此类义务不会导致经济利益的流失，不应将其记录为负债。当企业清偿负债时，经济利益的流失可能以各种形式出现，如通过货币资金、实物、提供服务，或者将负债转化为资本等形式。

（3）负债代表的是企业当前承担的义务。当前义务是指企业在当前的法律和经济环境下已经承担的义务。由未来可能的交易或事件产生的义务不属于当前义务的范畴，因此不应被确认为负债。

2. 负债的分类

负债按偿还期限长短可分为流动负债和非流动负债。

（1）流动负债是指那些预期在标准营业周期内偿还，或主要为了日常交易目的而持有，或自资产负债表日起一年内（含一年）到期并需清偿，或者企业无法自行决定推迟至资产负债表日后一年以内的债务。这类负债主要包括短期借款、应付票据、应付账款、预收款项、应付职工薪酬、应交税费、应付利息、应付股利以及其他的短期债务等。

（2）非流动负债则是指除流动负债以外的负债，主要包括长期借款、应付债券、长期应付款、未确认的融资费用、专项应付款等长期性质的债务。这些负债预计将在超过一年的时间范围内偿还。

2.1.3 所有者权益

所有者权益，是企业资产在抵减负债后，由投资者享有的剩余经济利益。在公司制企业中，这一权益通常被称为股东权益。其来源可追溯至所有者投入的初始资本、直接记入所有者权益的增益或损失以及企业留存的盈利等。具体结构上，所有者权益通常由实收资本（或股本）、资本公积、盈余公积以及未分配利润等要素组成。值得注意的是，对于商业银行等金融机构，它们在税后利润中提取的一般风险准备，同样被视为所有者权益的一部分。

1. 投资资本

投资资本指的是企业所有者在法定注册资本的界限内实际注入的资本，即出资人实际以资本形式投入企业的资金总额。它可细分为实收资本（或股本）与资本公积，后者涵盖了资本溢价和股本溢价等组成部分。

2. 直接记入所有者权益的收益与损失

直接记入所有者权益的收益与损失主要包括：可出售金融资产的公允价值变动产生的收益或损失、现金流量套期中套期工具的公允价值变动额等非日常活动的损益。

3. 留存收益

留存收益是指企业从历年经营活动所实现的利润中提取或留存于企业内部的积累。它起源于企业经营活动的净利润，由两部分组成：一是盈余公积，即用于特定用途的累积盈余；二是未分配利润，即未指定特定用途的累积盈余。

2.1.4 收入

收入是指企业在日常活动中所形成的、会导致所有者权益增加的、与所有者投入资本无关的经济利益的总流入。

1. 收入的特征

（1）收入源于企业在常规运营中的活动，涵盖了企业在销售商品、提供服务，以及允许他人使用企业资产等日常操作中所产生的经济利益的总体流入。非日常活动产生的经济利益流入，不能被认定为收入。比如，出售固定资产或无形资产并非企业的常规业务，这种偶然的流入不应被划归为收入；然而，出租固定资产或无形资产实际上是转让资产使用权，应被记入企业的收入范畴。同样，出售多余的原材料也是企业日常活动的一部分，因此应被确认为企业的收入。

（2）收入应导致所有者权益的增加。如果经济利益的流入并不导致所有者权益的增加，那么它不符合收入的定义，不应被记录为收入。例如，企业从银行借款，虽然经济利益流入企业，但这并未增加所有者权益，反而增加了负债。

（3）收入是指与所有者投资资本无关的经济利益的总流入。与所有者投入资本相关的经济利益流入，应直接记入所有者权益，而不应被归类为收入。

2. 收入的分类

（1）根据企业日常活动的性质，收入可划分为销售商品收入、提供服务收入、资产使用权转让收入以及建造合同收入等类别。销售商品收入，是指企业通过出售商品所获得的收入，例如，工业企业在制造并销售产品，或者商业企业进行商品交易时所实现的收入。提供服务收入,是指企业通过提供各种服务获取的收入,如咨询公司提供的咨询服务,软件开发企业的定制软件服务,以及安装公司提供的安装服务等。让渡资产使用权收入,是指企业通过出租资产使用权而产生的收入,如商业银行的贷款业务,或租赁公司通过租赁资产获取的收入。建造合同收入,则是指企业因承担建造项目而产生的收入。

(2)依据企业在日常活动中所从事活动的重要程度,收入可被归类为主营业务收入和其他业务收入。主营业务收入,是指企业为了实现其核心经营目标而持续进行的活动所产生的收入,如工业企业制造并销售产品,商业企业销售商品,以及服务业提供的各种劳务收入等。而其他业务收入,则是指企业在主营业务之外的其他活动中获得的收入,例如,工业企业出售多余的原材料,或对外转让无形资产使用权等所实现的收入。

2.1.5 费用

费用指企业在日常活动中产生的,会导致所有者权益减少的,与所有者分配利润无关的经济利益的总流出。

1. 费用的特性

(1)费用源于企业在常规运营中的活动。将费用限定为日常活动中产生的,其主要意图在于区别费用与损失。在非日常活动中的经济利益流出,不应被认定为费用,而应被归类为损失。例如,存货遭受自然灾害导致的损失,应将净损失部分记入"营业外支出",而不作为费用处理。

(2)费用会导致所有者权益的减损。任何不会引起所有者权益减少的经济利益流出是不符合费用的定义的,因此不应被确认为费用。

(3)费用是与向所有者分配利润无关的经济利益流出。与利润分配无关的经济利益流出,应被视为所有者权益的抵减项,不符合费用的定义,不应被确认为费用。

2. 费用的分类

费用依据其经济功能,可划分为应记入产品成本的费用和不应记入产品成本的费用。以制造业企业为例,计入产品成本的费用被称为产品的生产成本,具体包括直接材料、直接人工、制造费用以及其他直接相关费用;而不记入产品成本,直接记入当期损益的费用则被称为期间费用,主要由销售费用、财务费用和管理费用三部分构成。

2.1.6 利润

利润可被视为企业在特定会计时段内经营效率的体现。它涵盖了收入减去运营成本后的净值,以及直接记入当期收益的收益和损失。依据现行的会计原则,利润的评估分为营业利润、利润总额和净利润三个层次。营业利润的计算方法是将营业收入减去营业成本、营业税费及附加,再减去运营期间产生的销售费用、管理费用和财务费用,同时考虑资产减值损失,加上公允价值变动的净收益以及投资收益(扣除投资损失)的总额。利润总额是将营业利润与非营业性收入相加,再减去非营业性支出后的结果。净利润则是将利润总额减去所得税费用后的净额,它是衡量企业盈利能力的关键指标。

2.2 会计要素计量属性与应用原则

2.2.1 会计要素的计量属性

会计计量是为了将符合确认条件的会计要素登记入账，并列报于财务报表而确定其金额的过程。计量属性，从会计角度来说，反映的是会计要素金额的确定基础，主要包括历史成本、重置成本、可变现净值、现值和公允价值等。

1. 历史成本

历史成本，即实际成本，是指在获取或制造某项财产物资时实际付出的现金或等价物。在以历史成本为计量基础的会计原则下，资产的价值被确定为购买时支付的现金量或等价物价值，或者以当时交换资产所付出的公允价值来衡量。同样，负债则按照承担当前义务时实际接收的款项或资产价值，合同金额，或为偿还负债预计在未来日常活动中需要支付的现金或等价物金额来计算。这种方法有助于确保资产和负债的准确记录，同时确保收入与费用的匹配基于实际交易，防止企业任意调整资产价格以操纵经营业绩的显示。然而，当货币购买力变化或物价波动时，历史成本计量可能无法准确反映资产的现行市场价值，从而降低会计信息的可靠性。因此，适时引入其他会计计量属性显得至关重要。

2. 重置成本

重置成本，又称为现行成本，是指在当前市场条件下，重新购置相同资产所需支付的全部现金或等价物总额。在实际操作中，重置成本常被用于评估和计量意外发现的固定资产等类似情况。

3. 可变现净值

可变现净值是指在正常的商业运营中，预计的销售价格减去进一步加工的预计成本，再减去预计的销售费用和相关税费后的净值。这一概念常用于评估存货资产在发生减值情况下的后续计量。

4. 现值

现值是将未来的现金流量以适当的折现率折现后的价值，它考虑了货币的时间价值。现值通常用于确定非流动资产的可收回金额以及以摊余成本计量的金融资产的价值。例如，确定固定资产或无形资产的可收回金额时，通常需要计算资产预计未来现金流量的现值；对于持有至到期投资或贷款等以摊余成本计量的金融资产，通常会使用实际利率法将未来现金流量折现，然后通过相应的调整确定其摊余成本。

5. 公允价值

公允价值是指在公平交易中，熟知情况的交易双方自愿交换资产或清偿债务时的价值。公允价值主要应用于交易性金融资产和可供出售金融资产的计量。

2.2.2 计量属性的应用原则

在各种会计要素的计量属性中，历史成本通常反映的是资产或负债的历史价值，而重置成本、可变现净值、现值、公允价值则反映资产或负债的当前成本或当前价值，与历史成本形成对比。基本准则规定，企业在计量会计要素时，一般采用历史成本；若采用重置成本、可变现净值、现值、公允价值，应确保所确定的会计要素金额能够可靠计量。

2.3　会计恒等式及会计科目

2.3.1　会计等式

为了有效地达成其商业目标，企业必须掌控一定量的资产，这些资产是开展生产经营活动的至关重要的物质基础，包括诸如建筑物、机械设备、原材料、库存商品、货币资金等资源。这些资产的来源主要分为两个途径：一是通过向债权人借款获得，这部分负债也被称为债权人权益；二是由投资者投入，即投资人权益，也常被称为所有者权益。债权人权益和所有者权益共同构成了企业的权益总额。

资产和权益是资金概念的两个不可或缺的维度，它们之间存在着天然的等量关系，这就是所谓的资金平衡原理。从量的角度来看，任何时刻，资产的总额必然与权益的总额相等；反之，权益的任何变化也必然伴随着等额的资产变化。数学上，可以将这种平衡关系表达为如下等式：

资产=权益=债权人权益+所有者权益=负债+所有者权益

上述等式反映了资产、负债和所有者权益三个会计要素之间的内在数量关系，是基本的会计等式，是静态会计等式。它是编制资产负债表的理论基础。

企业的生产经营活动从动态来观察，表现为在取得收入的同时又发生相应的费用，并据以计算出当期实现的利润。其关系为：

利润=收入-费用

该等式是企业在某一会计期间生产经营活动的结果，是动态会计等式，它是编制利润表的理论基础。

企业在一定时期内取得的经营成果能够对资产和所有者权益产生影响，如果企业的收入大于费用，企业就可获得利润，所有者权益增加；如果费用大于收入，企业亏损，所有者权益减少。因此，基本的会计等式又转化为：

资产=负债+所有者权益+收入-费用

或　资产=负债+所有者权益+利润

利润经过分配，其中一部分退出企业，一部分又转化为所有者权益，上述等式又表现为基本会计等式：

资产=负债+所有者权益

“资产=负债+所有者权益”这个平衡等式在会计上称为会计恒等式，简称会计等式。

综上所述，会计等式是反映会计要素之间数量关系的平衡公式。会计等式反映了企业资产的产权关系，它是设置会计科目和账户、复式记账、编制财务会计报表的理论依据。

2.3.2　经济业务的发生对会计等式的影响

在企业的生产经营活动中，经济业务事项的发生，必然要引起资产、负债和所有者权益等会计要素发生增减变动，但不论发生何种经济业务事项，各会计要素怎样变动，都不会破坏会计基本等式所反映的会计要素之间的平衡关系。

1. 经济业务对会计等式各要素的影响类型

经济业务按照对会计要素的影响不同，可分为四大类九种类型。

第一大类：资产之间等额增减。

第二大类：权益之间等额增减。此类经济业务包含四种类型，即负债之间等额增减；所有者权益之间等额增减；负债增加，所有者权益减少，增减金额相等；所有者权益增加，负债减少，增减金额相等。

第三大类：资产与权益等额增加。此类包含两种类型，即资产与负债等额增加，资产与所有者权益等额增加。

第四大类：资产与权益等额减少。此类包含两种类型，即资产与负债等额减少，资产与所有者权益等额减少。

以上经济业务类型如表 2-1 所示。

表 2-1　经济业务变化类型表

<table>
<tr><td rowspan="2">四　大　类</td><td colspan="4">九　种　类　型</td></tr>
<tr><td>序号</td><td>资　产</td><td>负　债</td><td>所有者权益</td></tr>
<tr><td>一、资产之间等额增减</td><td>（1）</td><td>增加=减少</td><td></td><td></td></tr>
<tr><td rowspan="4">二、权益之间等额增减</td><td>（2）</td><td></td><td>增加=减少</td><td></td></tr>
<tr><td>（3）</td><td></td><td></td><td>增加=减少</td></tr>
<tr><td>（4）</td><td></td><td colspan="2">增加　=　减少</td></tr>
<tr><td>（5）</td><td></td><td colspan="2">减少　=　增加</td></tr>
<tr><td rowspan="2">三、资产与权益等额增加</td><td>（6）</td><td colspan="2">增加　=　增加</td><td></td></tr>
<tr><td>（7）</td><td colspan="3">增加　=　增加</td></tr>
<tr><td rowspan="2">四、资产与权益等额减少</td><td>（8）</td><td colspan="2">减少　=　减少</td><td></td></tr>
<tr><td>（9）</td><td colspan="3">减少　=　减少</td></tr>
</table>

2. 举例说明

为了进一步说明经济业务的发生对会计等式各要素的影响和结果，下面通过举例加以说明。

【例 2-1】 ××× 公司 2023 年 12 月 1 日资产、负债和所有者权益情况如表 2-2 所示。

表 2-2　××× 公司资产、负债及所有者权益状况表

2023 年 12 月 1 日　　　　单位：元

资　产	金　额	负债及所有者权益	金　额
库存现金	5 500	短期借款	15 000
银行存款	149 500	应付账款	27 500
原材料	120 500	长期借款	60 000
应收账款	26 500	实收资本	250 000

续表

资　产	金　额	负债及所有者权益	金　额
固定资产	300 500	资本公积	150 000
		未分配利润	100 000
合　计	602 500	合　计	602 500

×××公司12月份发生如下经济业务。

（1）12月15日，公司用银行存款80 000元购买一台生产设备，设备已交付使用。这项经济业务使公司的“固定资产”即资产增加了80 000元，但同时“银行存款”即资产减少了80 000元，也就是说公司的资产内部发生增减变化，增减金额相同，资产总额不变，不改变会计等式的平衡关系。

（2）12月20日，向银行借入短期借款20 000元用于归还应付账款。这项经济业务使公司的“应付账款”即负债减少了20 000元，同时“短期借款”即负债增加了20 000元，即公司的负债内部发生增减变化，增减金额相同，负债总额不变，不改变会计等式的平衡关系。

（3）12月31日，公司依据法定程序，以资本公积100 000元转增实收资本。这项经济业务使公司的“资本公积”即所有者权益减少了100 000元，同时“实收资本”即所有者权益增加了100 000元，公司的所有者权益内部发生增减变化，增减金额相同，所有者权益总额不变，不改变会计等式的平衡关系。

（4）12月31日，计算出向投资者分配的现金股利20 000元。这项经济业务使公司的“利润分配——未分配利润”即所有者权益减少了20 000元，同时“应付股利”即负债增加了20 000元，即公司的负债与所有者权益一增一减，金额相同，并没有改变会计等式的平衡关系。

（5）12月31日，有关部门批准同意，将一笔长期借款50 000元，转作追加投资。这项经济业务使公司的“长期借款”即负债减少了50 000元，同时“实收资本”即所有者权益增加了50 000元，公司的所有者权益与负债一增一减，金额相同，并没有改变会计等式的平衡关系。

（6）12月31日，从B企业购入原材料5 000元，货款未付（暂不考虑税金）。这项经济业务使公司的“原材料”即资产增加了5 000元，同时“应付账款”即负债增加了5 000元，公司的资产与负债同时增加，金额相同，等式的两边同时增加5 000元，不改变会计等式的平衡关系。

（7）12月31日，公司收到投资者追加的投资500 000元，款项存入银行。这项经济业务使公司的“银行存款”增加了500 000元，即等式左边的资产增加了500 000元，同时等式右边的“实收资本”也增加了500 000元，因此并没有改变会计等式的平衡关系。

（8）公司用银行存款归还欠B企业的货款5 000元。这项经济业务使公司的“银行存款”即资产减少了5 000元，同时“应付账款”即负债也减少了5 000元，也就是说等式两边同时减少5 000元，会计等式依然成立。

（9）12月31日，按法律程序，以银行存款10 000元归还个人投资。这项经济业务使公司的银行存款即资产减少了10 000元，同时实收资本即所有者权益减少了10 000元，也就是说等式两边同时减少10 000元，等式依然成立。

以上经济业务的发生对“资产=负债+所有者权益”平衡等式的影响如表2-3所示。由表2-3可见，经济业务的发生必然引起资产、负债及所有者权益相应项目发生变化，但无论如何变化，双方的总额是平衡的。经济业务的发生不会破坏会计等式的平衡关系。会计等式“资产=负债+所有者权益”，反映了资产的归属关系和会计要素间的依存关系。

表 2-3 ××× 公司资产、负债及所有者权益变动状况表

2023 年 12 月 31 日 单位:元

资产					权益(负债及所有者权益)				
项目	期初余额	增加额	减少额	期末余额	项目	期初余额	增加额	减少额	期末余额
库存现金	5 500			5 500	短期借款	15 000	(2) 20 000		35 000
银行存款	149 500	(7) 500 000	(1、8、9) 95 000	554 500	应付账款	27 500	(6)5 000	(2、8) 25 000	7 500
原材料	120 500	(6) 5 000		125 500	应付股利		(4) 20 000		20 000
应收账款	26 500			26 500	长期借款	60 000		(5) 50 000	10 000
固定资产	300 500	(1) 80 000		380 500	资本公积	150 000		(3) 100 000	50 000
					实收资本	250 000	(3、5、7) 650 000	(9) 10 000	890 000
					利润分配	100 000		(4) 20 000	80 000
合计	602 500	585 000	95 000	1 092 500	合计	602 500	695 000	205 000	1 092 500

2.3.3 会计科目

会计科目，作为会计要素具体内容的细化分类核算项目，其设置对于财务信息的系统性呈现与精准分析至关重要。通过精细划分会计科目，我们能够将各类会计要素的增减变动有序归类，进而全面、系统地展现并监控各项经济活动在特定时间范围内的综合变化态势。这一过程不仅为投资者、债权人等外部信息使用者提供了详尽的分类信息，还极大地便利了他们对企业财务状况、经营绩效及现金流量的深入把握与细致剖析。

1. 会计科目的设置

会计科目的设置，不仅是财务数据的简单归类，更是规范会计核算流程、统一会计信息标准以及编制高质量财务会计报告的基石。其设置原则如下。

(1)合法性原则。遵循我国财政部颁布的《企业会计制度》等国家统一会计制度，会计科目的设计、命名、核算内容及基本业务处理方法均需严格依照规定执行。这一原则确保了各企业在会计科目设置及使用上的高度一致性，从而保障了会计核算口径的标准化。

(2)相关性原则。会计科目的设置需兼顾多方需求，既要满足企业内部经营管理的实际需要，又要响应政府职能部门对宏观经济调控的信息需求，更要便于投资人、债权人等外部信息使用者了解企业的运营状况与财务健康，以支撑其投资决策与融资安排。因此，会计科目的设计应充分考虑到对外报告与内部管理的双重需求，确保信息的全面性与针对性。

(3)统一性与灵活性相结合原则。在保持财政部对会计科目统一规定的基础上，企业

可根据自身实际情况，在不违反会计准则确认、计量和报告原则的前提下，灵活增设、分拆或合并会计科目。这一原则既保证了会计核算指标的一致性与可比性，又赋予了企业一定的自主权，以适应其独特的经营环境与业务需求。

（4）稳定性原则。鉴于会计核算资料在企业不同时期对比与分析中的重要作用，会计科目一旦设置完成，应保持相对稳定，避免频繁变动。尤其是在会计年度中期，更应谨慎对待会计科目的调整，以确保会计核算指标的可比性与会计人员的熟练掌握程度。这一原则有助于维护会计信息的连续性与可靠性，为企业的决策制定提供坚实的数据支撑。

2. 会计科目的分类

为了在核算中正确地掌握和运用会计科目，有必要按一定标准对会计科目进行分类。

（1）会计科目按其所反映的经济内容不同，分为资产类、负债类、共同类、所有者权益类、成本类、损益类科目。

①资产类科目。资产类科目是对资产要素的具体内容进行分类核算的项目，如流动资产类会计科目包括“库存现金”“交易性金融资产”“应收票据”“应收账款”“预付款项”“应收利息”“原材料”等，非流动资产类会计科目包括“持有至到期投资”“长期股权投资”“固定资产”“无形资产”等。

②负债类科目。负债类科目，是对负债要素的具体内容进行分类核算的项目，如流动负债类会计科目包括“短期借款”“应付票据”“应付账款”“预收款项”“应付职工薪酬”“应交税费”等，非流动负债类会计科目包括“长期借款”“应付债券”“其他长期负债”等。

③共同类科目。共同类科目是对具有资产与负债双重性质的内容进行分类核算的项目，该类科目的特点是根据其期末余额所在方向界定其性质，如“清算资金往来”“货币兑换”“衍生工具”等。

④所有者权益类科目。所有者权益类科目是对所有者权益要素的具体内容进行分类核算的项目，如“实收资本”“资本公积”“盈余公积”“本年利润”“利润分配”等。

⑤成本类科目。成本类科目是对产品、劳务成本的构成内容进行分类核算的项目，从会计要素的归属而言，应属于资产要素，如“生产成本”“制造费用”“劳务成本”“研发支出”等。

⑥损益类科目。损益类科目是对收入、费用要素的具体内容进行分类核算的项目，如收入类会计科目包括“主营业务收入”“其他业务收入”“利息收入”“投资收益”“营业外收入”等；费用类会计科目包括“主营业务成本”“其他业务成本”“营业外支出”“管理费用”“销售费用”“财务费用”等。

（2）会计科目按其所提供信息的详细程度及其统御关系不同，分为总分类科目和明细分类科目。

①总分类科目，也称总账科目或一级科目，是对会计要素具体内容进行总括分类，提供总括信息的会计科目，如“库存现金”“银行存款”“固定资产”“应付账款”“实收资本”等。

②明细分类科目，也称明细科目或细目，它是对总分类科目作进一步分类、提供更详细、更具体会计信息的科目，如在“应付债券”总分类科目下设置“债券面值”“债券溢价”“债券折价”“应计利息”等明细科目，分类反映应付债券的具体情况。

明细分类科目的设置，要根据经济管理的具体需要来进行。有的总分类科目需要设置较多的明细科目，如“应收账款”“应付账款”“管理费用”等；有的总分类科目无须设置明细分类科目，如“累计折旧”“本年利润”等。在实际的会计核算工作中，若一个总分类科目下设置的明细分类科目过多，往往会给记账、稽核、查对等带来诸多不变。这时，就可在总分类科目与明细分类科目之间增设子目。此时，就将总分类科目称为一级科目，将子目称为二级科目，将明细科目称为三级科目。

总分类科目与明细分类科目的关系是：总分类科目概括地反映会计对象的具体内容，明细分类科目详细反映会计对象的具体内容。总分类科目对明细分类科目具有统御、控制作用，明细分类科目对总分类科目起补充和说明作用。

同一会计科目内部的纵向级次关系，如表 2-4 所示，它们之间是总括与详细、统御与从属的关系。

表 2-4 会计科目的级次关系

<table>
<tr><th rowspan="2">总分类科目（一级科目）</th><th colspan="2">明细分类科目</th></tr>
<tr><th>子目（二级科目）</th><th>细目（三级科目）</th></tr>
<tr><td rowspan="6">生产成本</td><td rowspan="2">甲车间</td><td>子产品</td></tr>
<tr><td>丑产品</td></tr>
<tr><td rowspan="2">乙车间</td><td>寅产品</td></tr>
<tr><td>卯产品</td></tr>
<tr><td rowspan="2">丙车间</td><td>辰产品</td></tr>
<tr><td>巳产品</td></tr>
</table>

3. 企业会计科目表

2023 年新版会计科目表一般分类包括：资产类、负债类、共同类、所有者权益类、成本类、损益类等六大类 167 个小科目，如表 2-5 所示。

表 2-5 会计科目表

一、资产类							
序号	编号	会计科目名称	会计科目适用范围	序号	编号	会计科目名称	会计科目适用范围
1	1001	库存现金		11	1121	应收票据	
2	1002	银行存款		12	1122	应收账款	
3	1003	存放中央银行款项	银行专用	13	1123	预付账款	
4	1011	存放同业	银行专用	14	1131	应收股利	
5	1015	其他货币基金		15	1132	应收利息	
6	1021	结算备付金	证券专用	16	1211	应收保护储金	保险专用
7	1031	存出保证金	金融共用	17	1221	应收代位追偿款	保险专用
8	1051	拆出资金	金融共用	18	1222	应收分保账款	保险专用
9	1101	交易性金融资产		19	1223	应收分保未到期责任准备金	保险专用
10	1111	买入返售金融资产	金融共用	20	1224	应收分保保险责任准备金	保险专用

续表

一、资产类							
序号	编号	会计科目名称	会计科目适用范围	序号	编号	会计科目名称	会计科目适用范围
21	1231	其他应收款		50	1526	投资性房地产	
22	1241	坏账准备		51	1531	长期应收款	
23	1251	贴现资产	银行专用	52	1541	未实现融资收益	
24	1301	贷款	银行和保险共用	53	1551	存出资本保证金	保险专用
25	1302	贷款损失准备	银行和保险共用	54	1601	固定资产	
26	1311	代理兑付证券	银行和保险共用	55	1602	累计折旧	
27	1321	代理业务资产		56	1603	固定资产减值准备	
28	1401	材料采购		57	1604	在建工程	
29	1402	在途物资		58	1605	工程物资	
30	1403	原材料		59	1606	固定资产清理	
31	1404	材料成本差异		60	1611	融资租赁资产	租赁专用
32	1406	库存商品		61	1612	未担保余值	租赁专用
33	1407	发出商品		62	1621	生产性生物资产	农业专用
34	1410	商品进销差价		63	1622	生产性生物资产累计折旧	农业专用
35	1411	委托加工物资		64	1623	公益性生物资产	农业专用
36	1412	包装物及低值易耗品		65	1631	油气资产	石油天然气开采专用
37	1421	消耗性生物资产	农业专用	66	1632	累计折耗	石油天然气开采专用
38	1431	周转材料	建造承包商专用	67	1701	无形资产	
39	1441	贵金属	银行专用	68	1702	累计摊销	
40	1442	抵债资产	金融共用	69	1703	无形资产减值准备	
41	1451	损余物资	保险专用	70	1711	商誉	
42	1461	存货跌价准备		71	1801	长期待摊费用	
43	1501	待摊费用		72	1811	递延所得资产	
44	1511	独立账户资产	保险专用	73	1901	待处理财产损益	
45	1521	持有至到期投资		74	1473	合同资产	
46	1522	持有至到期投资减值准备		75	1474	合同资产减值准备	
47	1523	可供出售金融资产		76	1475	合同履约成本	
48	1524	长期股权投资		77	1476	合同履约成本减值准备	
49	1525	长期股权投资减值准备		78	1477	合同取得成本	

续表

二、负债类							
序号	编号	会计科目名称	会计科目适用范围	序号	编号	会计科目名称	会计科目适用范围
79	2001	短期借款		97	2261	应付分保账款	保险专用
80	2002	存入保证金	金融共用	98	2311	代理买卖证券款	证券专用
81	2003	拆入资金	金融共用	99	2312	代理承销证券款	证券和银行共用
82	2004	向中央银行借款	银行专用	100	2313	代理兑付证券款	证券和银行共用
83	2011	同业存放	银行专用	101	2314	代理业务负债	
84	2012	吸收存款	银行专用	102	2401	预提费用	
85	2021	贴现负债	银行专用	103	2411	预计负债	
86	2101	交易性金融负债		104	2501	递延收益	
87	2111	专出回购金融资产款	金融共用	105	2601	长期借款	
88	2201	应付票据		106	2602	长期债券	
89	2202	应付账款		107	2701	未到期责任准备金	保险专用
90	2205	预收账款		108	2702	保险责任准备金	保险专用
91	2211	应付职工薪酬		109	2711	保户储金	保险专用
92	2221	应交税费		110	2721	独立账户负债	保险专用
93	2231	应付股利		111	2801	长期应付款	
94	2232	应付利息		112	2802	未确认融资费用	
95	2241	其他应付款		113	2811	专项应付款	
96	2251	应付保户红利	保险专用	114	2901	递延所得税负债	
三、共同类							
序号	编号	会计科目名称	会计科目适用范围	序号	编号	会计科目名称	会计科目适用范围
115	3001	清算资金往来	银行专用	118	3201	套期工具	
116	3002	外汇买卖	金融共用	119	3202	被套期项目	
117	3101	衍生工具					
四、所有者权益类							
序号	编号	会计科目名称	会计科目适用范围	序号	编号	会计科目名称	会计科目适用范围
120	4001	实收资本		124	4103	本年利润	
121	4002	资本公积		125	4104	利润分配	
122	4101	盈余公积		126	4201	库存股	
123	4102	一般风险准备	金融共用				

续表

五、成本类							
序号	编号	会计科目名称	会计科目适用范围	序号	编号	会计科目名称	会计科目适用范围
127	5001	生产成本		131	5401	工程施工	建造承包商专用
128	5101	制造费用		132	5402	工程结算	建造承包商专用
129	5201	劳务成本		133	5403	机械作业	建造承包商专用
130	5301	研发支出					
六、损益类							
序号	编号	会计科目名称	会计科目适用范围	序号	编号	会计科目名称	会计科目适用范围
134	6001	主营业务收入		151	6411	利息支出	金融共用
135	6011	利息收入	金融共用	152	6421	手续费支出	金融共用
136	6021	手续费收入	金融共用	153	6501	提取未到期责任准备金	保险专用
137	6031	保费收入	保险专用	154	6502	撮保险责任准备金	保险专用
138	6032	分保费收入	保险专用	155	6511	赔付支出	保险专用
139	6041	租赁收入	租赁专用	156	6521	保户红利支出	保险专用
140	6051	其他业务收入		157	6531	退保金	保险专用
141	6061	汇兑损益	金融专用	158	6541	分出保费	保险专用
142	6101	公允价值变动损益		159	6542	分保费用	保险专用
143	6111	投资收益		160	6601	销售费用	
144	6201	摊回保险责任准备金	保险专用	161	6602	管理费用	
145	6202	摊回赔付支出	保险专用	162	6603	财务费用	
146	6203	摊回分保费用	保险专用	163	6604	勘探费用	
147	6301	营业外收入		164	6701	资产减值损失	
148	6401	主营业务成本		165	6711	营业外支出	
149	6402	其他业务成本		166	6801	所得税	
150	6405	营业税金及附加		167	6901	以前年度损益调整	

2.4 账户

2.4.1 账户的概念

账户是根据会计科目设置的，具有一定的格式和结构，用以分类反映会计要素增减变动情况及其结果的载体。

会计科目是对会计对象的组成内容进行科学分类而规定的名称。但要全面、系统地记录和反映各项经济业务所引起的资金变动情况，还必须在分类的基础上借助具体的形式和方法，这就是开设和运用账户。

2.4.2 账户的结构

账户，作为一种记录和展示经济活动本质的工具，其核心作用在于有序地整合和汇总企业资产、负债、所有者权益、成本及损益等要素因交易活动产生的变化量。为了充分实现这一功能，账户不仅需设定独特的名称以进行区分，还需构建相应的结构框架。账户的结构定义了记录经济事件时所必需的精确形式。任何经济活动对企业资产、负债或所有者权益等的影响，从数量角度分析，无非是增加或减少两种状态。因此，账户的基础结构应包含增减的双重维度，分别以左、右两部分进行区分，其中一方记录增加，另一方记录减少。同时，结构还需体现这种增减变动的净结果，即余额。因此，账户的基本结构由会计要素各项目的增加额、减少额以及余额的反映共同构成。

1. 账户的内容与基本结构

企业实际使用账户时，是将账户依附于簿籍开设的，账户除了登记增加额、减少额和余额外，每个账户还应包括下列内容：账户的名称（会计科目），年、月、日（登记日期），凭证种类、编号（说明账户记录的来源和依据），摘要（概括说明经济业务的内容）。账户的一般结构如表 2-6 所示。

表 2-6 账户名称（会计科目）

年		凭证		摘要	增加金额	减少金额	余额
月	日	种类	编号				

为了方便教学，在教学过程中经常用简化格式 T 形账户来说明账户的基本结构，如图 2-1 所示。

账户名称（会计科目）

左方	右方
期初余额 本期增加额 （本期减少额）	期初余额 本期减少额 （本期增加额）
期末余额	（期末余额）

图 2-1 T 形账户

2. 账户中记录的核算指标间的数量关系

在账户的左右两方，分别登记增加额和减少额，增减数额相抵后的差额，即为账户的余额。账户的余额按其表示的时间不同可分为期初余额和期末余额。通过账户记录的金额，有期初余额、本期增加发生额、本期减少发生额和期末余额。这四项金额的关系为：

期末余额=期初余额+本期增加发生额-本期减少发生额

期初余额，是指一定时期的期初账户余额，上期期末余额转入本期，即为本期期初余额。

本期增加额，也称本期增加发生额，是指一定时期（月、季、年）内账户所登记的增加金额的合计数。

本期减少额，也称本期减少发生额，是指一定时期（月、季、年）内账户所登记的减少金额的合计数。

期末余额，是指一定时期的期末账户余额，其数额应为期初余额加本期增加发生额减去本期减少发生额。

2.4.3　账户与会计科目的关系

账户与会计科目是会计学中两个密切相关的概念，两者之间既有联系又有区别。

账户与会计科目的联系是：账户与会计科目都是对会计对象具体内容的科学分类，两者口径一致，性质相同。账户是会计科目的具体运用。没有了会计科目，账户便失去了设置的依据；没有账户，就无法发挥会计科目的作用。

账户与会计科目的区别是：会计科目仅是对会计要素具体内容进行分类核算的项目，仅仅是账户的名称，不存在结构；而账户要连续、系统地记录会计要素具体内容的增减变动和结果，必须具有一定的格式和结构。

由于账户与会计科目关系密切，在实际工作中，对账户和会计科目往往不加以严格区分，而是相互通用。

【练习题】

一、单项选择题

1. 所有者权益在数量上等于（　　）。

A. 全部资产减去流动负债　　B. 流动资产减去流动负债

C. 流动资产减去全部负债　　D. 全部资产减去全部负债

2. 变现能力在一年或超过一年的一个营业周期以内的资产是（　　）。

A. 流动资产　　B. 固定资产　　C. 非流动资产　　D. 其他资产

3. 以下各项属于非流动负债的是（　　）。

A. 短期借款　　B. 长期借款　　C. 应付职工薪酬　　D. 应交税费

4. 下列经济业务中，影响会计等式总额发生变化的是（　　）。

A. 以银行存款 50 000 元购买材料　　B. 结转完工产品成本 40 000 元

C. 购买机器设备 20 000 元，货款未付　　D. 收回客户所欠的货款 30 000 元

5. 账户按经济内容分类，“制造费用”账户属于（　　）。

A. 成本类账户　　B. 损益类账户　　C. 资产类账户　　D. 负债类账户

6. 一项资产增加，不可能引起（　　）。

A. 另一项资产减少

B. 一项负债增加
C. 一项所有者权益增加
D. 所有者权益不变的情况下，一项负债减少
7. 收到某企业一项预付账款，存入银行，会引起的变化是（　　）。
A. 一项所有者权益增加，一项负债增加
B. 一项资产增加，另一项资产减少
C. 一项资产增加，一项负债增加
D. 一项资产减少，一项负债减少
8. 会计科目与账户之间的区别主要在于（　　）。
A. 反映的经济内容不同
B. 账户有结构而会计科目没有结构
C. 记录资产和权益的增减变动不同
D. 记录资产和权益的结果不同
9. 负债和所有者权益可统称为（　　）。
A. 所有者权益　B. 债权人权益　C. 权益　D. 实收资本
10. 下列属于会计信息内部使用者的是（　　）。
A. 董事会　B. 银行　C. 债权人　D. 税务部门
11. 下列引起所有者权益总额增加的情况是（　　）。
A. 资产增加，负债减少，增加金额大于减少金额
B. 资产与负债等额同增
C. 资产减少，负债增加，增加金额大于减少金额
D. 资产与负债等额同减
12. 重置成本多应用于（　　）的计量。
A. 购入的固定资产
B. 对外投资的固定资产
C. 盘亏的固定资产
D. 盘盈的固定资产
13. 公允价值主要应用于（　　）的计量。
A. 可供出售金融资产
B. 固定资产
C. 原材料
D. 专利权

二、多项选择题

1. 下列会计要素属于静态会计要素的有（　　）。
A. 资产　B. 负债　C. 所有者权益　D. 收入
E. 费用
2. 下列会计要素属于动态会计要素的有（　　）。
A. 资产　B. 负债　C. 收入　D. 费用
E. 利润
3. 下列资产属于流动资产的是（　　）。
A. 库存现金　B. 应收账款　C. 预付账款　D. 管理费用
E. 原材料
4. 收入按照企业经营的主次可分为（　　）。
A. 主营业务收入
B. 其他业务收入
C. 提供劳务收入
D. 让渡资产使用权收入
E. 销售商品收入

5. 在工业企业中，记入产品成本的费用称为生产成本，下列各项属于生产成本的有（　　）。

A. 管理费用　B. 直接材料　C. 财务费用　D. 直接人工
E. 制造费用

6. 在工业企业中，不记入产品成本的费用称为期间费用，下列各项属于期间费用的有（　　）。

A. 管理费用　B. 直接材料　C. 财务费用　D. 销售费用
E. 制造费用

7. 根据现行企业会计准则的规定，会计要素金额的确定基础有（　　）。

A. 历史成本　B. 重置成本　C. 可变现净值　D. 现值
E. 公允价值

8. 下列账户中，按经济内容分类，属于所有者权益类账户的是（　　）。

A. "实收资本"账户　B. "本年利润"账户
C. "资本公积"账户　D. "利润分配"账户
E. "盈余公积"账户

9. 下列项目属于流动负债的是（　　）。

A. 短期借款　B. 应付账款　C. 预收账款　D. 应交税费
E. 长期借款

10. 下列资产属于流动资产的有（　　）。

A. 无形资产　B. 货币资金　C. 应收及预付款项　D. 固定资产
E. 存货

11. 所有者权益包括（　　）。

A. 投入资本　B. 资本公积金　C. 盈余公积金　D. 未分配利润
E. 固定资产

12. 下列经济业务中，会引起会计等式左右两边同时发生增减变动的有（　　）。

A. 收到应收销货款存入银行　B. 购进材料尚未付款
C. 用银行存款偿还长期借款　D. 接受投资人追加投资
E. 资本公积转增资本

13. 下列会计科目属于成本类科目的是（　　）。

A. 生产成本　B. 制造费用　C. 管理费用　D. 财务费用
E. 劳务成本

14. 下列会计科目属于损益类科目的有（　　）。

A. 主营业务收入　B. 其他业务成本　C. 营业外收入　D. 营业外支出
E. 营业费用

15. 下列经济业务中，能够引起资产和负债同时增加的是（　　）。

A. 向银行借入款项　B. 销售产品尚未收到货款
C. 预付购货款　D. 预收销货款
E. 购买材料尚未付款

16. 账户的一般内容包括(　　)。

A. 账户的名称　　B. 凭证号数　　C. 日期和摘要　　D. 发生额

E. 余额

17. 会计科目按照提供信息的详细程度及其统御关系不同,分为(　　)。

A. 明细分类科目　　B. 资产类科目　　C. 负债类科目　　D. 损益类科目

E. 总分类科目

三、判断题

1. 企业预期在未来发生的交易或者事项不形成资产。(　　)
2. 根据资产的特征,融资租入资产不属于企业的资产。(　　)
3. 未来发生的交易或事项形成的义务,不属于现时义务,不应确认为负债。(　　)
4. 企业所有的利得都可以记入所有者权益。(　　)
5. 资产和权益在数量上的平衡关系,可以用资产=权益等式表示。(　　)
6. 任何经济业务的发生都不会引起会计恒等式两边金额的变化。(　　)
7. 三级科目是介于总分类科目和二级明细分类科目之间的科目。(　　)
8. 账户中的金额,其关系式为:期末余额=期初余额+本期增加发生额-本期减少发生额。(　　)
9. 资产可以是有形的,也可以是无形的。(　　)
10. 账户的余额总是与账户减少额的方向相一致。(　　)
11. 会计科目是根据账户设置的,因此,二者反映的经济内容是一致的。(　　)
12. 存放在企业的所有的经济资源都是企业的资产。(　　)
13. 会计要素中既有反映财务状况的要素,也有反映经营成果的要素。(　　)

项目三　复式记账

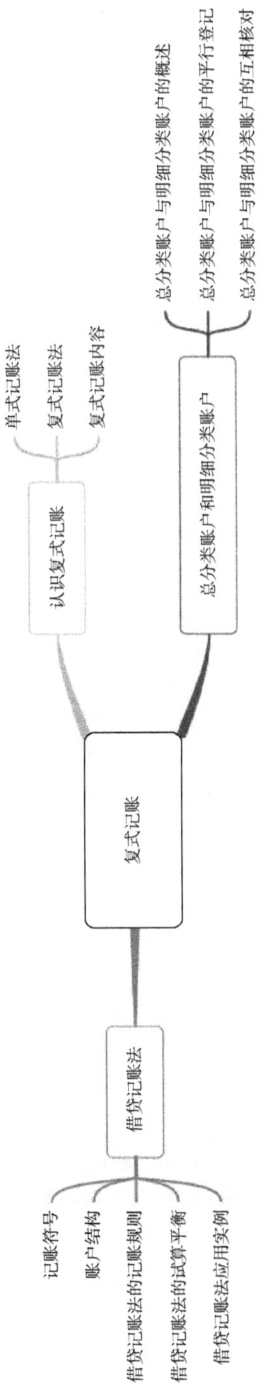

思维导图

3.1 认识复式记账

3.1.1 单式记账法

单式记账法是一种除了对应收、应付的库存现金及银行存款收付在两个或两个以上的有关账户中进行登记以外，对其他经济业务都只在一个账户中进行登记或不予登记的记账方法。其特点是平时只反映库存现金、银行存款收付业务和各种往来款项，对其他业务则忽略，不予登记。这是因为单式记账法只着重考虑库存现金、银行存款的收付不要搞错，应付的债务（应付款）和应收的债权（应收款）的结算必须记清楚，其他的财产物资因为都在本单位管理之下，无须记账。

【例 3-1】 购进材料 500 元，以库存现金支付。在单式记账下，这笔业务发生后，只在库存现金账中记库存现金减少 500 元，而不记原材料账户。

【例 3-2】 购进材料 6 000 元，货款暂欠。在单式记账下，对于这笔业务，只在应付款中登记债务增加 6 000 元，而不记原材料账户。只有发生收到应收账款或偿付应付账款时，才同时登记库存现金（或银行存款）和应收账款或应付账款。

【例 3-3】 以银行存款偿还前欠货款 6 000 元，同时在应付款和银行存款账户中记减少 6 000 元。在单式记账法下，对于材料的耗用、固定资产折旧等业务则不予记录。

单式记账法使用简便，但存在以下严重缺陷。

（1）不能全面、完整地反映经济活动的全貌和经济业务的来龙去脉。由于单式记账法对于除库存现金、银行存款收支业务及往来结算业务外的经济业务都只在一个账户中登记，或根本不登记，因而这种方法对经济活动过程的反应是不完整、不全面的。

（2）账户之间缺乏必然的联系。在单式记账法下，账户之间互不联系，账户记录也没有相互平衡的概念，如发生错账就无法进行检查。

3.1.2 复式记账法

复式记账法是指对每一项经济业务都要以相等的金额，在相互联系的两个或两个以上账户进行登记的方法。

任何一项经济业务的发生，都会引起资产、负债、所有者权益至少两个项目发生增减变动，而且涉及这些项目变动的金额必须相等。尽管经济业务种类繁多、千变万化、错综复杂，但可把它们归纳为八种类型。为全面，完整地把这些经济业务记录下来，反映经济业务的来龙去脉，必须进行复式记账。

【例 3-4】 购进材料 500 元，以库存现金支付。在复式记账法下，不仅要在库存现金账户中登记减少 500 元，而且同时要在原材料账户中登记增加 500 元。

【例 3-5】 购进一台不需安装的设备，价值 700 000 元，货款暂欠。在复式记账法下，这笔业务不仅应在应付款账户中登记增加 700 000 元；同时还要在固定资产账户中登记增加 700 000 元。

【例 3-6】 生产车间领用材料 6 000 元，在复式记账法下，一方面在原材料账户中登记减少 6 000 元，另一方面要在生产成本账户中登记增加 6 000 元。

可见，复式记账法与单式记账法比较，有如下两个特点。

(1)复式记账法能够完整地反映每一项经济业务的来龙去脉，能够反映经济活动的全貌。因为复式记账法对每一笔经济业务都以相等的金额在两个或两个以上的有关账户中相互联系地进行登记，可清楚而全面地反映出经济活动的情况，也便于管理人员了解经济业务全貌，以加强资金管理。

(2)在复式记账法下，由于每一项经济业务都涉及两个或两个以上相关账户，能使账户之间形成相互对应的平衡关系。利用这种对应关系，可以检查入账的正确性，便于核对、检查账目。

复式记账法是一种科学、全面、系统地反映经济业务的记账方法。包括借贷记账法、增减记账法和收付记账法，后两种已经成为历史，借贷记账法是世界普遍采用的记账方法，我国《企业会计准则》规定，企业应当采用借贷记账法记账。

3.1.3　复式记账的内容

复式记账的内容，一般包括以下四个方面：

(1)记账符号。经济业务的发生，将会使有关账户发生数量上的增减，为了表示数量变化的方向，需要用一种抽象的符号来表示。例如："借""贷""增""减""收""付"，都是记账符号。

(2)设置账户。要详细地反映资金运动的情况，还需要对资金运动的具体内容进行分类，同时参考记账方法的需要设置不同的账户。

(3)记账规则。记账规则又称记账规律，是运用一种记账方法时所遵守的规律。

(4)试算平衡。试算平衡是为了保证账户记录的正确性，运用会计等式和复式记账原理检查账户记录是否正确完整的一种方法。

新中国成立以来，我国采用过三种复式记账法：借贷记账法、增减记账法、收付记账法。经过长期反复实践和研究得出，借贷记账法是最科学、最完善的复式记账法。我国《企业会计准则》规定：会计记账采用借贷记账法。

3.2　借贷记账法

3.2.1　记账符号

记账符号是指在会计核算中，指明应记入有关账户的不同方向，用来表示会计对象的价值量的增减变动情况的符号标记。借贷记账法是以"借""贷"两字作为记账符号，以此表明经济业务应记入有关账户的记账方向，反映会计要素的变化。这里的"借""贷"已失去其原有的含义，变成了纯粹的记账符号。但在不同性质的账户中，"借""贷"所表示的经济业务的内容是不相同的，至于"借"表示增加还是"贷"表示增加，取决于账户的性质及结构。

3.2.2 账户结构

在借贷记账法下,会计的对象即资金运动的情况有两种:增加和减少,运动的结果表现为余额;那么账户的哪一方记增加、哪一方记减少,余额在哪方,要根据账户的性质来判断,不同性质的账户,其记账结构也不同。

1. 资产类账户

资产类账户是会计中用于记录资产增加和减少的账户类型。在借贷记账法下,资产类账户的借方用于登记资产的增加额,而贷方用于登记资产的减少额。这种结构反映了资产类账户的基本特性,即资产随着时间的变化而增加或减少。在每个会计期间结束时,通过比较借方和贷方的发生额,可以计算出资产类账户的期末余额,这个余额通常位于借方,表示期末资产的净值。

此外,资产类账户的结构还体现了会计的基本原则,即"资产=负债+所有者权益"。在这个等式中,资产代表了企业的经济资源,包括现金、存货、固定资产等。资产类账户的记录帮助企业主要负责人和经理人员了解企业的资产状况,从而做出相应的经营决策。

资产类账户的结构为:资产的增加记借方,资产的减少记贷方,在一定时期内资产的借方增加额合计称之为借方发生额,贷方减少额合计称之为贷方发生额,二者的差为期末余额,会计上习惯地认为:本期的期末余额即为下期的期初余额,资产类账户的余额一般在借方。资产类账户的结构如图 3-1 所示。

借方　　　资产类账户	贷方
期初余额 本期增加发生额	 本期减少发生额
本期借方发生额合计	本期贷方发生额合计
期末余额	

图 3-1　资产类账户的结构

资产类账户期末余额计算公式如下:

资产类账户期末余额=期初借方余额+本期借方发生额-本期贷方发生额

2. 负债、所有者权益类账户

负债、所有者权益类账户的结构在借贷记账法下,借方登记减少额,贷方登记增加额。

在借贷记账法中,负债和所有者权益类账户的记账方向遵循一定的规则。具体来说,这类账户的借方用于登记减少额,而贷方则用于登记增加额。这种记账方式体现了会计的基本原则,即资产增加时贷方记录,资产减少时借方记录;负债和所有者权益增加时贷方记录,负债和所有者权益减少时借方记录。这种记账方式不仅符合会计的基本原理,还便于对企业的财务状况进行清晰的记录和分析。

此外,期末余额的计算也是借贷记账法的一个重要方面。对于负债和所有者权益类账户,期末余额通常位于贷方,表示负债和所有者权益的现有数额。这种余额的计算方式基于期初余额加上本期贷方发生额减去本期借方发生额,从而反映出负债和所有者权益的净增加额。这种计算方式确保了财务报告的准确性和透明度,有助于利益相关者更好地理解企业的财务状况。

值得注意的是，虽然负债和所有者权益类账户的结构在借贷记账法下具有一致性，但它们与资产、费用、成本类账户的结构是相反的。资产、费用、成本类账户在借贷记账法下，借方登记增加额，贷方登记减少额，这与负债、所有者权益类账户的记账方向是相反的。

负债、所有者权益类账户的结构与资产类账户结构正好相反，即负债、所有者权益类账户增加记贷方，减少记借方，余额一般在贷方。负债、所有者权益类账户结构如图 3-2 所示。

负债、所有者权益类账户

借方	贷方
	期初余额
本期减少额	本期增加额
本期借方发生额合计	本期贷方发生额合计
	期末余额

图 3-2　负债、所有者权益类账户的结构

负债、所有者权益类账户期末余额计算公式如下：

负债、所有者权益类账户期末余额=期初贷方余额+本期贷方发生额-本期借方发生额

3. 成本类账户

成本类账户的记账结构表现为贷记减少，借记增加。成本类账户的结构和运用方法同于盘存类账户，主要用于归集经营过程中某个阶段所发生的全部费用，并据此计算和确定出各个对象的成本。这些账户包括但不限于“生产成本”“物资采购”和“在建工程”等。在工业企业中，成本类账户还可以进一步细分为供应过程的成本类账户、生产过程的成本类账户和对外提供劳务的成本类账户。供应过程的成本类账户用于归集购入材料价款和采购费用，计算材料采购成本；生产过程的成本类账户用于归集制造产品的生产费用，计算产品生产成本；对外提供劳务的成本类账户则用于核算企业对外提供的一项独立劳务的成本。

备抵账户，如累计折旧和坏账准备，是用来抵减被调整账户的余额，以确定被调整账户的实际余额。这种账户作为被调整对象原始数额的抵减项目，用以确定被调整对象的实际数额。

总体来说，成本类账户的记账结构体现了其设计目的，即通过记录和计算各个阶段的费用和成本，以准确反映企业的经营成本和财务状况。成本类账户的记账结构与资产类账户的记账结构基本相同，其记账结构，如图 3-3 所示。

成本类账户

借方	贷方
期初余额 本期增加发生额	本期减少发生额
期末余额	

图 3-3　成本类账户的结构

4. 损益类账户

损益类账户的结构主要包括收入类账户和费用类账户。

（1）收入类账户：贷方记录收入的增加，借方记录收入的结转数。在采用账结损益的情况下，这类账户期末无余额。具体例子包括“主营业务收入”“其他业务收入”和“投资收益”等。

（2）费用类账户：其结构与资产类账户基本相同，借方记录增加额，贷方记录减少额。与收入相配比的费用在期末需要全部转出，以便与收入相抵。

此外，损益类账户反映的是企业在一定时期内的经营成果，包括营业收入、营业外收入、主营业务成本、营业税金及附加等。这些账户的期末余额会结转到“本年利润”账户，用以计算确定一定时期内的损益。企业在生产经营过程中，为实现利润，不断地取得收入，同时也发生相关的费用，最终产生利润，利润是所有者权益的一个组成内容。根据拓展的会计等式：资产+费用=负债+所有者权益+收入，可以得出，损益费用类账户的记账结构与资产类相同，借方记费用的增加，贷方记费用的减少（即转出额），由于本期发生的费用一般要通过贷方转出，以计算利润，因此，费用类账户期末一般没有余额。同样，损益收入类的记账结构与负债、所有者权益类相同，收入的增加记在贷方，收入的减少（即转出额）记在借方，由于本期增加的收入一般要通过借方转出，以计算利润，因此，该类账户期末一般没有余额。损益类账户的结构如图 3-4、图 3-5 所示。

损益收入类账户

借方	贷方
收入转出额	收入增加额
	期末一般无余额

图 3-4 损益收入类账户的结构

损益费用类账户

借方	贷方
费用增加额	费用转出额
期末一般无余额	

图 3-5 损益费用类账户的结构

综上所述，全部账户的结构可表述如图 3-6 所示。

账户的名称（会计科目）

借方	贷方
资产的增加 成本的增加 损益费用的增加 负债的减少 所有者权益的减少 损益收入的减少（结转）	资产的减少 成本的减少 损益收入的增加 负债的增加 所有者权益的增加 损益费用的减少（结转）
余额在借方，表示资产	余额在贷方，表示负债或所有者权益

图 3-6 账户的结构

由此可以看出，全部账户的结构可分为两大类。资产类、成本类、损益费用类借增贷减，负债类、所有者权益类、损益收入类借减贷增。

将账户的结构分为两大类，主要是便于初学者掌握。在实际工作中，为了减少账户的数量，往往设置双重性质的账户，既反映资产（债权），又反映负债（债务）的双重性质的账户，期末根据账户余额的方向，判断其经济性质是资产还是负债，这也是借贷记账法优于其他复式记账法的一个方面，随着会计学习的深入，读者对双重性质的账户会有深入的理解和掌握。

3.2.3　借贷记账法的记账规则

记账规则是运用一种记账方法时的记账规律。那么在借贷记账法下，其记账规律是什么呢？

根据复式记账原理，任何一项业务都必须以相等的金额在两个或两个以上相互联系的账户中进行记录，企业每天都发生着错综复杂的经济业务，但归纳起来不外乎以下几种情况。

1. 会计等式左右两方有关项目同时增加

例如，购入原材料 2 000 元，已入库，未付款。这项业务的发生，涉及资产和负债两个会计要素同时发生变化，一方面使资产类的“原材料”增加 2 000 元，另一方面使负债类的“应付账款”增加 2 000 元，根据借贷记账法下账户的结构，该项业务记录如下：

应付账款			原材料	
借方	贷方		借方	贷方
	2 000	↔	2 000	

2. 会计等式左右两方有关项目同时减少

例如，用银行存款偿还短期借款 50 000 元。这项业务的发生，涉及资产和负债两个要素同时发生变化，一方面使资产类的“银行存款”减少 50 000 元，另一方面使负债类的“短期借款”减少 50 000 元，根据复式记账原理和账户的结构，该项业务记录如下：

银行存款			短期借款	
借方	贷方		借方	贷方
	50 000	↔	50 000	

3. 会计等式左方有关项目有增有减

例如，从银行提现金 500 元。这项业务的发生，涉及资产类的两个项目同时发生变化，一方面使资产类的“库存现金”增加 500 元，另一方面使资产类的“银行存款”减少 500 元，根据复式记账原理和账户的结构，该项业务记录如下：

银行存款			库存现金	
借方	贷方		借方	贷方
	500	↔	500	

4. 会计等式右方有关项目有增有减

例如，向银行借入 3 个月期的款项 30 000 元，直接偿还欠货款。这项业务的发生，涉及负债类两个项目同时发生变化，一方面使负债类的“短期借款”增加 30 000 元，另一方面使负债类的“应付账款”减少 30 000 元，根据复式记账原理和账户的结构，该项业务记录如下：

短期借款			应付账款	
借方	贷方		借方	贷方
	30 000	↔	30 000	

综上所述,在借贷记账法下,每一笔业务的发生,都要以相等的金额同时记入有关账户,一个记借方,一个记贷方。由此我们可以从中总结归纳借贷记账法的记账规律:“有借必有贷,借贷必相等”。这一记账规则可用图 3-7 表示。

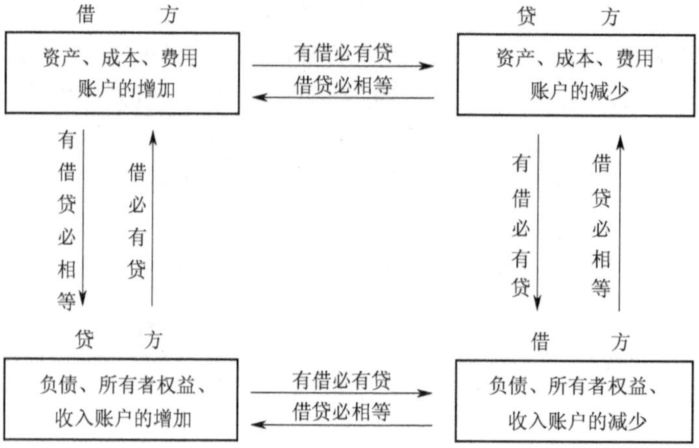

图 3-7 借贷记账法的记账规则

运用借贷记账法进行记账时,在有关账户之间形成了应借、应贷关系,这种关系称为账户的对照关系。发生对照关系的账户称为对照账户。通过账户的对照关系,可以了解经济业务的内容,还可以发现对经济业务的处理是否合理合法。在日常工作中,为了保证账户对照关系的正确性,登记账簿之前应先根据经济业务所涉及账户及借贷方向和金额,编制会计分录,据以登账。会计分录,就是运用复式记账原理标明某项业务应借、应贷账户的名称以及金额的记录。会计分录按分录中所含有的总分类账户个数分为简单分录、复合分录和复杂分录。

借贷记账法的会计分录有固定的格式,无论什么经济业务,在编制会计分录时,应先写应记借方的账户,后写应记贷方的账户,而且借贷错开一格或两格。但在记账凭证中编制会计分录,则按不同的凭证格式填列。会计分录的表示形式如下:

借:账户名称　　金额
　　贷:账户名称　　金额

会计分录上下排列,借方科目在上,贷方科目在下,借方和贷方应错开一个字,如果借方或贷方涉及两个以上的科目,只需书写一个“借”字或“贷”字,相同方向的科目应对齐。例如:

借:管理费用　　367
　　库存现金　　133
　贷:其他应收款　　500

正确编制会计分录,必须熟悉经济业务。一项业务发生后,首先分析这项业务所涉及的会计要素的性质是增加还是减少;其次根据会计科目表,分析所涉及会计科目的名称;第三根据账户的结构及记账规律,确定应记在账户的借方还是贷方;最后检查一下会计分录的要素是否齐全,编制是否正确。

例如,从银行提现金 30 000 元,会计分录为:

借：库存现金　　30 000

　　贷：银行存款　　30 000

企业日常发生的经济业务有简单的，也有复杂的。反映经济业务的会计分录有两种：简单会计分录和复杂会计分录。

简单会计分录，是指一项业务只涉及两个账户的会计分录，即一借一贷的会计分录。例如，用支票支付水电费 5 200 元，这项业务只涉及“银行存”和“管理费用”两个账户发生变化，会计分录为：

借：管理费用　　5 200

　　贷：银行存款　　5 200

复杂会计分录亦称复合会计分录，是指一项业务涉及三个或三个以上账户的会计分录，即一借多贷、多借一贷的会计分录。例如，销售商品 100 000 元，其中 60 000 元收到一张转账支票，其余未收回（假如不考虑增值税）。这项业务的发生，涉及三个账户发生变化，会计分录为：

借：银行存款　　60 000

　　应收账款　　40 000

　　贷：主营业务收入　　100 000

复杂会计分录从形式上看，它是由几个简单会计分录合并而成，一般可以分解为几个简单分录，如上例销售商品的会计分录，可以编制两个简单分录：

借：银行存款　　60 000　　　　借：应收账款　　40 000

　　贷：主营业务收入　　60 000　　　　贷：主营业务收入　　40 000

复杂分录可以集中、全面地反映经济业务，简化记账工作，提高工作效率。但是不可以把毫无关系的经济业务合并在一起，编制多借多贷的复杂分录，这样，不便于了解经济业务的来龙去脉，无法反映账户之间的对照关系。但是，这并不表明不能编制多借多贷的复杂分录，随着会计业务学习的深入，便可以掌握编制多借多贷的复杂分录的方法。

3.2.4 借贷记账法的试算平衡

为了保证账户记录的正确性，需要在一定时期终了时，根据会计等式和复式记账原理，对账户记录进行试算平衡。

试算平衡是根据会计要素间的平衡关系，来检查各类账户记录是否正确的一种方法。通常情况下，试算平衡是通过编制试算平衡表来进行的。

根据借贷记账法的记账规律，可以得知：企业发生的每一笔经济业务分别记入有关账户的借方和贷方，借方和贷方的数额一定相等；在一定时期内，企业发生的全部业务登记入账后，所有账户的借方发生额合计必定等于所有账户的贷方发生额合计。依次类推，所有账户的借方余额合计一定等于贷方余额合计，总体讲是借贷平衡。

借贷记账法下，试算平衡有两种方法。

1. 发生额试算平衡

对一定时期全部账户的发生额进行试算平衡，可依据发生额平衡公式，通过编制发生额试算平衡表来进行。发生额试算平衡公式如下：

全部账户的本期借方发生额合计=全部账户的本期贷方发生额合计

发生额试算平衡表如表 3-1 所示。

表 3-1 总分类账户本期发生额试算平衡表

会计科目	借方发生额	贷方发生额
合　计		

2. 余额试算平衡

对一定时期全部账户的期末余额进行试算平衡,可依据期末余额试算平衡公式,通过编制期末余额试算平衡表来进行。期末余额平衡公式如下:

全部账户的借方期末余额合计=全部账户的贷方期末余额合计

余额试算平衡表如表 3-2 所示。

表 3-2 总分类账户期末余额试算平衡表

会计科目	借方余额	贷方余额
合　计		

根据账户期末余额的计算公式,又可将期末余额试算平衡公式表述为:

全部账户的借方期初余额+本期借方发生额合计-本期贷方发生额合计=全部账户的贷方期初余额+本期贷方发生额合计-本期借方发生额合计

这样,就可以将本期发生额试算平衡表和期末余额试算平衡表合在一起编制发生额及余额试算平衡表,如表 3-3 所示。

表 3-3 总分类账户本期发生额及余额试算平衡表

会计科目	期初余额		本期发生额		期末余额	
	借方	贷方	借方	贷方	借方	贷方
合　计						

借贷记账法下,运用试算平衡表来检查账户记录的正确性。如果借贷不平衡,说明账户的记录和计算一定是错误的,必须马上检查,进行更正。如果借贷平衡,也不能完全肯定记账没有错误,以下几种情况,通过试算平衡表不能发现其错误。

(1)重复记录某项业务。

(2)漏记某项业务。

(3)记错账户、金额或借贷方向颠倒。

(4)一项错误的记录正好抵消另一项错误的记录。

试算平衡只是通过借贷合计金额是否平衡来检查账户记录的正确性。如果借贷出现不平衡,则可以肯定是账户的记录或计算有错误,如果借贷平衡,一般来说账户记录基本正确,但不能绝对肯定账户记录没有问题,因为有些错误并不影响借贷双方的平衡。也就是说,并不是所有账户记录错误都可以通过试算平衡检查出来的。例如:某项经济业务在有关账户中全部被漏记;某项经济业务在有关账户中全部被重记;对某项经济业务错记了账户;借贷记账方向记反;多记的金额与少记的金额抵消了等。这些错误单靠试算平衡是无法发现的,需逐笔进行核对。

3.2.5　借贷记账法应用实例

1. 资产及费用类的账户结构

【例 3-7】 某企业 3 月初"银行存款"账户余额为 50 000 元,3 月 3 日销售产品一批,收到货款 100 000 元; 3 月 10 日支付购买材料 60 000 元,3 月 20 日收回应收账款 80 000 元,3 月 28 日支付购买办公用品 40 000 元。计算 3 月底该企业"银行存款"账户余额,如表 3-4 所示。

表 3-4　银行存款账户

借方		贷方	
期初余额:	50 000		
增加额:	100 000	减少额:	60 000
	80 000		40 000
本期发生额:	180 000	本期发生额:	100 000
期末余额:	130 000		

期末余额计算:

$$50\,000+180\,000-100\,000=130\,000(\text{元})$$

费用类账户期末一般无余额。

2. 所有者权益、负债、收入类账户结构

【例 3-8】 某企业 4 月初"短期借款"账户余额为 100 000 元,4 月 5 日偿还银行短期借款 50 000 元,4 月 10 日向银行借入 80 000 元,4 月 20 日再从银行借入 100 000 元,4 月 25 日偿还银行借款 50 000 元。计算该企业 4 月底"短期借款"账户余额,如表 3-5 所示。

表 3-5 短期借款账户

借方		贷方	
		期初余额：	100 000
本期减少额：	50 000	本期增加额：	80 000
	50 000		100 000
本期发生额：	100 000	本期发生额：	180 000
		期末余额：	180 000

期末余额计算如下：

100 000+180 000-100 000=180 000（元）

收入类账户期末一般无余额。

3. 双重性账户结构

【例 3-9】 某企业 2 月初“应付账款”贷方余额为 150 000 元，本企业由于规模较小，不设“预付账款”账户，以应付账款来代替，2 月 15 日采购材料时预付货款 200 000 元。计算“应付账款”账户期末余额如表 3-6 所示。

表 3-6 应付账款账户

借方		贷方	
		期初余额：	150 000
本期初产增加额：	200 000		
本期发生额：	200 000		
期末余额：	50 000		

期末余额计算：150 000-200 000=-50 000（元），与期初余额方向相反，在借方，表示为预付的货款，属于资产；若这个账户在贷方，表示应付的货款，属于负债。

借贷记账法下，所有账户按其结构可分为三类，即资产、费用类及负债、所有者权益、收入类和双重性类账户。下面把常用的会计科目按账户的结构进行分类，如表 3-7 所示。

表 3-7 常用会计科目按账户结构分类

资产、费用类	所有者权益、负债、收入类	双重性类
库存现金 银行存款 交易性金融资产 原材料 生产成本 制造费用 库存商品 长期股权投资 固定资产 累计折旧（资产抵减） 主营业务成本 税金及附加 销售费用 管理费用 财务费用 所得税费用 营业外支出	短期借款 应付职工薪酬 应付利息 应付股利 应交税费 长期借款 应付债券 实收资本 资本公积 其他综合收益 盈余公积 主营业务收入 营业外收入 本年利润 利润分配（权益抵减）	应收账款 其他应收款 应付账款 其他应付款

4. 借贷记账法原理的简单应用

资料：某企业 3 月 1 日总分类账户期初余额如表 3-8 所示，该企业 3 月份发生部分经济业务如下：

（1）从银行提现金 600 元。

（2）购买原材料 3 000 元，货款未付。材料已验收入库。（不考虑增值税）

（3）用银行存款 100 000 元偿还短期借款。

（4）接受外商投资一台设备，价值 50 000 元。

（5）生产产品领用原材料 1 200 元。

（6）开出支票 5 500 元交纳税金。

（7）用支票 5 000 元支付本月电话费。

（8）销售商品 18 000 元，货款存入银行。（不考虑增值税）

表 3-8　总分类账户期初余额表　　单位：元

资产	金额	负债及所有者权益	金额
库存现金	1 500	短期借款	200 000
银行存款	600 000	应付账款	15 000
原材料	3 600	应交税费	5 500
库存商品	3 000	实收资本	650 000
生产成本	2 000	资本公积	39 600
固定资产	300 000		
合　计	910 100	合　计	910 100

根据上述经济业务编制会计分录。

（1）借：库存现金	600	
贷：银行存款		600
（2）借：原材料	3 000	
贷：应付账款		3 000
（3）借：短期借款	100 000	
贷：银行存款		100 000
（4）借：固定资产	50 000	
贷：实收资本		50 000
（5）借：生产成本	1 200	
贷：原材料		1 200
（6）借：应交税费	5 500	
贷：银行存款		5 500
（7）借：管理费用	5 000	
贷：银行存款		5 000

(8)借：银行存款　　18 000

　　贷：主营业务收入　　18 000

根据期初余额资料以及本期发生额，登记账户并计算账户的期末余额。

库存现金

借方			贷方
期初余额	1 500		
(1)	600		
本期发生额	600	本期发生额	—
期末余额	2 100		

银行存款

借方			贷方
期初余额	600 000	(1)	600
(8)	18 000	(3)	100 000
		(6)	5 500
		(7)	5 000
本期发生额	18 000	本期发生额	111 100
期末余额	506 900		

原材料

借方			贷方
期初余额	3 600	(5)	1 200
(2)	3 000	本期发生额	—
本期发生额	3 000	本期发生额	1 200
期末余额	5 400		

库存商品

借方			贷方
期初余额	3 000		
本期发生额	—	本期发生额	—
期末余额	3 000		

固定资产

借方			贷方
期初余额	300 000		
(4)	50 000		
本期发生额	50 000	本期发生额	—
期末余额	350 000		

生产成本

借方			贷方
期初余额	2 000		
(5)	1 200		
本期发生额	1 200	本期发生额	—
期末余额	3 200		

短期借款

借方			贷方
(3)	100 000	期初余额	200 000
本期发生额	100 000	本期发生额	—
		本期余额	100 000

应付账款

借方			贷方
		期初余额	15 000
		(2)	3 000
本期发生额	—	本期发生额	3 000
		本期余额	18 000

应交税费

借方		贷方	
（6）	5 500	期初余额	5 500
本期发生额	5 500	本期发生额	—
		本期余额	0

实收资本

借方		贷方	
		期初余额	650 000
		（4）	50 000
本期发生额	—	本期发生额	50 000
		本期余额	700 000

资本公积

借方		贷方	
		期初余额	39 600
本期发生额	—	本期发生额	—
		本期余额	39 600

管理费用

借方		贷方	
（7）	5 000		
本期发生额	5 000	本期发生额	—
期末余额	5 000		

主营业务收入

借方		贷方	
		（8）	18 000
本期发生额	—	本期发生额	18 000
		本期余额	18 000

根据以上账户记录，编制总分类账户发生额、余额试算平衡表，如表3-9所示。

表3-9　总分类账户发生额、余额试算平衡表　　单位：元

会计科目	期初余额		本期发生额		期末余额	
	借方	贷方	借方	贷方	借方	贷方
库存现金	1 500		600	—	2 100	
银行存款	600 000		18 000	111 100	506 900	
原材料	3 600		3 000	1 200	5 400	
库存商品	3 000		—	—	3 000	
生产成本	2 000		1 200	—	3 200	
固定资产	300 000		50 000	—	350 000	
短期借款		200 000	100 000	—		100 000
应付账款		15 000	—	3 000		18 000
应交税费		5 500	5 500	—		0
实收资本		650 000	—	50 000		700 000
资本公积		39 600	—	—		39 600
管理费用	—		5 000	—	5 000	
主营业务收入		—	—	18 000		18 000
合计	910 100	910 100	183 300	183 300	875 600	875 600

3.3 总分类账户和明细分类账户

3.3.1 总分类账户与明细分类账户的概述

1. 总分类账户的概念

如前所述，总分类账户是指根据总分类科目设置的，用于对会计要素具体内容进行总括分类核算的账户，简称总账账户或总账。为了保持会计信息的一致性、可比性，目前总分类账户一般根据国家财政部颁布的《企业会计准则——应用指南》的有关规定设置。总分类账户根据不同的标准，可以有不同的分类。根据账户所反映的经济内容，通常可将其分为资产类账户、负债类账户、所有者权益类账户、共同类账户、成本类账户、损益账户六类。

2. 明细分类账户的概念

由于经营管理的需要，不但要求会计提供总括核算指标，而且还要求会计提供具体的明细核算指标，所以在登记总分类账的同时，还需要登记明细分类账户。明细分类账户是根据明细科目设置的，用来对会计要素具体内容进行明细分类核算的账户，简称明细账。同会计科目一样，明细分类账户也可再分为二级账户、三级账户等。实际工作中，将总账账户称为一级账户，总账以下的账户称为明细账户。如“原材料”账户可分为“原料”“主要材料”“辅助材料”等二级账户，“主要材料”又可分为“钢材”“木材”等三级账户，“钢材”还可分为“角钢”“圆钢”“方钢”等四级账户，“角钢”“圆钢”还可按规定再细分明细账户。但并非账户设置越多越好，而是要以既满足管理需要，又简化的原则来设置。

3. 总分类账户和明细分类账户的关系

总分类账户与其所属的明细分类账户有着密切的联系，它们所记录的经济内容是相同的，登记的依据（即会计凭证）也是相同的，所提供的核算资料是相互补充的。总分类账户提供的总括核算资料是对其所属明细分类账户资料的综合，明细分类账户提供的明细核算资料是对其总分类账户资料的具体化。因此，总分类账户对其所属的明细分类账户起着统驭作用，而明细分类账户对其总分类账户起着辅助和补充的作用。总分类账户是明细分类账户的统驭账户，而明细分类账户则是统驭账户的从属账户。

3.3.2 总分类账户与明细分类账户的平行登记

1. 平行登记的原理

虽然总分类账号提供的总括指标统驭着明细分类账户，但在账务处理上，它们是平等的关系，应当平行地进行登记。所谓平行登记，就是指以会计凭证为依据，在总分类账户和明细分类账户中独立地、互不依赖地进行登记，以保证总分类账户的记录与明细分类账户的记录形成统驭和被统驭的关系的登记方法。其要点主要包括以下四个方面。

（1）依据相同。对发生的经济业务，都要以有关的会计凭证为依据，既要登记总分类账户，又要登记其所属的明细分类账户。

（2）期间相同。对于每项经济业务，都要在同一会计期间（如一个月内），一方面要在有关总分类账户中进行总括的登记，另一方面要在有关明细分类账户进行明细登记。

（3）方向相同。无论本期发生额或余额，总分类账户与其所属明细分类账户的方向一致。如果在总分类账户中登记借方，在所属明细分类账户中也应登记借方；如果在总分类账户中登记贷方，在所属明细分类账户中也应登记贷方。

（4）金额相等。记入某一总分类账户的金额，要同记入所属的几个明细分类账户中的金额之和相等。

2. 平行登记法的实际应用

现分别以“原材料”和“应付账款”两个账户为例说明总分类账和明细账户的平等登记。

【例 3-10】 某企业 2021 年 5 月初的“原材料”和“应付账款”账户的余额分别为：原材料 11 000 元，其中，甲材料 300 千克，每千克 20 元，共计 6 000 元；乙材料 100 千克，每千克 50 元，共计 5 000 元；应付账款 5 000 元，其中通达厂 3 000 元，友谊公司 2 000 元。该企业 5 月份发生部分经济业务如下。

（1）5 月 2 日，向通达厂购入材料一批，计 4 000 元，材料已验收入库，但货款暂欠。这批材料包括：甲材料 100 千克，每千克 20 元，计 2 000 元；乙材料 40 千克，每千克 50 元，计 2 000 元，为了简化，本部分的例题中不考虑有关的税收因素。这笔业务编制会计分录如下：

借：原材料——甲材料　　2 000
　　　　　——乙材料　　2 000
　贷：应付账款——通达厂　　4 000

（2）5 月 8 日，仓库发出生产用材料，其中：甲材料 250 千克，每千克 20 元，计 5 000 元；乙材料 90 千克，每公斤 50 元，计 4 500 元，合计 9 500 元，编制会计分录如下：

借：生产成本　　9 500
　贷：原材料——甲材料　　5 000
　　　　　　——乙材料　　4 500

（3）5 月 10 日，向友谊公司购进材料一批，材料已验收入库，货款尚未支付，这批材料包括：甲材料 120 千克，每千克 20 元，计 2 400 元；乙材料 80 千克，每千克 50 元，计 4 000 元，合计 6 400 元，编制会计分录如下：

借：原材料——甲材料　　2 400
　　　　　——乙材料　　4 000
　贷：应付账款——友谊公司　　6 400

（4）5 月 20 日，以银行存款偿还前购进材料欠款 14 000 元，其中偿还友谊公司 8 000 元，通达厂 6 000 元，编制会计分录如下：

借：应付账款——友谊公司　　8 000
　　　　　　——通达厂　　6 000
　贷：银行存款　　14 000

根据上述资料，运用平行登记，登记“原材料”及“应付账款”总分类账户及其明细分账户如下。

（1）登记“原材料”总分类账及所属明细分类账。

①在“原材料”总分类账中登记期初余额，同时在“甲材料”“乙材料”明细账中也分别登记期初余额，包括数量、单价、金额等。

②根据会计分录，按经济业务的先后顺序，把本月购进的材料记入“原材料”，总分类账的借方，同时把每批收到各种材料的数量、单价、金额等也记入有关明细账户的收入栏中。

③把本月发出的材料，根据会计分录，记入“原材料”总分类账的贷方以及有关明细账户的发出栏。

④根据“原材料”总分类账和所属材料明细分类账的记录，分别计算它们的本期发生额和期末余额。如表 3-10~表 3-12 所示。

表 3-10　原材料总分类账

2021 年		凭证号	摘要	借方	贷方	借或贷	余额
月	日						
5	1		月初余额			借	11 000
	2	①	购入	4 000		借	15 000
	8	②	生产领用		9 500	借	5 500
	10	③	购入	6 400		借	11 900
	31		本期发生额及期末余额	10 400	9 500	借	11 900

表 3-11　原材料明细账

材料名称：甲材料　　　　计量单位：千克

2021 年		凭证号	摘要	收入		
月	日			数量（千克）	单位（元）	金额（元）
5	1		月初余额			
	2	①	购入	100	20	2 000
	8	②	生产领用	250	20	5 000
	10	③	购入	120	20	2 400
	31		本期发生额及余额			

表 3-12　原材料明细账

材料名称：乙材料　　　　计量单位：千克

2021 年		凭证号	摘要	收入		
月	日			数量（千克）	单位（元）	金额（元）
5	1		月初余额			
	2	①	购入	40	50	2 000
	8	②	生产领用	90	50	4 500
	10	③	购入	80	50	4 000
	31		本期发生额及余额			

（2）登记“应付账款”总分类账及所属明细分类账。

①在“应付账款”总分类账户中登记期初余额，同时在“通达厂”“友谊公司”两个明细账中登记期初余额。

②根据会计分录，把本期发生的应付购买材料款登记在“应付账款”总分类账户的贷方

和有关明细分类账户的贷方。

③根据会计分录，把本期偿还的应付购买材料款记入“应付账款”总分类账户的借方和有关明细分类账户的借方。

④根据“应付账款”总分类账户及其所属明细分类账的记录，分别计算其本期发生额和期末余额。如表 3-13~表 3-15 所示。

表 3-13　应付账款总分类账

2021 年		凭证号	摘要	借方	贷方	借或贷	余额
月	日						
5	1		月初余额			贷	50
	2	①	欠通达厂购料款		4 000	贷	90
	10	③	欠友谊公司购料款			贷	154
	20	④	还通达厂、友谊公司购料款	14 000	6 400	贷	14
	31		本期发生额及期末余额	14 000	10 400	贷	14

表 3-14　应付账款明细分类账

供应单位名称：通达厂

2021 年		凭证号	摘要	借方	贷方	借或贷	余额
月	日						
5	1		月初余额			贷	3 000
	2	①	欠购料款	5 000	4 000	贷	7 000
	20	④	还购料款	6 000	6 000	贷	1 000
	31		本期发生额及期末余额		4 000	贷	1 000

表 3-15　应付账款明细分类账

供应单位名称：友谊公司

2021 年		凭证号	摘要	借方	贷方	借或贷	余额
月	日						
5	1		月初余额			贷	2 000
	10	①	欠购料款		6 400	贷	8 400
	20	④	还购料款	8 000		贷	400
	31		本期发生额及期末余额	8 000	6 400	贷	400

以上举例所采用的账户是实际工作中常用的总账和数量金额明细账及三栏式明细账格式。为了便于说明，可以使用 T 字形账户表示，如表 3-16~表 3-21 所示。

表 3-16　原材料(总分类账)

借方			贷方
期初余额	11 000		
①	4 000	②	9 500
③	6 400		
本期发生额	10 400	本期发生额	9 500
期末余额	11 900		

表 3-17　原材料——甲材料

借方			贷方
期初余额	6 000		
①	2 000	②	5 000
③	2 400		
本期发生额	4 400	本期发生额	5 000
期末余额	5 400		

表 3-18　原材料——乙材料

借方			贷方
期初余额：	5 000		
①	2 000	②	4 500
③	4 000		
本期发生额	6 000	本期发生额	4 500
期末余额	6 500		

表 3-19　应付账款(总分类账)

借方			贷方
		期初余额	5 000
④	140 000	①	4 000
		③	6 400
本期发生额	140 000	本期发生额	10 400
		期末余额	1 400

表 3-20　应付账款——通达厂

借方			贷方
④	6 000	期初余额	3 000
		①	4 000
本期发生额	6 000	本期发生额	4 000
		期末余额	1 000

表 3-21　应付账款——友谊公司

借方		贷方	
④	8 000	期初余额 ③	2 000 6 400
本期发生额	8 000	本期发生额	6 400
		期末余额	400

从上述总分类账户和明细分类账户的记录可以看出，由于平行登记的结果，“原材料”和“应付账款”总分类账户的期初余额、借方本期发生额、贷方本期发生额和期末余额，都分别与其所属明细分类账户的期初余额之和、借方本期发生额之和、贷方本期发生额之和以及期末余额之和相等。这样，总分类账户的期初、期末余额，借方、贷方本期发生额，就起到统驭所属明细账的相应数额的作用。同时，各明细分类账户既有期初、期末余额和借方、贷方本期发生额，又对有关总分类账户的相应数额起了辅助补充作用。

3.3.3　总分类账户与明细分类账户的互相核对

为了检查总分类账户及其所属明细分类账户记录的正确性，应根据总分类账户与其所属明细分类账户的发生额和余额必然相等的原理，通过编制明细分类账户本期发生额和余额明细表（也是一种试算表）进行相互核对。明细分类账户本期发生额和余额明细表，一般有两种格式：一种适用于材料物资明细分类账户，一种适用于结算往来明细分类账户（即应收、应付类账户）。前者不但反映金额，还要反映数量；后者只反映金额。但无论采用何种格式，都是于月末根据各个明细分类账户的本期发生额和余额汇总编制的。编制明细分类账户本期发生额及期末余额明细，表如表 3-22、表 3-23 所示。

表 3-22　原材料明细分类账户本期发生额和余额明细表

明细科目	计量单位	单价（元）	月初余额		本期发生额			
					收入		发出	
			数量	金额（元）	数量	金额（元）	数量	金额（元）
甲材料 乙材料	千克 千克	20 50	300 100	6 000 5 000	220 120	4 400 6 600	250 90	5 000 4 500
合计				11 000		10 400		9 500

表 3-23　应付账款明细分类账户本期发生额和余额明细表　　单位：元

明细科目	月初余额		本期发生额		月末余额	
	借方	贷方	借方	贷方	借方	贷方
通达厂 友谊公司		3 000 2 000	6 000 8 000	4 000 6 400		1 000 400
合计		5 000	14 000	10 400		1 400

从上列“原材料”和“应付账款”明细分类账户本期发生额和余额明细表可以看出，它们的月初余额合计、本期借方发生额合计、贷方发生额合计和期末余额合计，都分别与“原材料”和“应付账款”总分类账户的相应数额完全相等。这就说明总分类账户和明细分类账户的记录是正确的。如果有关数字核对不符，则应查明原因，予以更正。可见“明细分类账户本期发生额和余额明细表”的作用，是把日常会计资料加以综合，借以检查每个总分类账户及所属明细分类账户的记录是否正确，便于加强会计控制，为企业进行经济活动分析提供资料。

【练习题】

一、单项选择题

1. 以下会计账户中借方用来登记减少的是(　　)。

A. 库存商品　　B. 预收账款　　C. 固定资产　　D. 制造费用

2. 以下会计账户中属于资产类账户的是(　　)。

A. 应付票据　　B. 预付账款　　C. 预收账款　　D. 营业外支出

3. 以下账户中与资产账户结构相同或类似的是(　　)。

A. 负债　　B. 所有者权益　　C. 收入　　D. 费用

4. 下列属于所有者权益类账户的是(　　)。

A. 生产成本　　B. 银行存款　　C. 利润分配　　D. 累计折旧

5. 借贷记账法下账户的哪一方登记增加数，哪一方登记减少数，是由(　　)决定的。

A. 账户的名称　　B. 账户的余额的方向

C. 账户的结构　　D. 账户的性质

6. 借贷记账法下，资产、负债和所有者权益账户在一定时期内借方发生额合计和贷方发生额合计应该(　　)。

A. 相等　　B. 肯定不等　　C. 一般不等　　D. 无法确定

7. 采用借贷记账法记录经济业务时，会在有关账户中形成(　　)。

A. 隶属关系　　B. 应借应贷关系

C. 平行关系　　D. 统御与被统御关系

8. 下列会计分录中属于简单会计分录的是(　　)的会计分录。

A. 一借一贷　　B. 一借多贷　　C. 一贷多借　　D. 多借多贷

9. 借贷记账法下，总分类账户的发生额试算平衡是依据(　　)确定的。

A. 会计恒等式　　B. 借贷记账法的记账规则

C. 账户的性质　　D. 经济业务的内容

10. 借贷记账法下，总分类账户的余额试算平衡公式的理论依据是(　　)。

A. 会计恒等式　　B. 借贷记账法的记账规则

C. 账户的性质　　D. 经济业务的内容

11. 复杂分录是指涉及(　　)的会计分录。

A. 一个账户　　B. 两个账户

C. 任意账户　D. 三个或三个以上账户

12. 负债类账户的结构特点是(　　)。

A. 借方记增加,贷方记减少,余额一般在借方

B. 贷方记增加,借方记减少,余额一般在贷方

C. 借方记增加,贷方记减少,一般无余额

D. 贷方记增加,借方记减少,一般无余额

13. 以下账户中期末一般无余额的是(　　)。

A. 银行存款　B. 利润分配　C. 应付利息　D. 营业外收入

二、多项选择题

1. 下列账户中与“应收账款”账户结构相同的有(　　)。

A. 营业外收入　B. 应付账款　C. 实收资本　D. 库存商品

E. 固定资产

2. 下列账户中与负债类账户结构相同或类似的有(　　)。

A. 资产　B. 所有者权益　C. 收入　D. 成本

E. 费用

3. 下列账户中借方用来登记增加的有(　　)。

A. 营业外支出　B. 资本公积　C. 固定资产　D. 应付票据

E. 实收资本

4. 以下关于借贷记账法的表述正确的有(　　)。

A. 是一种复式记账法

B. 以“借”和“贷”为记账符号

C. 是一种单式记账法

D. 以“有借必有贷、借贷必相等”为记账规则

E. 可以通过试算平衡发现所有记账错误

5. 借贷记账法下总分类账户的试算平衡公式包括(　　)。

A. 全部账户期初借方余额合计=全部账户期初贷方余额合计

B. 期末借方余额=期初借方余额+本期借方发生额-本期贷方发生额

C. 期末贷方余额=期初贷方余额+本期贷方发生额-本期借方发生额

D. 全部账户本期借方发生额合计=全部账户本期贷方发生额合计

E. 全部账户期末借方余额合计=全部账户期末贷方余额合计

6. 下列记账错误中不能通过试算平衡发现的有(　　)。

A. 重复记录某项经济业务　B. 漏记某项经济业务

C. 会计科目记错　D. 会计分录借贷方向颠倒

E. 会计分录中借贷方同时多记相同金额

7. 借贷记账法中允许编制的会计分录有(　　)。

A. 一借一贷　B. 一借多贷　C. 一贷多借　D. 多借多贷

E. 只借不贷

8. 账户的借方可以记录的内容有(　　)。

A. 资产的增加　　B. 资产的减少　　C. 负债的增加　　D. 负债的减少
E. 成本的增加

9. 下列账户中年末无余额的有(　　)。
A. 本年利润　　B. 利润分配　　C. 管理费用　　D. 制造费用
E. 营业外收入

10. 下列属于会计分录要素的是(　　)。
A. 应记账户的名称　　B. 应记账户的方向
C. 应记账户的金额　　D. 应记账户的时间
E. 应记账户的人员

三、判断题

1. 一般来说,账户的余额应在其登记增加额的一方。(　　)
2. 在借贷记账法下,账户中登记增加的一方为借方,登记减少的一方为贷方。(　　)
3. 若会计期末总分类账户本期发生额和余额试算平衡,则说明账簿记录没有错误。(　　)
4. 在实际工作中,可以将多笔简单分录合并编制多借多贷的复杂分录。(　　)
5. 复式记账是指经济业务发生后以相等的金额在任意账户中进行登记。(　　)
6. 生产成本账户属于成本费用账户,月末一定无余额。(　　)
7. 本年利润账户月末一般没有余额。(　　)
8. 所有账户的借方均表示增加,贷方均表示减少。(　　)
9. 单式记账与复式记账没有关系。(　　)

项目四　会计凭证

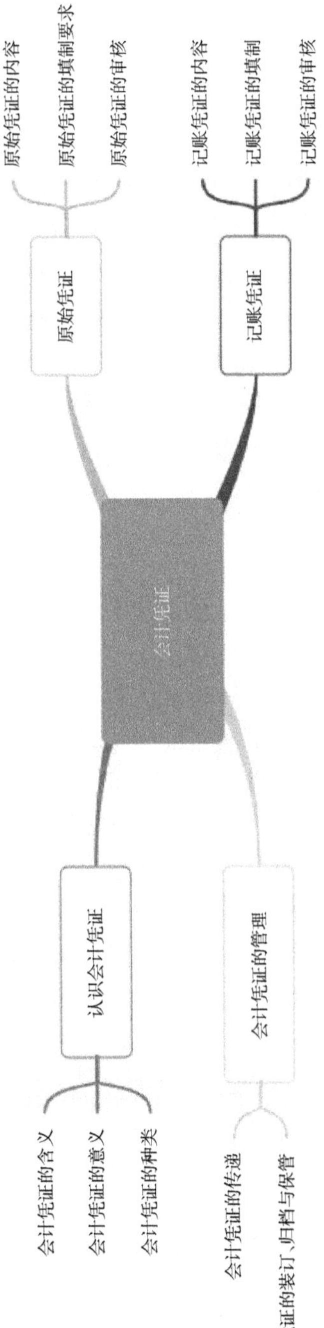

思维导图

4.1 认识会计凭证

4.1.1 会计凭证的含义

会计凭证，作为记录经济活动的详尽档案，翔实反映各项业务的始末，明确经济责任，并担当着会计记账的基石角色。在会计处理流程中，编制会计分录是不可或缺的一环，它为准确登记会计账簿提供了坚实的基础。会计凭证则依赖于记录实际经济活动的第一手原始凭证，通过系统化地整理和编制记账凭证，确保会计分录的准确性和完整性。

会计工作的基石与核心原则是真实性原则，它规定会计记录必须反映事实，确保数据的精确无误。一旦偏离这一原则，会计信息将沦为空洞的虚假数字，其应有的功能也将荡然无存。为了确保会计信息的真实性，任何经济活动的处理都需有确凿的证据。这意味着，任何会计实体在处理每一笔经济业务时，都应遵循会计凭证流程，由业务相关人员获取或填写凭证，详细记载业务发生的时间、具体详情及数量金额，并在凭证上署名或盖章，以对业务的真实性、合规性和准确性承担责任。所有会计凭证都必须经过会计部门的严格审核，以形成坚实的会计信息基础。

4.1.2 填制和审核会计凭证的意义

填制和审核会计凭证是会计核算工作的起点。认真填制和审核会计凭证对保证会计资料的真实性、完整性，完成会计工作任务，发挥会计的监督作用具有重要的意义。

1. 可以及时正确地反映经济业务的完成情况，为记账、算账提供原始依据

各会计主体日常发生的各项经济业务，如资金的筹集和运用、利润的取得和分配，都要通过会计凭证真实地记录下来，通过分类汇总审核，作为记账的依据。因此在“原始凭证—记账凭证—会计账簿—会计报表”的会计核算程序中，会计凭证是基础，会计凭证的正确与否，直接影响会计账簿记录的正确性，从而影响会计报表所提供信息的质量。

2. 明确经济责任，加强岗位责任制

会计凭证明确记录了经济业务的具体内容、发生的日期，并由经办部门和具体经办人员在凭证上签字盖章。这样一来，这些部门和人员就要对发生的经济业务的合法性、真实性负责，若出现问题，也便于查明责任。会计凭证促使各经办部门和人员加强责任感，在办理具体业务的时候，严格贯彻有关法令、政策的规定。各经办部门和人员之间通过会计凭证的传递，既相互联系又相互制约，形成严密的内部控制制度。

3. 便于会计检查和审计工作的开展

任何一项经济业务的发生，都要由具体办理该业务的部门或人员取得或填制相应的会计凭证，因此会计凭证上记录和反映了各项经济业务的具体内容。会计主管人员和内部稽核人员都可以从会计凭证入手，对经济业务进行监督检查，以防止不合理、不合法的错误和弊端的发生，及时发现和纠正经济管理中存在的问题，发挥会计的监督作用。审计人员通过对会计凭证的审查，可以确定经济业务是否合理、合法，会计处理是否公允，并检查会计核算的正确性和会计信息的质量。

填制和审核会计凭证是一项基础工作,对会计核算过程、会计信息质量等有重要的作用,要做好这项工作,会计人员必须具备扎实的基本功、细致的工作作风和高度的责任心。

4.1.3　会计凭证的种类

经济业务的多样性决定了会计凭证的多样性,为了正确使用和填制会计凭证,必须对会计凭证进行分类。会计凭证按填制程序和用途,可分为原始凭证和记账凭证两大类。

1. 原始凭证

原始凭证是在经济业务发生时取得或填制,载明经济业务具体内容和完成情况的书面证明。它是会计核算的原始资料和重要依据。会计主体办理各项会计事项,必须取得或填制原始凭证,并及时送交会计部门,以保证会计核算的顺利进行。凡不能证明经济业务发生或完成情况的有关凭证,不能作为原始凭证据以编制记账凭证并记账,如申购单、购销合同、银行对账单等。

原始凭证按不同的分类标志可以分为不同的种类。

(1)原始凭证按其取得的途径与来源的不同,可分为自制原始凭证和外来原始凭证。

自制原始凭证,是由本单位内部经办业务的部门和个人,在执行或完成某种经济业务时自行填制的凭证,如领料单(表 4-1)、借款单(表 4-2)、折旧计算单(表 4-3)等。

表 4-1　领料单

领料单位:　　　　　　　　　　　　　　　　　　　　　　　　N0.00637

用途:　　　　　　　　　年　月　日　　　　　　　　　　发料仓库:

类别编号	名称及规格	计量单位	数量		单价	金额	备注
			请领	实领			
合计		(大写)					

发料部门负责人:　　　　发料人:　　　　领料部门负责人:　　　　领料人:

表 4-2　借款单

借款人:李丽

所属部门:销售部门　　　　　　　20×× 年 5 月 5 日　　　　　　　　编号:11

今借到人民币(大写)贰仟元整　　　　　¥2 000.00 其中:现金　2 000.00 支票　＿＿＿＿＿＿号码　＿＿＿＿＿用途:去上海开拓市场。 备注

单位负责人:李刚　　　财务负责人:王平　　　部门负责人:王康　　　借款人:李丽

表 4-3　固定资产折旧计算单

年　月　日

项目			固定资产原值	折旧	
				月折旧率	月折旧额
制造费用	一车间	房屋及建筑物			
		机器设备			
		其他			
		小　计			
	二车间	房屋及建筑物			
		机器设备			
		其他			
		小　计			
管理费用	厂部	房屋及建筑物			
		机器设备			
		小　计			
合计		房屋及建筑物			
		机器设备			
		其他			
		总　计			

审核人：　　　　　　　　　　　　制表人：

外来原始凭证是企业在发生经济业务时，从其他单位或个人那里取得的凭证。如企业购买材料、商品等从供货单位取得的发票、增值税专用发票，接受劳务从运输部门取得的运费收据，办理结算业务从银行取得的收款通知和支款通知等。外来原始凭证一般都是一次凭证，如银行付款通知单（图 4-1）、增值税专用发票（图 4-2）、运输费用发票（图 4-3）等。

贷款利息通知单（代付款通知）

20××年　3　月　20　日

贷款账户户名：北方纸箱厂　　　　账号:1256780003

利息计算日期：起 20××年 12 月 21 日　止 20××年 3月 20日

计息积数共计：10,000,000　　利率：月 7.620‰

利息金额（大写）　贰仟伍佰肆拾元整

附记：　　¥2,540.00

会计 2 号　事后监督 6 号　复核 8 号　制单 5 号

工商银行威海市营业部 20××.3.20. 结算章

左列贷款利息已从你单位账号 1256780003 付出

开户银行盖章

年　　月　　日

图 4-1　银行付款通知单

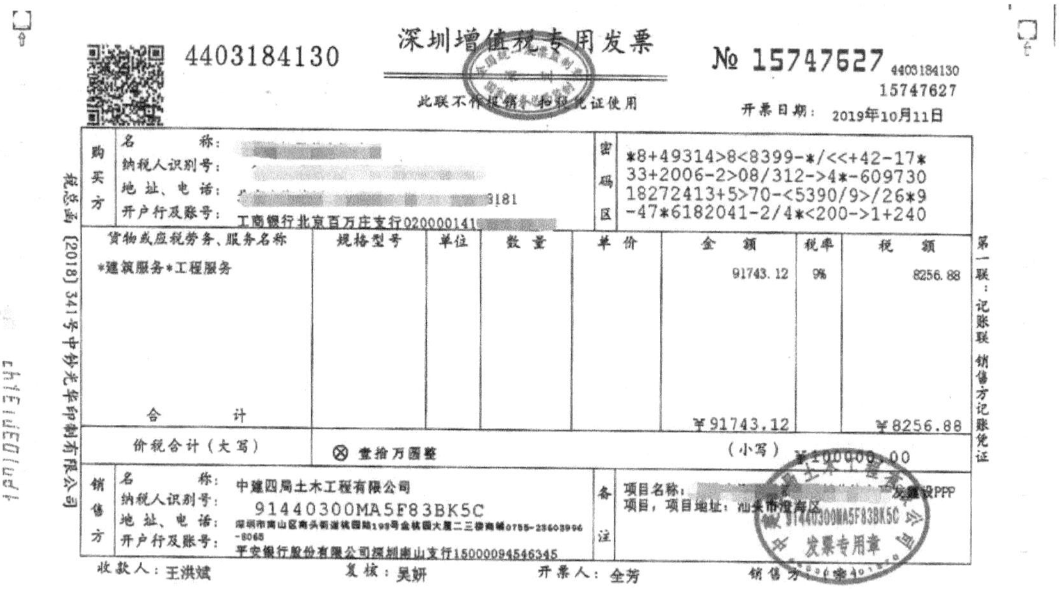

图 4-2 增值税专用发票

图 4-3 运输费用发票

（2）原始凭证按其填制手续不同，可分为一次原始凭证、累计原始凭证和汇总原始凭证。

一次凭证是一次记录一项或同时记录若干项同类经济业务，填制手续一次完成的原始凭证。一次凭证只反映一笔业务或者几笔同类业务，使用灵活，但数量较多，保管核算比较麻烦。大多数原始凭证都是一次凭证，如自制领料单、外来发票和增值税专用发票等都是一次凭证。

累计凭证是连续记载一定时期内不断重复发生的同类经济业务，填制手续在一张凭证中多次进行才能完成的凭证。使用累计凭证可以加强管理，简化手续，随时登记发生的业务，随时计算发生额累计数，便于同定额、计划预算数比较，达到控制费用支出，节约开支的目的。例如限额领料单（图 4-4）就是累计凭证。

限 额 领 料 单

领料单位：生产车间　　20××年×月 2 日　　发料仓库：2 号

用途：B 产品生产　　凭证编号：008

材料类别	材料编号	材料名称及规格	计量单位	领料限额	实际领用	单价	金额	备注
型钢	0348	圆钢Φ10 mm	公斤	500	480	4.40	2 112	

日期	请领		实发			限额结余	退库	
	数量	签章	数量	发料人	领料人		数量	退货单
2.3	200		200			300		
2.12	100		100			200		
2.2.	180		180			20		
合计	480		480			20		

供应部门负责人　　生产计划部门负责人　　仓库负责人签章

图 4-4　限额领料单

汇总原始凭证是对经济业务内容相同、数量较多的原始凭证进行汇总编制而成的原始凭证。实务中，为了简化记账凭证的填制工作，可以将一定时期内若干份记录同类经济业务的原始凭证汇总编制成一张原始凭证汇总表，用来集中反映某项经济业务的总括情况。汇总原始凭证不同于累计凭证，它不是业务发生的原始依据，必须附有其他原始凭证，并在汇总原始凭证上注明汇总的日期、所附原始凭证的数量等内容。例如收料凭证汇总表、工资结算汇总表（表 4-4）、发料凭证汇总表（表 4-5）、销售汇总表等。

表 4-4　工资结算汇总表

20××年 4 月 30 日

人员		标准工资	奖金	津贴	事病假工资	应付工资	代扣款项	实发工资
生产工人	甲产品生产工人							
	乙产品生产工人							
	合计							
车间管理人员								
厂部管理人员								
合计								

财务负责人：　　主管会计：　　出纳：

表 4-5　发料凭证汇总表

编号:00678

应借科目 应贷科目		生产成本	制造费用	管理费用	在建工程	营业费用	其他业务支出	合　计
材料	原料及主要材料							
	辅助材料							
	外购半成品							
	外购动力							
	外购燃料							
	小　计							
包装物								
低值易耗品								
合　计								

制表人:　　　　　　　　　　　　　　审核人:

2. 记账凭证

记账凭证是根据原始凭证进行归类、整理并编制会计分录的凭证,它是登记账簿的直接依据。会计人员必须根据审核无误的原始凭证编制记账凭证。

日常业务中,原始凭证来自不同的单位,种类繁多,数量庞大,直接根据原始凭证记账容易发生错误,因此要先根据审核无误的原始凭证编制记账凭证,在记账凭证中确定会计分录,再根据记账凭证记账。这样,原始凭证就作为记账凭证的附件和原始依据,而记账凭证成为登记账簿的直接依据。还有一些会计事项,如错账更正、期末结账等,无法取得原始凭证,由会计人员根据账簿资料直接编制记账凭证。通过记账凭证,既便于记账,又可以防止差错,能保证账簿记录准确无误,提高记账工作的质量。

记账凭证按不同的分类标志可以分为不同的种类。

(1)记账凭证按用途分为专用记账凭证和通用记账凭证。

专用记账凭证,是指分类反映经济业务的记账凭证,具体又分为收款凭证、付款凭证和转账凭证。收款凭证,是用来记录现金、银行存款收款业务的记账凭证,是根据现金、银行存款收款业务的原始凭证填制的,一般格式如表 4-6 所示。付款凭证,是用来记录现金、银行存款、付款业务的记账凭证,是根据现金、银行存款、付款业务的原始凭证填制的,一般格式,如表 4-7 所示。转账凭证,是用来记录与现金、银行存款的收、付无关的转账业务的凭证。转账业务不涉及货币资金的增减,比如领取原材料、产成品入库、费用分配等,一般格式,如表 4-8 所示。

通用记账凭证,是指用来反映所有经济业务的记账凭证,其一般格式,如表 4-9 所示。

表 4-6 收 款 凭 证

总字　号

借方科目　　　　　　　　年　　月　　日　　　　　　收字　号

摘　要	贷 方 科 目		金　额									记账
	总账科目	明细科目	百	十	万	千	百	十	元	角	分	
合 计 金 额												

附件　张

会计主管：　　　记账：　　　稽核：　　　出纳：　　　制单：

表 4-7 付 款 凭 证

总字　号

贷方科目　　　　　　　　年　　月　　日　　　　　　付字　号

摘　要	借 方 科 目		金　额									记账
	总账科目	明细科目	百	十	万	千	百	十	元	角	分	
合 计 金 额												

附件　张

会计主管：　　　记账：　　　稽核：　　　出纳：　　　制单：

表 4-8 转 账 凭 证

总字　号

年　　月　　日　　　　　　转字　号

摘　要	总账科目	明细科目	借方金额									贷方金额									记账
			百	十	万	千	百	十	元	角	分	百	十	万	千	百	十	元	角	分	
合 计 金 额																					

附件　张

会计主管：　　　记账：　　　稽核：　　　出纳：　　　制单：

表 4-9　记　账　凭　证

总字　号

年　月　日　　记字　号

摘　要	总账科目	明细科目	借方金额									贷方金额									记账
			百	十	万	千	百	十	元	角	分	百	十	万	千	百	十	元	角	分	
合　计　金　额																					

附件　张

会计主管：　记账：　稽核：　出纳：　制单：

（2）记账凭证按其填列会计科目的数目不同可分为单式记账凭证和复式记账凭证。

单式记账凭证是指按一项经济业务所涉及的各个会计科目分别填制的记账凭证。一笔经济业务涉及几个会计科目就需要填制几张记账凭证。例如，一项经济业务涉及两个会计科目，就需要填制两张记账凭证，涉及三个会计科目就需要填制三张记账凭证。填列借方科目的叫作借项记账凭证（格式见表 4-10），填列贷方科目的叫作贷项记账凭证（格式见表 4-11），用编号把它们联系起来，以便于查对。单式记账凭证便于科目汇总，便于贯彻内部控制制度，便于加强岗位责任制，便于分工记账；但是编制记账凭证的工作量大，在一张凭证上反映不出经济业务的全貌，出现差错不便于查找。

表 4-10　借项记账凭证

年　月　日　　收字　号

摘　要	总账科目	明细科目	账页	金　额									记账
				百	十	万	千	百	十	元	角	分	
合　计　金　额													

附件　张

会计主管：　记账：　稽核：　出纳：　制单：

表 4-11 贷项记账凭证

年 月 日 字 号

摘 要	总账科目	明细科目	账页	金额									记账
				百	十	万	千	百	十	元	角	分	
合 计 金 额													

附件 张

会计主管： 记账： 稽核： 出纳： 制单：

复式记账凭证，是指把一项经济业务所涉及的全部会计科目，集中在一张记账凭证上反映。上述专用记账凭证和通用记账凭证都是复式记账凭证。复式记账凭证的优点是便于了解经济业务的全貌，便于查账，减少编制记账凭证的工作量；其缺点是不便于分工记账和汇总。

（3）记账凭证按其包括的内容不同可分为单一记账凭证、汇总记账凭证、科目汇总表。

单一记账凭证，是指只包括一笔会计分录的记账凭证。汇总记账凭证，是指根据一定时期内同类单一记账凭证定期加以汇总重新编制的记账凭证，其目的是简化总账的登记手续。汇总记账凭证可以分为汇总收款凭证、汇总付款凭证、汇总转账凭证。其格式和用法在会计核算形式中讲述。科目汇总表，是指根据一定时期内所有的记账凭证定期加以汇总而重新编制的记账凭证，其目的也是简化总账的登记手续。

会计凭证分类如图 4-5 所示。

4.2 原始凭证

4.2.1 原始凭证的内容

1. 基本内容

在会计实务中，经济业务的内容是多种多样的，记录经济业务的原始凭证的内容也是多种多样的，每种原始凭证的名称、格式也不完全一样。但是无论哪一种原始凭证，都必须如实地反映经济业务的发生和完成情况，都必须明确有关人员的责任。因此，各种原始凭证都必须具备下列基本内容。

（1）原始凭证的名称。

（2）填制凭证的日期和凭证编号。

（3）接受凭证的单位名称。

（4）经济业务内容。

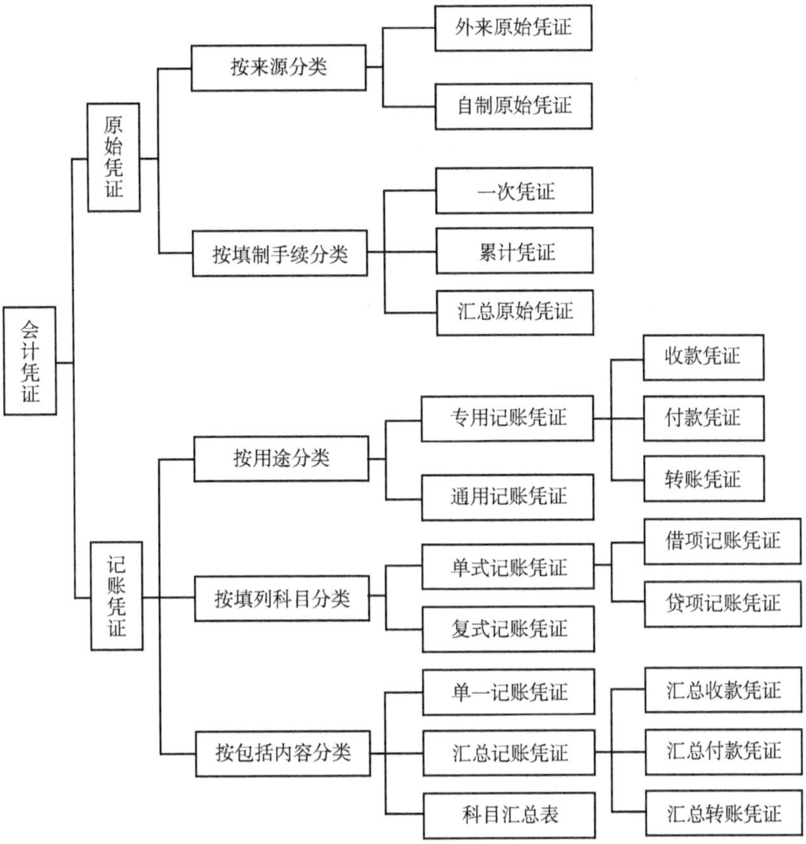

图 4-5　会计凭证分类示意图

（5）经济业务的数量、单价和金额。

（6）填制凭证的单位名称或者填制人姓名。

（7）经办人员的签名或盖章。

2. 其他内容要求

对于一些特殊情况的原始凭证，除应具备原始凭证的上述内容以外，还应符合一定的附加条件。具体要求有以下几点。

（1）从外单位取得的原始凭证，必须盖有填制单位的公章；同样，对外开出的原始凭证，必须加盖本单位的公章；从个人取得的原始凭证，必须有填制人员的签名或者盖章。所谓"公章"，是具有法律效力和规定用途，能够证明单位身份和性质的印鉴，如单位业务公章、财务专用章、发票专用章、收款专用章、结算专用章等。

（2）自制原始凭证，必须有经办单位的负责人或者指定的人员签名或者盖章。凡填有大小写金额的原始凭证，大写与小写的金额必须相符。

（3）购买实物的原始凭证，必须有验收证明。实物购入以后，要按规定办理验收手续，这有利于明确经济责任，保证账实相符，防止盲目采购，避免物资短缺和流失。实物验收工作应由有关人员负责办理，会计人员通过有关的原始凭证进行监督检查。需要入库的实物，必须填写入库验收单，由仓库保管人员按照采购计划或供货合同验证后，在入库验收单上如实填写数量和金额,并签名,盖章。不需要入库的实物,由经办人员在凭证上签名或盖章以后,必须交由保管人员或实物使用人员在凭证上签字或盖章,经过购买人以外第三者查证核实后,会计人员才能据以报销,付款并作进一步会计处理。

(4)支付款项的原始凭证,必须有收款单位或者收款人的收款证明,不能仅以支付款项的有关凭证和银行汇款凭证代替。

(5)发生销货退回时,必须填制退货发票,并附有退货验收证明;退还货款时,必须取得对方的收款收据,不得以退货发票代替。如果情况特殊,可先用银行的有关凭证,如电汇汇单等,作为临时收据,待收到单位的收款证明以后,再将其附在原付款凭证之后,作为正式原始凭证。

(6)职工公出借款凭据,必须附在记账凭证之后;收回借款时,应该另开收据或者退还借据副本,不得将原借款凭据退还借款人。

(7)经上级有关部门批准的经济业务,应当将批准文件作为原始凭证附件。如果批准文件需要单独归档,应在凭证上注明批准机关名称、日期和文件字号,以便确认经济业务的审批情况和方便日后查阅。

4.2.2 原始凭证的填制要求

原始凭证是进行会计核算的原始依据,原始凭证的填制有两种类型,一是根据实际发生或完成的经济业务,由经办人员直接填制,如"入库单""收料单""增值税专用发票"等。大部分原始凭证填制属于这种类型。二是根据账簿记录,把某一类经济业务加以归类、整理而重新编制的,如月末计提折旧编制的"固定资产折旧计算表",是根据固定资产明细账的记录汇总编制的;计算制造成本时编制的"制造费用分配表",是根据制造费用明细账的记录数字编制的,这种根据账簿记录编制的原始凭证的格式因内容不同而有所差异。

无论是由各单位业务经办人员填制的,还是由会计人员填制的,为了真实、完整、正确、及时地反映和记录各项经济业务,原始凭证在具体填制时要符合以下要求。

1. 记录真实

原始凭证上填制的日期、经济业务内容和有关数字必须与实际情况相符,不得弄虚作假,不得以匡算数或者估计数填入。对于实物的数量、质量和金额,要经过严格的审核、验收,确保凭证内容真实可靠。

2. 填制及时

原始凭证应在经济业务发生或完成时及时填制,并按照规定的程序传递审核,以便如实准确地反映经济业务,及时填制记账凭证,及时登记入账。否则,时过境迁,补填凭证容易出现差错。

3. 内容完整

原始凭证中的基本内容和补充内容都要填写齐全,不可缺漏。涉及名称的要用规范全称,涉及数量、单价的要填列完整,以便验收。需要填写一式几联的原始凭证,必须连续编号,用复写纸套写,各联填写的内容应完全相同,并注明每一联的用途,只能以一联作为报销凭证。作废时加盖"作废"戳记,各联次连同存根一起保存,不得撕毁。原始凭证的经办人必须在原始凭证的指定位置上签名或盖章,以明确经济责任。内容填列不全的原始凭证,不能作为经济业务的合法证明,也不能作为有效的会计凭证。

4. 书写规范

原始凭证上的文字和数字，要认真填写。要求字迹清晰，易于辨认，不得随意使用简化字。具体要符合以下要求。

（1）阿拉伯数字要一个一个地写，不得连笔写。阿拉伯数字前要冠以人民币符号"¥"；用外币计价、结算的凭证，金额前要注明外币符号，如"HK$""US$"等。币值符号与阿拉伯数字之间不得留有空白。凡阿拉伯数字前注明货币币种符号的，数字后面不再写货币单位。

（2）所有以元为单位的阿拉伯数字，除表示单价等情况外，一律填写到角分；无角分的，角位和分位可以写"00"，或者符号"—"；有角无分的，分位应该写"0"，不得以符号"—"代替。

（3）汉字大写数字金额如零、壹、贰、叁、肆、伍、陆、柒、捌、玖、拾、佰、仟、万、亿等，一律用正楷或行书体书写，不得用汉字〇、一、二、三、四、五、六、七、八、九、十等简化字代替，不得自造简化字。大写金额到元或到角为止的，在"元"或者"角"字之后应当写"整"或者"正"字。

（4）阿拉伯数字中间有"0"时，大写金额要写"零"字，比如¥2605.00，大写金额应写作"人民币贰仟陆佰零伍元正"。阿拉伯数字中间连续有几个"0"时，汉字大写金额可以只写一个"零"字，比如¥1003.26，大写金额应写作"人民币壹仟零叁元贰角陆分"。阿拉伯数字万位或元位是"0"时，或者前面几位连续有几个"0"，万位和元位也是"0"，而千位不是"0"，可以只写一个"零"字，也可以不写"零"字。例如¥1 007 254.54，可写作"人民币壹佰万柒仟贰佰伍拾肆元伍角肆分"，也可以写作"人民币壹佰万零柒仟贰佰伍拾肆元伍角肆分"。

（5）大写金额数字前未印有货币名称的，应当添加货币名称，货币名称与大写金额数字之间不得留有空白。

（6）原始凭证所记录经济业务的数量、单价和金额的计算必须正确，大小写金额一致。

5. 原始凭证的遗失

从外单位取得的原始凭证如有丢失，应取得原签发单位盖有"财务专用章"的证明，在凭证上注明原凭证的号码、日期、金额等内容，由经办单位负责人批准后，可代作原始凭证。对于确实无法取得证明的，如火车票、船票等，可由当事人写出详细情况，由经办单位负责人批准后，代作原始凭证。

6. 原始凭证不得涂改、挖补

发现原始凭证有错误的，应由开出单位更正或者重开。如果是文字错误可以更正，更正处要加盖原出具凭证单位的公章；如果是数字错误，不得在原始凭证上更正，必须由出具单位重开，不得在原始凭证上涂改、挖补。

4.2.3　原始凭证的审核

1. 原始凭证的审核内容

为了保证会计核算资料的真实、合法、正确，充分发挥会计监督的作用，一切外来和自制原始凭证都必须经过会计部门指定人员的严格审核，才能作为编制记账凭证的依据。原始凭证的审核主要有以下内容。

（1）审核原始凭证的填制是否符合规定。审核原始凭证是否具备作为合法凭证所必需的基本内容，各项目填列是否齐全，有关人员是否已签字盖章，书写是否清晰，大小写金额是否一致；检查小计、合计是否正确，有无刮擦、挖补、涂改和伪造凭证的情况。

（2）审核原始凭证所反映的经济业务是否真实、合理、合法。检查原始凭证所反映的经济业务是否符合国家的法律、法规、政策的规定，是否符合企业制定的制度、计划、预算、合同等；检查经济业务是否在本单位生产经营范围以内，是否为正常情况下所发生的，是否符合审批权限和手续；费用开支标准是否符合规定；有无盲目采购造成积压资金的现象，有无不讲经济效果，甚至贪污、舞弊等不法行为。

2. 实务中对原始凭证审核的重点

在实际工作中，财务人员把对原始凭证的审核总结为“八审八看”，具体内容如下。

（1）审原始凭证的“经济业务”，看是否符合财务制度和开支标准。

（2）审原始凭证的“抬头”，看是否与本单位名称或经办人姓名相符。

（3）审原始凭证的“日期”，看是否与报账日期相近。

（4）审原始凭证的“财务专用章”，看是否与出具原始凭证的企业名称相符。

（5）审原始凭证的“用途”，看是否为“发票”联，或者“收据”联。

（6）审原始凭证的“金额”，看是否等于数量乘以单价。

（7）审原始凭证的“大写”，看是否与小写金额一致。

（8）审原始凭证的“脸面”，看是否有涂改、刀刮、纸贴等现象。

3. 对原始凭证审核结果的处理

在原始凭证的审核过程中，审核人员要根据不同情况，区分问题的性质，进行不同的处理。如果发现内容手续不全、数字金额有误的原始凭证，应该退回有关部门或者经办人员，请其补充内容、补办手续或者更正；如果发现伪造公章、涂改单据、虚报冒领等弄虚作假行为，甚至是严重违法的原始凭证，应该拒绝受理，并及时报告单位负责人，请求查明原因，追究当事人的责任。

4. 对原始凭证审核人员的要求

原始凭证审核是一项严肃而细致的工作，会计人员要做好原始凭证的审核工作，发挥会计的监督职能，必须具备较高的政策理论水平和丰富的业务知识，还要有认真、细致、负责任的工作态度。会计人员既要熟悉与各项经济业务有关的政策、法令和计划预算的规定，又要全面了解本单位的业务经营情况。这样，才能正确判断哪些经济业务是合理、合法的，哪些经济业务是不合理、不合法的，才能发现问题，明辨是非，讲清道理，促使经办人员自觉地执行政策，遵守制度规定，合理使用资金，保护财产的安全完整，发挥会计的监督职能。

日常工作中，会计人员要经常向单位负责人反映情况，还要经常向职工宣传有关的财经政策和制度，依靠职工进行广泛的群众监督。原始凭证中所记录的经济业务，大部分是由本单位职工所完成的，而这些原始凭证又是由具体经办人员填制的。因此，让职工了解有关政策、制度的内容和要求，可以使原始凭证在填制的时候，减少差错，符合原始凭证填制的要求。

4.3 记账凭证

4.3.1 记账凭证的内容

记账凭证的种类和格式在各会计主体中虽然并不完全一致，但是记账凭证的作用是一样的，都是对原始凭证进行归类、整理，确定会计科目，编制会计分录，作为登记账簿的直接依据。各种记账凭证都有以下的共同内容。

（1）记账凭证的名称。

（2）记账凭证的日期和编号。

（3）经济业务的内容摘要。

（4）会计科目、记账符号和金额。

（5）所附原始凭证张数。

（6）有关人员签字或盖章，包括填制人员、复核人员、记账人员、会计主管人员。注意：收款凭证和付款凭证还要由出纳人员签字或盖章。

4.3.2　记账凭证的填制

1. 记账凭证填制的基本要求

（1）记账凭证必须根据审核无误的原始凭证填制。

（2）记账凭证的内容必须填列完整，有关人员必须签名或盖章。

（3）记账凭证的日期填列要正确。收款凭证和付款凭证的日期与所附收付款原始凭证上的日期要一致；转账凭证的日期原则上可以按收到原始凭证的日期填列，月终时，有些转账业务到下月方可填制转账凭证的，可以按当月月末的日期填写。

（4）记账凭证的编号要连续。这有利于分清会计事项处理的先后顺序，便于记账凭证与会计账簿之间的核对，确保记账凭证完整无缺。记账凭证的编号方法有多种，可以按收、付、转业务三类分别编号，也可以按现金收、付，银行收、付，转账业务五类分别编号。各单位应该根据本单位的业务繁简程度、人员多寡和分工情况来选择适当的编号方法。但无论采用哪种编号方法，都应该按月、按顺序编号，即每月都从 1 号编起，顺序编至月末。如果一笔经济业务需要编制两张或两张以上记账凭证的，可以采用分数编号法编号。例如第 8 号会计事项，分录需要填制三张记账凭证，可以编成 8-1/3、8-2/3、8-3/3，8 表示经济业务顺序，分母 3 表示需要编制的凭证张数，分子 1、2、3 表示三张凭证的第一张、第二张、第三张。

（5）记账凭证的摘要栏，要简明扼要地说明经济业务的内容，要与原始凭证记录的内容一致。阅读人通过摘要就可以了解该项经济业务的性质特征，判断出会计分录的正确与否，审核人可以对记账凭证和原始凭证记录的内容进行核对。

（6）正确编制会计分录。记账凭证可以根据一张原始凭证编制，也可以根据若干张同类原始凭证汇总填制，但不得将不同内容和类别的原始凭证汇总在一张记账凭证上，要保证对应关系清楚。在编制复合分录时，原则上应该一“借”多“贷”，或者一“贷”多“借”，一般不编制多“借”多“贷”的会计分录。

（7）正确填制金额。金额数字要与原始凭证金额相符，记账凭证填制完经济业务后，如还有空行，应当自最后一笔金额数字下的空行处至合计数字的空行处画线注销，合计金额数字前加“¥”，目的是堵塞漏洞，严密会计核算手续。

（8）填制附件张数。除结账和错账更正外，记账凭证必须附有原始凭证，并注明原始凭证的张数。如果一张原始凭证涉及几张记账凭证，可以把原始凭证附在主要的记账凭证后面，并在未附原始凭证的记账凭证后面注明“附件 ×× 张，见 ×× 号记账凭证”，或者附原始凭证的复印件。一张原始凭证所列的支出需要几个单位共同负担的，应该依据其他单位负担的部分，开给其原始凭证分割单，进行结算。

（9）机制记账凭证的要求。实行会计电算化的单位，其机制记账凭证应当符合记账凭证的一般要求。打印出来的机制记账凭证要有有关人员盖章或签字，以加强审核，明确责任。

如果某一笔经济业务需要填制两张以上复式记账凭证时，可采用“分数编号法”编号。如第7号记账凭证的转账经济业务需填制2张记账凭证，可编转字第7-1/2号、转字第7-2/2号。上述编号表明该笔转账经济业务的记账凭证编号为第7号，分母2表示该编号的记账凭证共有2张，分子1、2分别表示它们是第7号记账凭证的第1张、第2张。如果单位使用单式记账凭证时，也可采用“分数编号法”编号。无论是采用统一编号法还是分数编号法对记账凭证进行编号，在每一个会计期间（月份）都必须在当月从1号重新起编，不得采用按季度或者按年连续编号。

2. 专用记账凭证的填制

1）收款凭证的填制

收款凭证是根据现金、银行存款业务的原始凭证填制的。凡涉及库存现金、银行存款账户金额增加的业务，都必须要填制收款凭证。收款凭证左上方的“借方科目”，应填写“库存现金”或者“银行存款”；右上方填凭证编号，收款凭证的编号一般按“现收 × 号”与“银收 × 号”分类，如果单位业务不多，也可以按业务发生的先后统一编号，如“收字 × 号”。“摘要”栏填写经济业务简要内容。“贷方科目”栏填写与“库存现金”“银行存款”科目对应的总账科目和明细科目。“金额”栏内填写实际收到的现金或银行存款数。“记账”栏用来作标记，表示该项金额已登记入账，以免重复。出纳人员对于已经收讫的收款凭证及其所附原始凭证，要加盖“收讫”章，以免重收。收款凭证的填制见表4-12所示。

表4-12 收 款 凭 证

借方科目： 年 月 日 凭证编号：

摘 要	总账科目	科目明细	借方金额									记账
			百	十	万	千	百	十	元	角	分	
合 计 金 额												

附件 张

财务审核人： 会计： 出纳： 审核： 制单：

2）付款凭证的填制

付款凭证是根据现金、银行存款支付业务的原始凭证填制的。凡涉及库存现金、银行存款账户金额减少的业务，都必须要填制付款凭证。付款凭证与收款凭证的填制方法和要求基本一样，不同的是付款凭证左上方应填列“贷方科目”，付款凭证的对应科目应填列“借方科目”，反映与库存现金、银行存款支付业务对应的总账科目和明细科目。

对于只涉及“库存现金”与“银行存款”两个账户的业务，即现金存入银行和从银行提取现金，只编制付款凭证，不编制收款凭证，以免重复。出纳人员对于已经付讫的付款凭证及其所附原始凭证，要加盖“付讫”章，以免重付。付款凭证的填制见图 4-6 所示。

银行付款凭证　月份：　2016.01-2016.02

2016年4月1日　　本币：　人民币

核算单位：　×××网络科技有限责任公司　　第0002-0001/0001

摘　要	会计科目	借方金额	贷方金额
提备用金	其他部门营收款		5,000.00
提备用金	其他部门营收款财务科	5,000.00	
合　计	RMB5000	5,000.00	5,000.00

附　张单据

记账人　稻壳　　复核人　小壳　　制单人　梅里雪山

图 4-6　付款凭证

3）转账凭证的填制

转账凭证是根据不涉及现金、银行存款、收付款的转账业务的原始凭证填制的，也有根据账簿记录填制的，根据账簿记录编制的转账凭证一般没有原始凭证。凡是不涉及库存现金、银行存款金额增加或减少的业务，都必须填制转账凭证。转账凭证没有固定的账户对应关系，因此转账凭证是按照“借方科目”和“贷方科目”分别填列有关总账科目和明细科目的。转账凭证的填制见图 4-7 所示。

4.3.3　记账凭证的审核

记账凭证是登记账簿的直接依据，为了保证账簿记录的正确，以及整个会计信息的质量，记账前除了编制记账凭证的人员应该认真负责、正确填制、加强自审外，还应该建立专人审核制度。审核的主要内容有以下几方面。

（1）记账凭证是否附有原始凭证，所附原始凭证是否齐全，与记账凭证中“附件张数”是否相符；记账凭证的经济业务内容与所附原始凭证的经济业务内容是否相符，金额是否一致。

（2）记账凭证中会计科目的使用是否正确，二级科目或者明细科目是否齐全，其核算内容是否符合会计制度的规定，账户对应关系是否清晰，金额计算是否准确。

（3）记账凭证中有关项目填列是否完整，有关人员是否签名盖章。

中国工商银行 网上银行电子回单

电子回单号码：0069

付款人	户　名	待报解预算收入	收款人	户　名	江西　　钨业有限公司
	账　号	140906		账　号	151020
	开户银行	国家金库大余县支库		开户银行	工行大余支行新城分理处
金　额		¥828,100.00元	金额（大写）		人民币 捌拾贰万捌仟壹佰元整
摘　要		电子退库[纳税人编码=	业务（产品）种类		
用　途					
交易流水号		77514622	时间戳		2024-04-08-17.01.21.
中国工商银行 电子回单专用章		备注：电子退库[纳税人编码=913607　　　|纳税人名称=江西　钨业有限公司] 验证码：pyEMh1JrmzGUYZJ			
记账网点	2216	记账柜员	00495	记账日期	2024年04月08日

打印日期：2024年4月9日

重要提示：

1. 如果您是收款方，请到工行网站www.icbc.com.cn电子回单验证处进行回单验证。
2. 本回单不作为收款方发货依据，并请勿重复记账。
3. 您可以选择发送邮件，将此电子回单发送给指定的接收人。

图 4-7　转账凭证

在审核中如果发现记账凭证填制有误，应查明原因，重新填制或者按规定的方法及时更正。只有经过审核无误的记账凭证，才能据以登记账簿。已登记入账的记账凭证有误，应按照规定的方法订正后，再登记入账。

4.4　会计凭证的管理

4.4.1　会计凭证的传递

会计凭证的传递，是指会计凭证从编制时起到归档保管为止的整个过程中，在本单位内部各有关部门和人员之间的传递程序和传送时间。正确组织会计凭证的传递，对于及时处理和登记经济业务，明确经济责任，实行会计监督，具有重要作用。

各种记账凭证所记载的经济业务内容不同，涉及的部门和人员不同，办理的经济业务手续和所需要的时间也不一样。因此，各单位会计凭证传递的基本方法，可根据会计的需要自行规定，力求传递会计凭证的程序科学、合理、及时。科学的会计凭证传递程序，应该使会计凭证沿着最迅速、最合理流向运行；另外还必须遵循内部牵制原则。在制定会计凭证的传递程序时，应当注意下列几点。

（1）一切会计凭证的传递和处理，必须在会计报告期内完成，应当及时传递，不得积压，不得跨期，否则势必影响会计核算的正确性和及时性。

（2）应正确根据每项经济业务的特点、内部机构和人员分工情况以及经营管理的需要，恰当规定会计凭证经过的必要环节，并据以恰当规定会计凭证的份数，做到既要使各有关部门能了解经济业务的情况，及时办理凭证手续，又要避免凭证传递经过不必要的环节，以利于提高工作效率。

（3）要根据各个环节办理经济业务所必需的时间，合理规定凭证在各个环节停留的时间，确保业务手续的及时完成。

（4）要建立凭证交接的签收制度。为了确保会计凭证的安全和完整，在各个环节中都应指定专人办理交接手续，做到责任明确，手续完备、严密、简便易行。

4.4.2 会计凭证的装订、归档与保管

会计凭证是重要的经济档案和历史资料。各单位在完成经济业务手续和记账以后必须按规定的立卷归档制度，形成会计档案资料并妥善保管，以便日后随时查阅，同时也便于审计等有关部门进行检查。

一、会计凭证的装订

会计凭证的装订是指定期把编制好的会计凭证按照编号顺序，外加封面、封底，装订成册，并在装订线上加贴封签。在封面上应写明单位名称、年度、月份、记账凭证的种类、起讫日期、起讫号数以及记账凭证和原始凭证张数，并在封签处加盖会计主管的骑缝图章。如果采用单式记账凭证整理装订时，必须保持会计分录的完整，应按凭证号码顺序还原装订成册，不得按会计科目归类装订。对各种重要的原始单据以及各种需要随时查阅和退回的单据，应另编目录，单独登记保管，并在有关的记账凭证和原始凭证上相互注明日期和编号。

会计凭证装订的要求是既要美观大方又要便于翻阅，所以在装订时要先设计好装订册数及每册的厚度。一般说来，一本凭证，厚度以1.5~2厘米为宜，太厚了不便于翻阅核查，太薄时可用纸折一些三角形纸条均匀地垫在装订处，以保证它的厚度与凭证中间的厚度一致。

二、会计凭证的归档与保管

每个单位的会计机构、会计人员归档、保管会计凭证时，应做到以下几点。

1. 定期整理归类

（1）会计人员根据会计凭证登完账簿后，应定期将会计凭证加以归类整理，并按分类编号顺序保管，不得散乱丢失。

（2）记账凭证应当连同所附的原始凭证或者原始凭证汇总表，按照编号顺序，折叠整齐，按期装订成册，并加具封面，注明单位名称、年度、月份和起讫日期、凭证种类、起讫号码，由装订人在装订线封签处签名或者盖章。

（3）对于数量过多的原始凭证，可以单独装订保管，在封面上注明记账凭证日期、编号、种类，同时在记账凭证上注明“附件另订”和原始凭证名称及编号。

（4）各种经济合同、存出保证金收据以及涉外文件等重要原始凭证，应当另编目录，单独登记保管，并在有关的记账凭证和原始凭证上相互注明日期和编号。

2. 造册归档

（1）每年度的会计凭证，都应由财会部门按照归档的要求，负责整理立卷或装订成册。

（2）每年的会计凭证，在会计年度终了后可暂由本单位财务会计部门保管一年，期满

后，原则上应由财会部门编造清册移交本单位的档案部门保管，财务部门和经办人员必须将应归档的会计凭证全部移交档案部门，不得自行封包保存，档案部门必须按期点收。

（3）档案部门接收的会计凭证原则上要保持原卷册的封装，个别需要拆封重新整理的，应由财会部门和经办人员共同拆封整理，以明确责任。

（4）会计凭证必须进行科学管理，做到妥善保管，存放有序，查找方便，严格执行安全保密制度，不得随意堆放，严防毁损、丢失和泄密。

3. 使用及借阅手续

（1）原始凭证不得外借。其他单位如因特殊原因需要使用原始凭证时，经本单位会计机构负责人、会计主管人员批准，可以复制；但不得拆散原卷册，并应限期归还。向外单位提供的原始凭证复制件，应当在专设的登记簿上登记，并由提供人员和收取人员共同签名或者盖章。需要查阅已归档保管的会计凭证时，必须办理借阅手续。

（2）从外单位取得的原始凭证如有遗失，应当取得原开出单位盖有公章的证明，并注明原来凭证的号码、金额和内容等，由经办单位会计机构负责人、会计主管人员和单位领导人批准后，才能代作原始凭证。如果确实无法取得证明的，如火车、轮船、飞机票等凭证，由当事人写出详细情况，由经办单位会计机构负责人、会计主管人员和单位领导人批准后，代作原始凭证。

4. 保管期限和销毁手续

（1）会计凭证一般应保存 30 年，对于涉外和其他重要的会计凭证要求永久保存。

（2）对保管期满的会计凭证，应按照档案管理办理的规定，由财会部门和档案部门共同鉴定，开列清单按照程序办理审批手续，经批准后方可销毁。各级主管部门销毁会计凭证时，还应有同级财政部门、审计部门派员监销；各级财政部门销毁会计凭证时，由同级审计机关派员监销。在销毁会计凭证前，监督销毁人员应认真清点核对，会计凭证销毁后，在销毁清册上签名盖章，并将销毁情况报本单位有关负责人。

【练习题】

一、单项选择题

1. 会计凭证按（　　）分类，分为原始凭证和记账凭证。

A. 用途和填制程序　B. 取得来源　C. 经济内容　D. 填制方式

2. 下列原始凭证中，属于外来原始凭证的是（　　）。

A. 销货发票　B. 发出材料汇总表　C. 购货发票　D. 领料单

3. 将同类经济业务汇总编制的原始凭证是（　　）。

A. 一次凭证　B. 累计凭证　C. 科目汇总表　D. 汇总原始凭证

4. 根据连续反映某一时期内不断重复发生而分次进行的特定业务编制的原始凭证是（　　）。

A. 一次凭证　B. 累计凭证　C. 汇总收款凭证　D. 汇总原始凭证

5. 记账凭证的填制是由（　　）完成的。

A. 出纳人员　B. 会计人员　C. 经办人员　D. 主管人员

6. 记账凭证是根据(　　)填制的。

A. 会计报表　B. 原始凭证

C. 账簿记录　D. 审核后的原始凭证

7."把现金 500 元存入银行",这项业务应编制的记账凭证是(　　)。

A. 收款凭证　B. 付款凭证　C. 转账凭证　D. 原始凭证

8. 不涉及"现金"和"银行存款"收付业务应编制的记账凭证是(　　)。

A. 收款凭证　B. 付款凭证　C. 转账凭证　D. 原始凭证

9. 用转账支票支付前欠货款,应填制(　　)。

A. 转账凭证　B. 收款凭证　C. 付款凭证　D. 原始凭证

10. 下列凭证中,不能作为编制记账凭证依据的是(　　)。

A. 收货单　B. 发票　C. 发货单　D. 购销合同

11. 收到支票一张偿还前欠销售货款,其原始凭证应为(　　)。

A. 支票　B. 支票存根　C. 银行进账单回单　D. 发票

12. 对外来原始凭证的审核内容不包括(　　)。

A. 经济业务的内容是否真实

B. 填制单位公章和填制人员签章是否齐全

C. 填制凭证的日期是否真实

D. 是否有本单位公章和经办人签章

二、多项选择题

1. 会计凭证可以用来(　　)。

A. 记录经济业务　B. 明确经济责任　C. 登记账簿　D. 编制报表

E. 财产清查

2. 填制和审核会计凭证具有下列作用(　　)。

A. 提供经济信息和会计信息　B. 监督经济活动

C. 提供记账依据　D. 控制经济活动

E. 加强经济责任制

3. 原始凭证的基本要素包括(　　)。

A. 凭证名称　B. 经济业务内容

C. 填制凭证日期　D. 数量、单价和金额

E. 经办人员的签名和盖章

4. 下列属于一次原始凭证的有(　　)。

A. 限额领料单　B. 领料单　C. 领料登记表　D. 购货发票

E. 销货发票

5. 下列单据中,可作会计核算的原始凭证有(　　)。

A. 购销发票　B. 出差车票　C. 购销合同　D. 现金支票存根

E. 医药费报销单

6. 付款凭证的贷方科目可能是(　　)。

A. 库存现金　B. 银行存款　C. 应付账款　D. 主营业务收入
E. 制造费用

7. 收款凭证中允许编制的分录形式为(　　)。
A. 一借一贷　B. 一借多贷　C. 一贷多借　D. 多借多贷
E. 只借不贷

8. 付款凭证左上角的贷方科目可能是下列科目中的(　　)。
A. 期间费用　B. 应付账款　C. 应收账款　D. 库存现金
E. 银行存款

9. 下列原始凭证中,属于汇总原始凭证的是(　　)。
A. 限额领料单　B. 差旅费报销单　C. 科目汇总表　D. 工资汇总表
E. 发出材料汇总表

10. 对原始凭证的审核内容包括(　　)。
A. 真实性　B. 合规性　C. 完整性　D. 正确性
E. 及时性

三、判断题

1. 记账凭证是登记明细分类账的唯一依据。(　　)

2. 原始凭证是由会计人员在经济业务发生或完成时填制或取得的,用于证明经济业务的发生、明确经济责任、作为记账依据的书面证明。(　　)

3. 记账凭证的日期应与原始凭证的日期一致。(　　)

4. 外来原始凭证都是一次凭证。(　　)

5. 原始凭证都是以实际发生或完成的经济业务为依据而填制的。(　　)

6. 从银行提取现金,既可以编制银行存款付款凭证,又可以编制现金收款凭证。(　　)

7. 转账凭证只登记与货币资金收付无关的经济业务。(　　)

8. "¥12.40"的大写金额可写为"人民币拾贰元肆角整"。(　　)

9. 对"企业购买材料一批,部分款项已付,部分暂欠"的业务应编制一张转账凭证和一张付款凭证,两张凭证中的编号总号相同,分号以示联系,如"20-1/2、20-2/2"。(　　)

10. 各种会计凭证的填制,都应由会计人员完成,以保证会计凭证填写的正确性。(　　)

11. 对于不真实、不合法的原始凭证,会计人员应退回给有关经办人员,由其更正后,方可办理正式会计手续。(　　)

12. 各种凭证要连续编号,以便查找。对于事先印制了编号的重要凭证,如填错作废时,应加盖"作废"戳记,全部联次完整保管,不得撕毁。(　　)

13. 出纳员在办理收款或付款业务后,应在会计凭证上加盖"收讫"或"付讫"的戳记,以免重收或重付。(　　)

14. 累计凭证是指在一定时期内连续记载若干项同类经济业务,其填制手续是随着经济业务发生而分次完成的凭证,如"限额领料单"。(　　)

15. 记账凭证都是根据账簿记录填制的。(　　)

项目五　企业相关业务核算

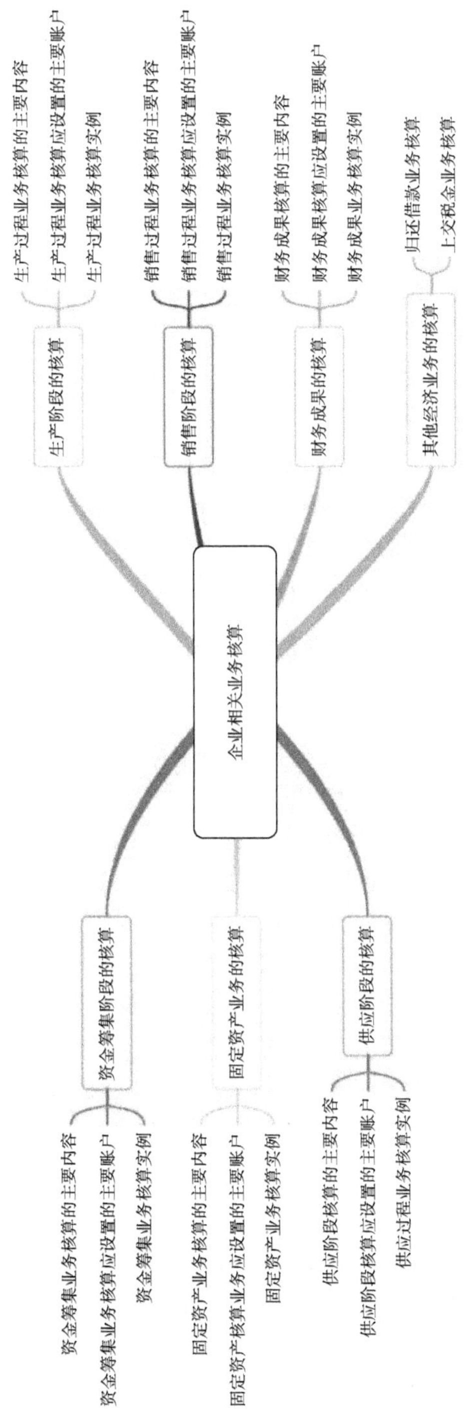

思维导图

5.1 资金筹集阶段的核算

企业要进行生产经营,必须持有一定数量的资金作为从事生产经营的物质基础。因此,资金的筹集是企业设立时的主要经营业务。企业资金可以从多种渠道采取多种方式来筹集。目前我国企业筹集资金的渠道主要分为两大类:一是企业的所有者提供,二是企业的债权人提供。在一个企业中,所有者投资是企业经营资金的主要来源,从企业的所有者处筹集的资金称为"实收资本";还有一部分资金需要由企业的债权人提供,这部分资金属于企业的负债,如"短期借款""长期借款""应付债券"等。

5.1.1 资金筹集业务核算的主要内容

基础会计中关于资金的筹集主要讲述两个方面的内容。一是收到所有者投入资本。投入资本是投资者实际投入企业的各种财产物资的货币表现,是企业所有者权益的主要组成部分。所有者投入的资本按投资主体的不同,可分为国家投入资本、法人投入资本、个人投入资本、外商投入资本等;按照投入资本的形态不同,可分为货币投资、实物投资、无形资产投资等。投资者无论以何种形式投入资本,在企业存续期间,原则上不能抽回。二是向银行借款。企业为满足自身经营的资金需要,往往向银行等金融机构借入资金,偿还期在一年以下的各种借款称为短期借款;偿还期在一年以上的各种借款称为长期借款。企业借入的资金要按照规定的用途使用,除到期偿还本金外,还要按照规定利率按期支付借款利息。

5.1.2 资金筹集业务核算应设置的主要账户

1."实收资本"账户

"实收资本"账户是所有者权益类账户,用来核算企业接受投资者投入的实收资本。企业收到投资者出资超过其在注册资本或股本中所占份额的部分,不在本账户核算。该账户的贷方登记投入资本的增加,借方登记按法定程序申报经批准减少的注册资本或合作期满归还投资者的投资,期末余额在贷方,表示企业实收资本或股本的总额。该账户可按照投资者设置明细账户,进行明细核算。

2."短期借款"账户

"短期借款"账户是负债类账户,用来核算企业向银行或其他金融机构借入的期限在一年以下(含一年)的各种借款。该账户的贷方登记企业借入的各种短期借款,借方登记归还的短期借款,期末余额在贷方,表示企业尚未偿还的短期借款。该账户可按借款种类、贷款人和币种设置明细账户,进行明细核算。

5.1.3 资金筹集业务核算实例

【例 5-1】 企业收到国家投入资本 600 000 元,存入银行。原始凭证,如图 5-1、图 5-2 所示。

中国工商银行　进账单（收账通知）

08 年 12 月 3 日

出票人	全　称	威海市财政局	收款人	全　称	红太阳集团公司
	账　号	8164379785131		账　号	00845000780855500056
	开户银行	工行威海支行		开户银行	工行威海支行
金额	人民币（大写）	陆拾万元整		亿千百十万千百十元角分	￥60000000
票据种类	1	票据张数	转账支票		
票据号码	000054646				
复核　记账				收款人开户银行签章	

中国工商银行 威海支行 2008.12.03 收讫

此联是收款人开户银行交给收款人的收账通知

图 5-1　进账凭证

2008 年 12 月 03 日　　第 12 号

今收到　市财政局国家投入资本					
人民币（大写）陆拾万元整				￥600，000.00	
事由：　国家投入资本			现金		
			支票第　000054646　号		
收款单位	红太阳集团公司	财务主管	方亮	收款人	黄菊

红太阳集团公司 财务专用章

第三联　记账联

图 5-2　收款收据

这项经济业务的发生，涉及“银行存款”和“实收资本”两个账户，一方面使“银行存款”账户增加 600 000 元，另一方面使“实收资本”账户增加 600 000 元。银行存款的增加是资产的增加，记入“银行存款”账户的借方，实收资本的增加是所有者权益的增加，记入“实收资本”账户的贷方，该项经济业务所作记账凭证如下（以会计分录替代）：

借：银行存款　　600 000

　贷：实收资本　　600 000（收款凭证）

【例 5-2】 企业收到华光公司投入的专利权，双方协商价值 300 000 元。原始凭证，如图 5-3 所示。

NO：18003

2008 年12月5日　　　　字第　号

投资单位：华光集团公司			投资日期：2008.12.05	
投资项目（名称）	原值	评估价值	投资期限	备注
专利权		300 000.00	10年	
投资金额合计人民币（大写）叁拾万元整				¥300 000.00

第二联 财务作账

接受投资单位（盖章）　　负责人：　　制单：王

图 5-3　接受投资收据

这项经济业务的发生,涉及“无形资产”和“实收资本”两个账户,一方面使“无形资产”账户增加 300 000 元,另一方面使“实收资本”账户增加 300 000 元;无形资产的增加是资产的增加,应记入“无形资产”账户的借方,实收资本的增加是所有者权益的增加,应记入“实收资本”账户的贷方,该项经济业务所作记账凭证如下(以会计分录替代):

借：无形资产　　　　300 000

　贷：实收资本　　　　300 000(转账凭证)

【例 5-3】 企业收到外商投资一台不需安装的新设备,价值为 500 000 元。原始凭证,如图 5-4 所示。

NO：18015

2008 年12月5日　　　　字第　号

投资单位：***株式会社			投资日期：2008.12.05	
投资项目（名称）	原值	评估价值	投资期限	备注
GRQ设备		500 000.00	20年	
投资金额合计人民币（大写）伍拾万元整				¥500 000.00

第二联 财务作账

接受投资单位（盖章）　　负责人：　　制单：王

图 5-4　接受投资收据

这项经济业务的发生,涉及“固定资产”和“实收资本”两个账户,一方面使“固定资产”账户增加 500 000 元,另一方面使“实收资本”账户增加 500 000 元;固定资产的增加是资产的增加,应记入“固定资产”账户的借方,实收资本的增加是所有者权益的增加,应记入“实收资本”账户的贷方,该项经济业务所作记账凭证如下(以会计分录替代):

借：固定资产　　　　500 000

　贷：实收资本　　　　500 000(转账凭证)

【例 5-4】 企业向银行借入期限为 6 个月、年利率 9%的款项 100 000 元,存入银行。原始凭证如图 5-5 所示。

单位编号　　借款日期　2008 年　1月　6　日　　借据编号　9724

收款单位	名　称	红太阳集团公司	借款单位	名　称	中国工商银行威海支行
	开户账号	00845000780855500056		放款户账号	469276067120
	开户银行	工行威海支行		开户银行	

		万	千	百	十	万	千	百	十	元	角	分
借款金额	壹拾万元整			¥	1	0	0	0	0	0	0	0

借款原因及用途	补充流动资金不足	借款指标计划	

借款期限			
期次	计划还款日期	✓	计划还款金额
		□	
		□	
		□	

备注：借款期限为6个月，年利率9%。

上列借款已转入你单位结算户内，借款到期的由我行按期自你单位结算转还。

此致

借款单位

（银行盖章）

此联由银行退借款单位作入账通知

图 5-5　借款借据(入账通知)

这项经济业务的发生,涉及“银行存款”和“短期借款”两个账户,一方面使“银行存款”账户增加 100 000 元,另一方面使“短期借款”账户增加 100 000 元;银行存款的增加是资产的增加,应记入“银行存款”账户的借方,短期借款的增加是负债的增加,应记入“短期借款”账户的贷方,该项经济业务所作记账凭证如下(以会计分录替代):

借：银行存款　　100 000

　贷：短期借款　　100 000(收款凭证)

向银行借款涉及借款利息的处理。短期借款的利息处理方式根据付息的时间不同,处理方式也不同。按照权责发生制的会计核算基础,无论利息什么时间支付,都要按月确认利息费用。利息费用应记入“财务费用”账户,如果合同约定短期借款利息按月支付,应贷记“银行存款”账户;如果合同约定短期借款利息按季或到期一次支付,应贷记“应付利息”账户。具体核算将会在生产过程核算一节中讲述。

企业通过“长期借款”账户来核算向金融机构借入的一年以上期限的款项。该账户是负债类账户,其核算与短期借款有所不同,详细内容在后续章节加以介绍。

5.2　固定资产业务的核算

企业通过不同途径筹集到资金后,需要一定的厂房、设备、运输工具等,为生产产品、提供劳务、出租或经营管理持有或使用。在固定资产业务中,单位可以通过外购、自行建造、投资者投入、非货币性交换、债务重组和融资租赁等方式取得固定资产,不同的取得方式,固定资产的成本构成内容和确定方法也不尽相同。

企业应当按月对所有的固定资产计提折旧,但是,已提足折旧仍继续使用的固定资产、单独计价的土地除外。当月增加的固定资产,当月不计提折旧,从下月开始计提折旧;当月减少的固定资产,当月照计提折旧,从下月开始不再提取折旧。

5.2.1 固定资产业务核算的主要内容

本节固定资产业务核算主要讲解外购固定资产的核算，固定资产折旧的核算会在本章5.4生产业务中加以讲解，其他形式取得固定资产的核算会在后续的专业会计课程中讲解。外购固定资产分为外购不需安装固定资产以及外购需要安装固定资产两类。外购固定资产的成本，包括购买价格、相关税费（关于增值税的相关知识，在本章最后进行介绍）、使固定资产达到预计可使用状态前所发生的可归属于该资产的运输费、装卸费、安装费等。

5.2.2 固定资产核算业务应设置的主要账户

为了加强对固定资产的核算与管理，如实反映固定资产的取得情况，在固定资产核算业务中应设置以下三个主要账户。

1.“在建工程”账户

“在建工程”账户属于资产类账户，用来核算企业外购需要安装的固定资产、企业自行建造、更新改造等在建工程发生的支出。该账户的借方登记各项在建工程的实际成本，贷方登记工程达到预定可使用状态时转出的成本等。期末余额在借方，反映企业期末尚未达到预定可使用状态的在建工程的成本。

2.“固定资产”账户

“固定资产”账户属于资产类账户，用来核算企业持有的固定资产原始价值。该账户的借方登记固定资产原价的增加，贷方登记固定资产原价的减少。期末余额在借方，反映企业期末固定资产的原价。

3.“应交税费”账户

“应交税费”账户属于负债类账户，用来核算企业按照规定应交纳的各种税费。该账户的贷方登记应交的各种税金，借方登记实际缴纳的税费，期末余额若在贷方，表示欠交的税费，若在借方，表示多交的税费。该账户可按照应交的税费项目进行明细核算。期中，“应交税费——应交增值税”账户用来反映增值税交纳单位应交和实交增值税结算情况的账户。该账户的借方登记企业购入生产设备、原材料等实际交纳的增值税进项税额，贷方登记企业销售商品时向购买单位收取的销项税额。

5.2.3 固定资产业务核算实例

【例5-5】 12月5日，企业购入一台不需要安装的设备，取得的增值税发票上标明：买价50 000元，增值税额8 500元，全部款项已通过银行支付。

该项业务的发生，涉及“固定资产”“应交税费——应交增值税（进项税额）”“银行存款”三个账户。固定资产增加，记入“固定资产”账户的借方，支付的进项税额记入“应交税费——应交增值税（进项税额）”账户的借方，银行存款减少记入“银行存款”账户的贷方。该项经济业务所作记账凭证如下（以会计分录代替）：

借：固定资产　　500 000

　　应交税费——应交增值税（进项税额）　　8 500

贷：银行存款　　58 500（付款凭证）

【例 5-6】 12 月 7 日，购入需要安装的机器设备一台，买价 70 000 元，增值税额 11 900 元，全部款项已通过银行支付。

该项业务的发生，涉及“在建工程”“应交税费——应交增值税（进项税额）”“银行存款”三个账户。需要安装设备增加，记入“在建工程”账户的借方，支付的进项税额记入“应交税费——应交增值税（进项税额）”账户的借方，银行存款减少记入“银行存款”账户的贷方。该项经济业务所作记账凭证如下（以会计分录代替）：

借：在建工程　700 000
　　应交税费——应交增值税（进项税额）　11 900
　贷：银行存款　81 900（付款凭证）

【例 5-7】 12 月 9 日，上述购买的设备安装完毕，发生安装费 560 元，以现金支付，设备交付使用。

该项业务的发生，涉及“在建工程”“库存现金”“固定资产”三个账户。发生的安装费，记入“在建工程”账户的借方，支付的现金记入“库存现金”账户的贷方；安装完毕，将“在建工程”账户借方发生额通过贷方全部转入“固定资产”账户的借方。该项经济业务所作记账凭证如下（以会计分录代替）：

借：在建工程　560
　贷：库存现金　560（付款凭证）
借：固定资产　70 560
　贷：在建工程　70 560（转账凭证）

5.3　供应阶段的核算

制造业为进行产品生产，必须准备一定品种、一定数量的原材料，作为生产储备。在供应过程中，企业从供应单位购进原材料，支付有关的采购费用，同时涉及“增值税”这一流转税，关于增值税方面的知识，在本章最后将作简单介绍。企业与供应单位进行货款结算，会有不同的结算方式，原材料货款的结算方式、采购费用的支付、采购成本的计算，以及原材料的验收入库等，构成了供应过程的主要经济业务。

5.3.1　供应阶段核算的主要内容

制造业的供应过程是从采购原材料开始，到原材料验收入库的整个过程。在原材料的采购过程中，一方面企业从供应单位购入各种生产用的材料物资，另一方面企业要与供应单位或其他单位办理货款的结算，支付材料的价款和各种采购费用，包括运输费、装卸费、保险费及运输途中的合理损耗和入库前的挑选整理费用等。这些采购费用连同原材料的买价，共同构成了原材料的采购成本。原材料价款的结算、采购费用的支付、采购成本的计算、原材料的验收入库等共同构成了供应过程业务核算的主要内容。

5.3.2　供应阶段核算应设置的主要账户

为了加强对材料采购过程的核算和管理，如实反映库存原材料的增减变动及结存情况，为了弄清因采购原材料而与供应单位发生的不同货款结算方式和税金等有关情况，在供应过程中应设置以下五个主要账户。

1.“在途物资”账户

“在途物资”账户是资产类账户，用来核算企业外购原材料的买价和采购费用，计算确定原材料的实际采购成本。该账户的借方登记外购原材料的买价和采购费用，贷方登记已验收入库原材料的采购成本。对已验收入库的原材料，在确定了其采购成本后，按其实际成本从“在途物资”账户的贷方转入“原材料”账户的借方。因而，“在途物资”账户期末一般无余额；若有余额，通常在借方，表示尚未到达或已到达但尚未验收入库的在途物资的实际成本。“在途物资”账户可按购入材料物资的类别或品种，设置明细账户，进行明细核算。

2.“原材料”账户

“原材料”账户是资产类账户，用来核算企业库存的各种原材料，包括主要原料和主要材料、辅助材料、外购半成品、修理用备件、包装材料、燃料等。在实际成本计价下，该账户的借方登记已验收入库原材料的实际成本，贷方登记出库原材料的实际成本，期末余额在借方，表示库存原材料的实际成本。“原材料”账户可按仓库地点和材料的类别、品种、规格等设置明细账户，进行明细核算。

3.“应付账款”账户

“应付账款”账户是负债类账户，用来核算企业因采购材料、商品和接受劳务供应等而应付给供应单位的款项。该账户的贷方登记应付给供应单位的款项，借方登记已偿还供应单位的款项，期末余额在贷方，表示尚未偿还给供应单位的款项。“应付账款”账户可按债权人设置明细账户，进行明细核算。

4.“应付票据”账户

“应付票据”账户是负债类账户，是在商业汇票结算方式下设置的，用来核算企业因购买原材料、商品和接受劳务供应而开出、承兑的商业汇票，包括商业承兑汇票和银行承兑汇票。该账户的贷方登记企业开出、承兑的商业汇票，借方登记实际支付的票据款，期末余额在贷方，表示应付未付的尚未到期的票据款。“应付票据”账户可按债权人设置明细账户，进行明细核算。同时，“应付票据”还应设置“应付票据备查簿”，并进行详细记录。

5.“预付账款”账户

“预付账款”账户是资产类账户，用来核算企业按照购货合同的规定预付给供应单位的款项。该账户的借方登记因购货而预付给供应单位的款项，贷方登记收到所购货物时冲销的预付款，期末如有余额，通常在借方，表示已预付但尚未结算的预付款。“预付账款”账户可按供应单位设置明细账户，进行明细核算。

5.3.3 供应过程业务核算实例

【例 5-8】 12 月 8 日，企业向 K 公司购入甲材料 20 000 千克，单价 3 元，计 60 000 元，进项税额 10 200 元，材料尚未入库，全部款项已通过银行付款。原始凭证如图 5-6、图 5-7 所示。

这项经济业务的发生，涉及“在途物资”“应交税费——应交增值税（进项税额）”“银行存款”三个账户。原材料的采购成本增加记入“在途物资”账户的借方，支付的进项税额记入“应交税费——应交增值税（进项税额）”账户的借方，银行存款的减少记入“银行存款”

账户的贷方。该项经济业务所作记账凭证如下（以会计分录替代）：

借：在途物资——甲材料　　60 000

　　应交税费——应交增值税（进项税额）　　10 200

　贷：银行存款　　70 200（付款凭证）

3700062685　　山东增值税专用发票　　№ 06088430

发票联

开票日期：2008年12月08日

校验码 04398738273792433204

购货单位	名　称：红太阳集团公司 纳税人识别号：568438714741456 地 址、电 话：威海市经技区皇冠东路22号5983654 开户行及账号：工行0084500078085550056				密码区	-8 / ＞ ＞ / ＜ 6/66*033 *-28++ 7535926 ＜ 078 + 593 - / 7/6 3755926 ＜ 078 + 593 - / 7/61 ＞ * 8719 ＜16655568/0 ＞ ＞ 8*		加密版本:01 3700062685 06088430
货物或应税劳务名称	规格型号	单位	数量	单　价	金　额		税率	税　额
甲材料		千克	20000	3	60 000.00		17%	10 200.00
合　计					60 000.00			10 200.00
价税合计（大写）	⊗ 柒万零贰佰元整						（小写）¥70 200.00	
销货单位	名　称：K电子有限公司 纳税人识别号：37100274839269 地 址、电 话：威海市海滨北路8-3号　3663686 开户行及账号：交行006000018000046221				备注			

收款人：　　复合：　　开票人：张彩霞　　销货单位：（章）

图 5-6　原始凭证（增值税专用发票）

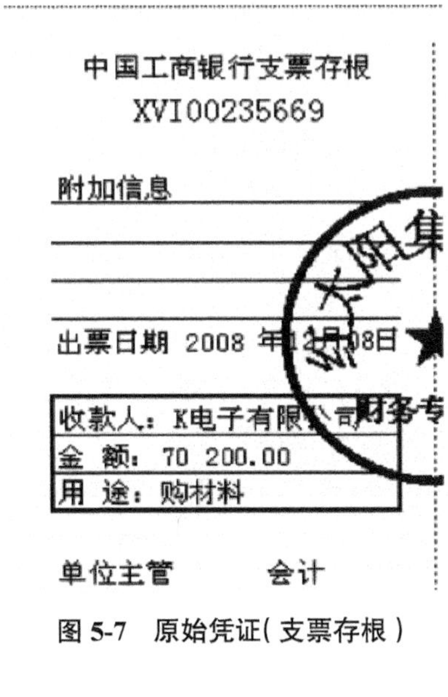

中国工商银行支票存根

XVI00235669

附加信息

出票日期 2008 年12月08日

收款人：	K电子有限公司
金　额：	70 200.00
用　途：	购材料

单位主管　　会计

图 5-7　原始凭证（支票存根）

【例 5-9】 12 月 11 日,企业向华光公司购进甲材料 12 000 千克,单价 3 元,计 36 000 元,进项税额 6 120 元,材料尚未验收入库,材料的价款、税金尚未支付。原始凭证如图 5-8 所示。

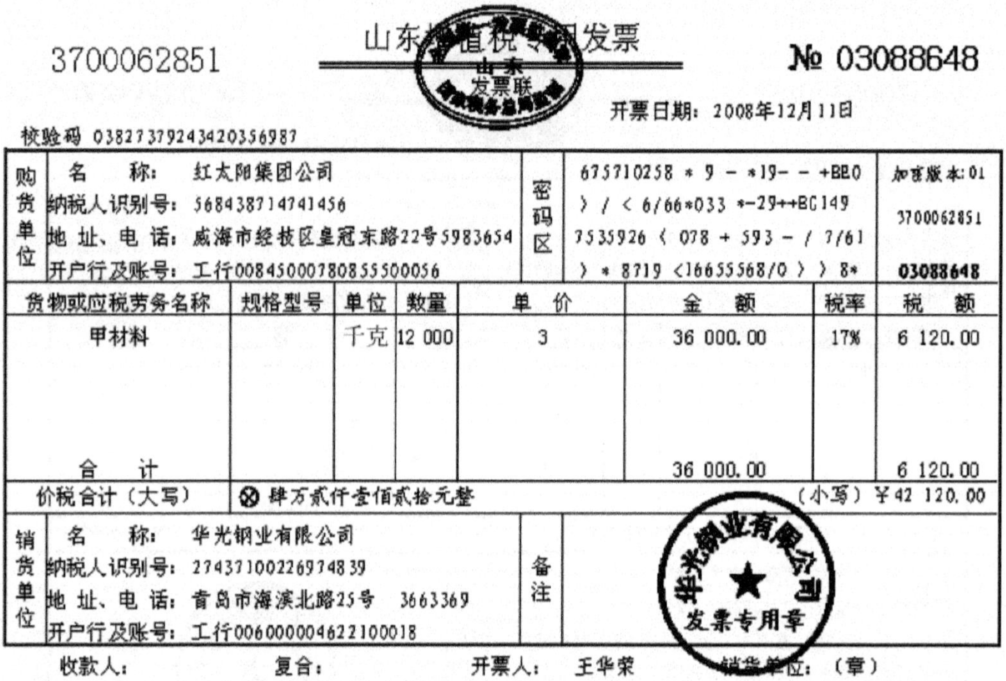
3700062851 山东增值税专用发票 № 03088648

发票联

开票日期:2008年12月11日

校验码 03827379243420356987

购货单位	名 称:红太阳集团公司 纳税人识别号:568438714741456 地 址、电 话:威海市经技区皇冠东路22号5983654 开户行及账号:工行00845000780855500056				密码区	675710258 * 9 - *19- - +BBO) / < 6/66*033 *-29++BC149 7535926 < 078 + 593 - / 7/61) * 8719 <16655568/0 >) 8*	加密版本:01 3700062851 03088648
货物或应税劳务名称	规格型号	单位	数量	单价	金额	税率	税额
甲材料		千克	12 000	3	36 000.00	17%	6 120.00
合 计					36 000.00		6 120.00
价税合计(大写)	⊗肆万贰仟壹佰贰拾元整				(小写)¥42 120.00		
销货单位	名 称:华光钢业有限公司 纳税人识别号:274371002269748 39 地 址、电 话:青岛市海滨北路25号 3663369 开户行及账号:工行006000004622100018				备注		

收款人: 复合: 开票人: 王华荣 销货单位:(章)

图 5-8 原始凭证(增值税专用发票)

这项经济业务的发生涉及“在途物资”“应交税费——应交增值税(进项税额)”“应付账款”三个账户。原材料采购成本的增加,应记入“在途物资”账户的借方;进项税额应记入“应交税费——应交增值税(进项税额)”账户的借方;应付的价款和进项税额记入“应付账款”账户的贷方。该项经济业务所作记账凭证如下(以会计分录替代):

借:在途物资——甲材料 36 000

应交税费——应交增值税(进项税额) 6 120

贷:应付账款 42 120(转账凭证)

【例 5-10】 12 月 15 日,企业用银行存款支付购买甲材料的运费 600 元。原始凭证,如图 5-9、图 5-10 所示。

这项经济业务的发生,涉及“在途物资”和“银行存款”两个账户。原材料采购成本的增加,应记入“在途物资”账户的借方,银行存款的减少,应记入“银行存款”账户的贷方。该项经济业务所作记账凭证如下(以会计分录替代):

借:在途物资——甲材料 600

贷:银行存款 600(付款凭证)

中国工商银行 INDUSTRIAL AND COMMERCIAL BANK OF CHINA　　电汇凭证 （回 单）　　A00244587

□普通 □加急　　委托日期 2008 年 12 月 15 日

汇款人	全 称	红太阳集团公司	收款人	全 称	[redacted]
	账 号	00845000780855500056		账 号	[redacted]
	汇出地点	山东 省 威海 市/县		汇入地点	山东 省 青岛 市/县
汇出行名称		中国工商银行威海支行	汇入行名称		中国工商银行青岛支行
金额	人民币（大写）	陆佰元整		亿千百十万千百十元角分	¥60000
			支付密码	BC342	
			附加信息及用途：材料运费		
汇出行签章（中国工商银行 威海支行 2008.12.15 付讫）			复核	记账	

此联是汇出行给汇款人的回单

图 5-9 原始凭证(电汇凭证)

公路、运输货物运输业统一发票

开票日期：2008.12.15　　发票代码：10497369　　发票号码：0039401

机打代码	277594339	税控码	675710258 * 9 - *19- - +BE1
机打号码	74949362		> * 8719 <16655568/0 > > 8*
机器编号	06		535926 < 078 + 593 - / 7/6
收货人及纳税人识别号	红太阳集团公司 568438714741456	承运人及纳税人识别号	[redacted]
发货人及纳税人识别号	华光钢业有限公司 27437100226974839	主管税务机关及代码	青岛李沧区地税局 008643

运输项目及金额		其他项目及金额		备注：
货物名称	甲材料	装卸费	¥0	
数/重量	12吨	仓储费	¥0	起运地：青岛
单位运价	50.00	保险费	¥0	
计费金额	600.00	印花税	¥0	到达地：威海
		其他	¥0	
运费小计		其他费用小计	¥0	
合计（大写）	陆佰元整		（小写）¥600.00	

承运人盖章（华光钢业运输公司 发票专用章）　　开票人 金晓峰

第二联 发票联 付款方记账凭证

图 5-10 原始凭证(运费发票)

【例 5-11】 12 月 18 日，企业从威海长江铝制品厂购进乙材料 10 吨，单价 1 500 元，计 15 000 元，进项税额 2 550 元，全部货款采用商业汇票结算方式，企业开出承兑期限为 6 个月的银行承兑汇票一张，材料尚未到达。原始凭证，如图 5-11、图 5-12 所示。

山东增值税专用发票

3700062843 № 06088431

开票日期：2008年12月18日

校验码 05698738273792434203

购货单位	名 称：红太阳集团公司 纳税人识别号：568438714741456 地 址、电 话：威海市经拔区皇冠东路22号5983654 开户行及账号：工行00845000780855500056			密码区	+4-16710258 * 9 - *19- -12 -9 / > > / < 6/66 *-28++B91 7535926 < 078 + 593 - / 7/61 > * 8719 <16655568/0 > > 8*		加密版本:01 3700062843 06088430
货物或应税劳务名称	规格型号	单位	数量	单 价	金 额	税率	税 额
乙材料		T	10	1 500.00	15 000.00	17%	2 550.00
合 计					15 000.00		2 550.00
价税合计（大写）	⊗壹万柒仟伍佰伍拾元整						（小写）￥17 550.00
销货单位	名 称：[illegible] 纳税人识别号：[illegible] 地 址、电 话：[illegible] 开户行及账号：[illegible]			备注			

收款人： 复合： 开票人：郭峰 销货单位：（章）

图 5-11 原始凭证（增值税专用发票）

银行承兑汇票

出票日期 贰零零捌年壹拾贰月壹拾捌日（大写）

BB/01 02151165

第 03 号

出票人全称	红太阳集团公司		收款人	全 称	威海长江铝制品厂		
出票人账号	00845000780855500056			账 号	800004622100600001		
付款行全称	工行威海支行	行号 085		开户行	交行威海支行	行号 321	
汇票金额	人民币（大写） 壹万柒仟伍佰伍拾元整					千百十万千百十元角分 ￥1 7 5 5 0 0 0	
汇票到期日	贰零零玖年零陆月壹拾捌日	本汇票已经承兑，到期日由本行付款。		承兑协议编号	OGZ8701		
交易合同号码	KOY3542			科目（借）			
本汇票请你行承兑于期无条件付款。 出票人签章 年 月 日		承兑行签章 2008.12.19 承兑日期 年 月 日 备注：		对方科目（贷） 转账 年 月 日 复核 记账			

此联收款人开户行随

图 5-12 原始凭证（银行承兑汇票）

这项经济业务涉及“在途物资”“应交税费——应交增值税（进项税额）”“应付票据”三个账户。原材料采购成本的增加记入“在途物资”账户的借方；进项税额记入“应交税费——应交增值税（进项税额）”账户的借方；应付票据款增加记入“应付票据”账户的贷方。该项经济业务所作记账凭证如下（以会计分录替代）：

借：在途物资——乙材料 15 000

　　应交税费——应交增值税（进项税额） 2 550

　贷：应付票据 17 550（转账凭证）

【例 5-12】 12 月 19 日,企业以银行存款 20 000 元向 LGR 复合材料有限公司预付购买乙材料款。原始凭证,如图 5-13 所示。

中国工商银行
INDUSTRIAL AND COMMERCIAL BANK OF CHINA

电汇凭证（回　单）　　A00244587

□ 普通　□ 加急　　委托日期　贰零零捌年壹拾贰月壹拾玖日

汇款人	全　称	红太阳集团公司	收款人	全　称	LGR复合材料有限公司
	账　号	008450007808555000056		账　号	0542344631541
	汇出地点	山东　省　威海　市/县		汇入地点	山东　省　济南　市/县
汇出行名称		工行威海支行	汇入行名称		工行济南支行
金额	人民币（大写）	贰万元整		亿千百十万千百十元角分	¥ 2 0 0 0 0 0 0
		中国工商银行 威海支行 2008.12.19 付讫		支付密码	3542
				附加信息及用途：	
		汇出行签章		复核　　记账	

此联汇出行给汇款人的回单

图 5-13　原始凭证(电汇凭证回单)

这项经济业务的发生,涉及“银行存款”和“预付账款”两个账户。银行存款减少应记入“银行存款”账户的贷方,预付账款的增加应记入“预付账款”账户的借方。该项经济业务所作记账凭证如下(以会计分录替代):

借:预付账款　　20 000

　贷:银行存款　　20 000(付款凭证)

【例 5-13】 12 月 20 日,企业收到 LGR 复合材料有限公司发来乙材料,账单上列明乙材料价款 20 000 元,进项税额 3 400 元,运费 500 元,材料未入库。原始凭证,如图 5-14、图 5-15 所示。

2600062037　　山东增值税专用发票　　№ 06088523

发票联

开票日期：2008年12月20日

校验码 05698738242037379243

购货单位	名　称：红太阳集团公司 纳税人识别号：568438714741456 地 址、电 话：威海市经技区皇冠东路22号5983654 开户行及账号：工行008450007808555000056			密码区	〉* 8719 <16655568/0 〉〉8* +4-16710258 * 9 - *19- - + 7535926 〈 078 + 593 - / 7/61 -9 / 〉〉/ < 6/66*033 *-28++		加密版本：01 2600062037 06088523
货物或应税劳务名称	规格型号	单位	数量	单　价	金　额	税率	税　额
乙材料		T	10	2 000.00	20 000.00	17%	3 400.00
合　计					20 000.00	17%	3 400.00
价税合计（大写）	⊗ 贰万叁仟肆佰元整						（小写）¥23 400.00
销货单位	名　称：LGR复合材料有限公司 纳税人识别号：392693710002748 地 址、电 话：济南市经十路32号　7518763 开户行及账号：工行0542344631541			备注	LGR复合材料有限公司 发票专用章		

收款人：　　复合：　　开票人：　李玲玉　　销货单位：（章）

图 5-14　原始凭证(增值税专用发票)

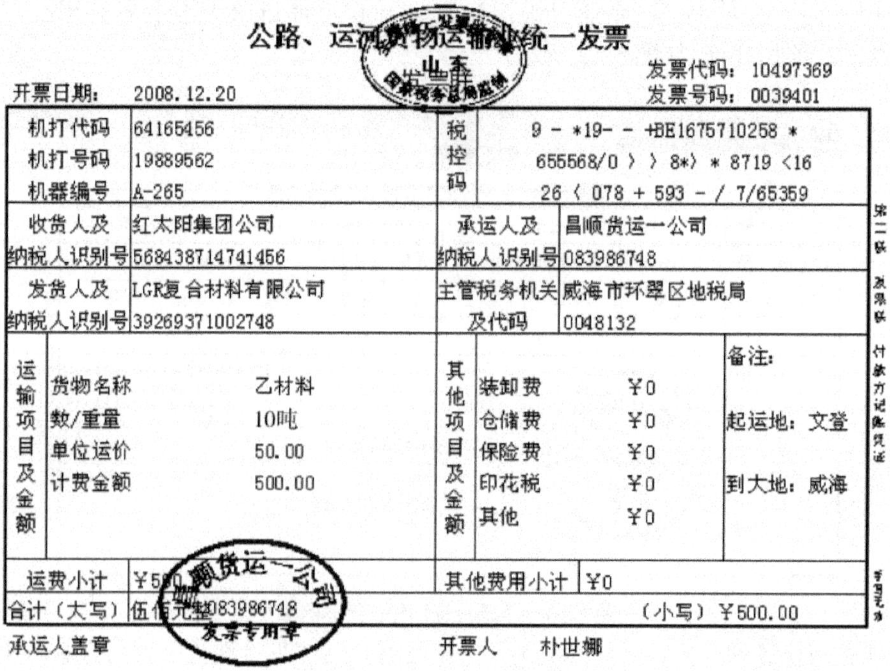
公路、运河货物运输业统一发票

开票日期：2008.12.20　　发票代码：10497369　　发票号码：0039401

机打代码 机打号码 机器编号	64165456 19889562 A-265	税控码	9 - *19- - +BE1675710258 * 655568/0 ＞ ＞ 8*＞ * 8719 <16 26 < 078 + 593 - / 7/65359
收货人及纳税人识别号	红太阳集团公司 568438714741456	承运人及纳税人识别号	昌顺货运一公司 083986748
发货人及纳税人识别号	LGR复合材料有限公司 39269371002748	主管税务机关及代码	威海市环翠区地税局 0048132
运输项目及金额	货物名称 乙材料 数/重量 10吨 单位运价 50.00 计费金额 500.00	其他项目及金额	装卸费 ￥0 仓储费 ￥0 保险费 ￥0 印花税 ￥0 其他 ￥0 备注：起运地：文登 到大地：威海
运费小计	￥500	其他费用小计	￥0
合计（大写）	伍佰元整	（小写）	￥500.00

承运人盖章　　开票人　朴世娜

第二联 发票联 付款方记账凭证　手写无效

图 5-15　原始凭证（运费发票）

这项经济业务由于采用预付款结算，因此该笔经济业务的发生，涉及“在途物资”“应交税费——应交增值税（进项税额）”“预付账款”三个账户。原材料成本的增加记入“在途物资”账户的借方，进项税额记入“应交税费——应交增值税（进项税额）”账户的借方，预付账款的减少记入“预付账款”账户的贷方。该项经济业务所作记账凭证如下（以会计分录替代）：

借：在途物资——乙材料　　20 500
　　应交税费——应交增值税（进项税额）　　3 400
　贷：预付账款　　23 900（转账凭证）

【例 5-14】 12 月 25 日，通过银行将购买乙材料的不足部分款项 3 900 元汇给 LGR 复合材料有限公司。原始凭证如图 5-16 所示。

这项经济业务的发生，涉及“预付账款”和“银行存款”两个账户。预付款的增加应记入“预付账款”账户的借方，银行存款的减少应计入“银行存款”账户的贷方。该项经济业务所作记账凭证如下（以会计分录替代）：

借：预付账款　　3 900
　贷：银行存款　　3 900（付款凭证）

【例 5-15】 12 月 28 日，企业计算并结转验收入库所购甲、乙两种材料的采购成本。

甲材料的采购成本=60 000+36 000+600=96 600（元），乙材料的采购成本=15 000+20 500=35 500（元）。

这项经济业务的发生，涉及“原材料”和“在途物资”两个账户。原材料增加应记入“原材料”账户的借方，结转采购成本应记入“在途物资”账户的贷方。该项经济业务所作记账

凭证如下(以会计分录替代):

借:原材料——甲材料　　96 600

　　　　——乙材料　　35 500

　贷:在途物资——甲材料　　96 600

　　　　　　——乙材料　　35 500(转账凭证)

中国工商银行
INDUSTRIAL AND COMMERCIAL BANK OF CHINA

电汇凭证　(回　单)　　A00244600

□普通　□加急　　委托日期　贰零零捌年壹拾贰月贰拾伍日

汇款人	全　称	红太阳集团公司	收款人	全　称	LGR复合材料有限公司
	账　号	00845000780855500056		账　号	0542344631541
	汇出地点	山东　省　威海　市/县		汇入地点	山东　省　济南　市/县
汇出行名称		工行威海支行	汇入行名称		工行济南支行
金额	人民币(大写)	叁仟玖佰元整		亿千百十万千百十元角分	¥390000
		汇出行签章	支付密码		
			附加信息及用途:		
				复核	记账

中国工商银行 威海支行 2008.12.25 付讫

此联汇出行给汇款人的回单

图 5-16　原始凭证(电汇凭证)

5.4　生产阶段的核算

制造业的主要经营活动是生产出符合社会需要的商品,主要指产成品。在产成品的制造过程中,会发生各种耗费,例如原材料费用、固定资产折旧费用、职工薪酬费用等。这些费用可归集为生产费用和期间费用。凡是为生产产品而发生的原材料、人工、折旧等费用,一般记入产品成本费用;凡是为组织和管理生产而发生的费用,一般记入期间费用。生产过程结束,生产的产品完工并验收入库,产品的生产成本也会随之结转,而在各会计期间发生的期间费用,直接记入当期损益。原材料的消耗、固定资产的磨损、职工薪酬的分配与发放、有关费用的归集与分配以及产品成本的形成与结转等,构成了制造业生产过程的主要经济业务。

5.4.1　生产过程业务核算的主要内容

制造业购入了一定数量和品种的原材料,其目的主要是为生产产品做储备。从原材料投入生产到产品的完工入库,这一过程称为生产过程。在生产过程中,企业会发生各种耗费,这些耗费可分为两部分,一部分称为生产费用,另一部分称为期间费用。

生产费用主要是为生产产品而发生的耗费。生产费用有不同的分类标准,其按经济用途分类时称为成本项目,包括直接材料费、直接人工费、制造费用和其他直接费用。直接材料费是指企业在生产过程中直接用于产品生产,并构成产品实体的原材料费用;直接人工费是指直接从事产品生产的工人的薪酬费用;制造费用又称为间接费用,是指企业各个生产车间为组织和管理生产而发生的各项费用,包括生产车间管理人员薪酬费、生产车间固定资产的折旧费、办公费、水电费、劳动保护费、差旅费等,这些费用在发生时记入制造费用,在一定的会计期末,需要采取一定的分配方法在有关产品之间进行分配,记入有关产品的成本。其他直接费用是指其他可直接记入产品成本的费用。

期间费用包括管理费用、财务费用、销售费用。管理费用是指企业为组织和管理生产经营所发生的费用,包括企业在筹建期间发生的开办费、董事会费和行政管理部门在企业的经营管理中发生的或由企业统一负担的公司经费(包括行政管理部门职工工资及福利费、物料消耗、低值易耗品摊销、办公费和差旅费等)、工会经费、聘请中介机构费、咨询费、诉讼费、业务招待费、房产税、车船使用税、土地使用税、印花税、技术转让费、矿产资源补偿费、研究费用、排污费等;财务费用是指企业为筹集生产经营所需资金等而发生的筹资费用,包括利息支出(减利息收入)、汇兑损益以及相关的手续费、企业发生的现金折扣或收到的现金折扣等;销售费用是指企业在销售商品和材料、提供劳务的过程中发生的各种费用,包括保险费、包装费、展览费和广告费、商品维修费、运输费、装卸费等以及为销售本企业商品而专设的销售机构的职工薪酬、业务费、折旧费等经营费用。期间费用必须于发生当期直接记入当期损益。

由此可见,企业在生产过程中费用的发生、归集和分配以及产品成本的形成和结转,构成了生产过程业务核算的主要内容。

5.4.2 生产过程业务核算应设置的主要账户

为了对各项生产费用进行合理的归集和分配,及时计算完工产品的成本,同时也为了正确核算期间费用,在生产过程中应设置"生产成本""制造费用""应付职工薪酬""累计折旧""管理费用""财务费用""库存商品"等账户。

1."生产成本"账户

"生产成本"账户为成本类账户,用来核算企业进行工业性生产而发生的各项生产成本。该账户的借方登记为生产产品而发生的材料费、人工费、其他直接成本费用和分配的制造费用,贷方登记转出的已完工入库产品的实际生产成本,期末余额在借方,表示尚未完工的产品的实际成本。该账户可按基本生产成本和辅助生产成本设置明细账户,进行明细核算。基本生产成本应当分别按照基本生产车间和成本核算对象(产品的品种、类别、订单、批别等)设置明细账户,进行明细核算。

2."制造费用"账户

"制造费用"账户为成本类账户,用来核算企业生产车间为生产产品和提供劳务而发生的各项间接费用。该账户的借方登记生产车间发生的一切费用,贷方登记分别记入有关产品成本的制造费用。该账户月末一般没有余额。为了详细核算制造费用,可按费用项目设置明细专栏,进行明细核算。

3."累计折旧"账户

"累计折旧"账户是固定资产的备抵调整账户,用来核算固定资产的磨损情况。由于固定资产在使用过程中会发生磨损,从而使固定资产的价值减少,但因为管理的需要,“固定资产”账户只能反映企业固定资产的原始价值,其磨损而发生的减少额应通过“累计折旧”账户来反映,其记账结构与“固定资产”账户的记账结构相反。贷方登记提取固定资产折旧的增加额,借方登记已提固定资产折旧的减少额,余额通常在贷方,表示企业现有固定资产已计提的累计折旧额。该账户可按固定资产的类别或项目设置明细账户,进行明细核算。

4.“应付职工薪酬”账户

“应付职工薪酬”账户是负债类账户,用来核算企业根据有关规定应付给职工的各种薪酬。该账户的贷方登记月度终了企业应付的职工薪酬,借方登记实际支付的职工薪酬,该账户期末余额在贷方,反映企业应付未付的职工薪酬。该账户可按“工资”“职工福利”“住房公积金”“社会保险费”“工会经费”“职工教育经费”“非货币性福利”“辞退福利”“股份支付”等设置明细账户,进行明细核算。

5.“库存商品”账户

“库存商品”账户是资产类账户,用来核算企业库存的各种商品的实际成本。该账户的借方登记完工入库产品的实际生产成本,贷方登记发出产成品的实际生产成本,月末余额在借方,表示库存商品的实际成本。该账户可按库存商品的种类、品种和规格设置明细账户,进行明细核算。

6.“管理费用”账户

“管理费用”账户是损益类账户,用来核算企业为组织和管理生产经营而发生的管理费用。该账户的借方登记发生的各项管理费用,贷方登记期末全部转入“本年利润”账户的数额,期末结转后本账户无余额。该账户可按费用项目设置明细账户,进行明细核算。

7.“财务费用”账户

“财务费用”账户为损益类账户,用来核算企业为筹集生产经营所需资金而发生的筹资费用。该账户的借方登记企业发生的各项财务费用,贷方登记期末转入“本年利润”账户的数额,期末结转后本账户无余额。该账户可按费用项目设置明细账户,进行明细核算。

5.4.3 生产过程业务核算实例

1. 生产费用的归集和期间费用的发生

假设企业生产A、B两种产品,本月发生以下产品的生产业务。

【例 5-16】 仓库发出材料及用途如表 5-1 所示。

表 5-1 材料耗用汇总表

单位:元

项　目	甲材料	乙材料	丙材料	合计
生产产品耗用	40 000	20 000	12 000	72 000
其中:A 产品	26 000	13 000	8 000	47 000
B 产品	14 000	7 000	4 000	25 000
车间一般耗用			600	600
行政管理部门耗用		300	100	400
合　计	40 000	20 300	12 700	73 000

这项经济业务的发生，涉及“原材料”“生产成本”“制造费用”“管理费用”四个账户。产品耗用材料，使产品的材料成本增加，应记入“生产成本”账户的借方；车间耗用材料，使制造费用增加，应记入“制造费用”账户的借方；管理部门耗用材料，使管理费用增加，应记入“管理费用”账户的借方；仓库发出原材料，表示原材料的减少，应记入“原材料”账户的贷方。该项经济业务所作记账凭证如下（以会计分录替代）：

借：生产成本——A 产品　　47 000
　　　　　　——B 产品　　25 000
　　制造费用　　600
　　管理费用　　400
　贷：原材料　　73 000（转账凭证）

【例 5-17】 分配本月应付职工工资：其中生产 A 产品的工人工资 24 000 元，生产 B 产品的工人工资 18 000 元，车间管理人员工资 2 000 元，行政人员工资 16 000 元。原始凭证，如表 5-2 所示。

表 5-2　工资费用分配表

2008 年 12 月 29 日　　单位：元

应借账户			成本项目或费用项目	分配金额
总账账户	二级账户	明细账户		
生产成本	基本生产成本	A 产品	直接工资	24 000.00
		B 产品	直接工资	18 000.00
		小计		42 000.00
制造费用		一车间	工资	2 000.00
管理费用			工资	16 000.00
合　　计				60 000.00

这项经济业务的发生，涉及“应付职工薪酬”“生产成本”“制造费用”“管理费用”四个账户。生产工人的工资属于直接成本费用，应记入“生产成本”账户的借方；车间管理人员工资属于制造费用，应记入“制造费用”账户的借方；行政人员工资属于管理费用，应记入“管理费用”账户的借方；本月应付给职工的工资增加，表示负债增加，应记入“应付职工薪酬”账户的贷方。该项经济业务所作记账凭证如下（以会计分录替代）：

借：生产成本——A 产品　　24 000
　　　　　　——B 产品　　18 000
　　制造费用　　2 000
　　管理费用　　16 000
　贷：应付职工薪酬——工资　　60 000（转账凭证）

【例 5-18】 按工资总额的 36%计提职工福利费及五险一金。原始凭证如表 5-3 所示。

表 5-3　福利费用计提分配表

2008 年 12 月 29 日　　单位:元

应借账户			成本项目或费用项目	工资总额	计提比率	分配金额
总账账户	二级账户	明细账户				
生产成本	基本生产成本	A 产品	直接工资	24 000.00	36%	8 640.00
		B 产品	直接工资	18 000.00	36%	6 480.00
		小计		42 000.00	36%	15 120.00
制造费用		一车间	工资	2 000.00	36%	720.00
管理费用			工资	16 000.00	36%	5 760.00
合　计				60 000.00	36%	21 600.00

这项业务的发生,与分配工资的业务相似,也涉及"应付职工薪酬""生产成本""制造费用""管理费用"四个账户。生产工人的福利费,表示生产成本的增加,应记入"生产成本"账户的借方;车间管理人员的福利费表示制造费用的增加,应记入"制造费用"账户的借方;行政人员的福利费表示管理费用的增加,应记入"管理费用"账户的借方;提取的福利费表示企业的负债增加,应记入"应付职工薪酬"账户的贷方。该项经济业务所作记账凭证如下(以会计分录替代):

借:生产成本——A 产品　　24 000 × 36%=8 640
　　　　　　——B 产品　　18 000 × 36%=6 480
　　制造费用　　2 000 × 36%=720
　　管理费用　　16 000 × 36%=5 760
　贷:应付职工薪酬——职工福利　　60 000 × 36%=21 600(转账凭证)

【例 5-19】 计提本月固定资产折旧:其中车间设备折旧 41 200 元,行政办公用固定资产折旧 5 800 元。原始凭证,如表 5-4 所示。

表 5-4　固定资产折旧计提明细表

2008 年 12 月 28 日　　单位:元

设备序号	部门	设备型号	设备名称	设备原价	购进日期	预计净残值率	预计使用年限	开始计提时间	年折旧额	月折旧额
1	生产车间	JFWID16K	AH102 机床	130 000	2006.08.01	5%	10	2006.09	12 350.00	1 029.17
2		JIEDSJA43	AH103 机床	135 000	2007.01.03	5%	10	2007.02	12 825.00	1 068.75
3		388AJJFL	AH104 机床	143 000	2007.11.28	5%	10	2007.12	13 585.00	1 132.08
4		JAU033	BR 钻铣床	200 000	2007.04.16	5%	10	2007.05	19 000.00	1 583.33
5		JDA142	MP1 数控车床	150 000	2006.05.11	5%	10	2006.06	14 250.00	1 187.50
6		SFIJEI22	MP2 数控车床	156 000	2006.05.11	5%	10	2006.06	14 820.00	1 235.00
7		+		—						
		小　计								41 200.00

续表

设备序号	部门	设备型号	设备名称	设备原价	购进日期	预计净残值率	预计使用年限	开始计提时间	年折旧额	月折旧额
26	行政部门		海尔 RI 空调	8 000	2007.03.25	5%	5	2007.04	760.000	63.33
27			清华同方电脑	6 800	2007.12.28	5%	5	2008.01	646.00	53.83
28		小计								5 800.00
合　　计										47 000.00

这项经济业务的发生，涉及“制造费用”“管理费用”“累计折旧”三个账户。车间固定资产折旧，表示制造费用的增加，应记入“制造费用”账户的借方；行政办公用固定资产折旧，表示管理费用的增加，应记入“管理费用”账户的借方；计提固定资产折旧表示固定资产价值的减少，即累计折旧增加，应记入“累计折旧”账户的贷方。该项经济业务所作记账凭证如下（以会计分录替代）：

借：制造费用　　　　41 200
　　管理费用　　　　5 800
　贷：累计折旧　　　　47 000（转账凭证）

【例 5-20】 用银行存款付车间电费 62 800 元。原始凭证如图 5-17、图 5-18 所示。

山东省电[illegible]发票
发 票 联（803）
发票代码：0013015643346
发票号码：78618156

开票日期：2008 年 12 月 29 日

用户名	红太阳集团公司	用户编号	86472	抄表	6342
地　址	威海市经技区皇冠东路22号				
开户行账号	工行0542344631541				
动力电	15000度	3.80	57 000.00	0235000-0250000度	
照明电	1933度	3.00	5 800.00	0013000-0014933度	
金额合计(大写)	陆万贰仟捌佰元整			￥62 800.00	

单位（盖章）　　开票人：　　收款人：黄鑫

②发票联

威海市电力公司 收费专用章

图 5-17　原始凭证（电费发票）

中国工商银行支票存根
XVI00235672
附加信息
出票日期 2008 年12月08日
收款人：威海市电力公司
金 额：62 800.00
用 途：支付电费
单位主管　　会计

图 5-18　原始凭证（支票存根）

这项经济业务的发生，涉及“银行存款”和“制造费用”两个账户。车间电费表示制造费用的增加，应记入“制造费用”账户的借方；银行存款减少应记入“银行存款”账户的贷方。该项经济业务所作记账凭证如下（以会计分录替代）：

借：制造费用　　62 800

　贷：银行存款　　62 800（付款凭证）

【例 5-21】 通过银行支付本月短期借款利息 1 000 元。原始凭证，如图 5-19 所示。

这项经济业务的发生，涉及“财务费用”和“银行存款”两个账户。本月负担的利息费用增加，应记入“财务费用”账户的借方；银行存款的减少是资产的减少，应记入“银行存款”账户的贷方。该项经济业务所作记账凭证如下（以会计分录替代）：

借：财务费用　　1 000

　贷：银行存款　　1 000（付款凭证）

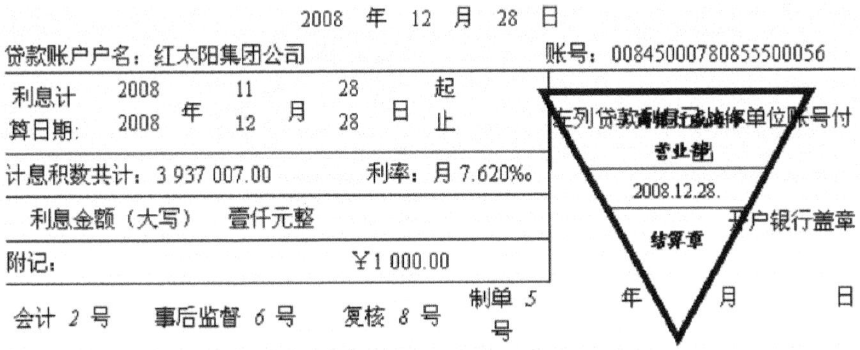
2008 年 12 月 28 日
贷款账户户名：红太阳集团公司　　账号：00845000780855500056
利息计算日期：2008 年 11 月 28 日 起；2008 年 12 月 28 日 止
计息积数共计：3 937 007.00　　利率：月 7.620‰
利息金额（大写）　壹仟元整
附记：　　¥1 000.00
上列贷款利息已从你单位账号付
开户银行盖章
年　月　日
会计 2 号　事后监督 6 号　复核 8 号　制单 5 号

图 5-19　贷款利息通知单（代付款通知）

【例 5-22】 用银行存款支付本月电话费 8 200 元。原始凭证，如图 5-20、图 5-21 所示。

这项经济业务的发生，涉及“管理费用”和“银行存款”两个账户。电话费的增加，应记入“管理费用”账户的借方；银行存款减少，应记入“银行存款”账户的贷方。该项经济业务所作记账凭证如下（以会计分录替代）：

借：管理费用　　　　8 200

　贷：银行存款　　　　8 200（付款凭证）

中国工商银行支票存根
XVI00235674

附加信息

出票日期 2008 年 12 月 28日

收款人：高校区营业部
金　额：8 200.00
用　途：支付电话费

单位主管　　　会计

图 5-20　原始凭证（支票存根）

CNC 中国网通

中国网通（集团）有限公司山东省分公司专用发票

发票联

发票代码：237100742101

受理编号：654503997　　合同号：63100…020772　　发票号码：04501129

客户名称	红太阳集团公司		电话号码	5762145等
基本月租费	90.00			登陆威海信息港一网通专区“网上查费”，轻轻松松查话费，详询10060。
区内通话费	1 568.55			
国内长途费	4 548.75			
国际长途费	1 532.80			
新业务	200.00			
短信业务费	260.00			
上次余额	0.50			
本次余额	0.40			
本次应收	8 200.00			
实收金额	（大写）捌仟贰佰元整			（小写）￥8 200.00

第二联　发票联

本次费用统计从：2008/11/25—2008/12/25　收款日期：2008.12.28　工号：26510135

请您每月6日至当月底在各收费点交纳各项通信费用，逾期不交纳的，从此月6日起按所欠费用每日加收3‰的违约金。

图 5-21　原始凭证（电话费发票）

【例 5-23】 计提本月短期借款利息 1 200 元。

这项经济业务的发生，涉及“财务费用”和“应付利息”两个账户。计提本月利息表示利息费用增加，应记入“财务费用”账户的借方；该利息尚未支付，应记入“应付利息”账户的贷方。该项经济业务所作记账凭证如下（以会计分录替代）：

借：财务费用　　　　1 200

　贷：应付利息　　　　1 200（转账凭证）

2. 制造费用的分配与结转

企业当月发生的制造费用通过“制造费用”账户归集后，可按各受益对象，采取一定的分配标准，在有关产品之间进行分配，以计算完工产品和在产品的制造成本。制造费用的分配标准有很多，例如：生产工时、生产工人的工资、设备工时等。具体分配步骤如下。

（1）计算分配率：

$$分配率=\frac{制造费用总额}{各种产品分配标准总额}$$

分配率的含义：每小时或每一员生产工人的工资应分配多少制造费用。

（2）计算各种产品应负担的制造费用：

某种产品应负担的制造费用=该种产品的分配标准 × 分配率

（3）制造费用的结转。

制造费用是为生产产品而发生的间接成本费用，最终要记入有关产品的成本。因此，制造费用的结转是将制造费用转入生产成本。

【例 5-24】 根据例 5-13 至例 5-20，本月共发生制造费用 107 320 元；月末，将本月发生的制造费用按照生产工人的工资比例进行分配。（生产 A 产品的工人工资 24 000 元，生产 B 产品的工人工资 18 000 元）原始凭证如下表 5-5 所示。

表 5-5　制造费用分配表　单位：元

产品名称	分配标准（生产工人工资）	分配率	分配金额
A 产品	24 000		61 320
B 产品	18 000		46 000
合计	42 000	2.555	107 320

这项经济业务的发生，涉及“生产成本”和“制造费用”两个账户。各种产品应负担的制造费用表示该种产品成本的增加，记入“生产成本”账户的借方；结转制造费用表示制造费用的分配，应记入“制造费用”账户的贷方。结转制造费用所作记账凭证如下（以会计分录替代）：

借：生产成本——A 产品　　61 320

　　　　　　——B 产品　　46 000

　贷：制造费用　　107 320（转账凭证）

3. 完工产品成本的计算与结转

产品的生产费用通过前述的方法进行归集和分配后，产品的成本最终都归集到了“生产成本”账户上，如果月末某种产品全部完工，该种产品成本明细账上所归集的费用总额即为该种完工产品的总成本，除以该种产品的总数量，即为该种产品的单位成本；如果月末该种产品全部没有完工，则该种产品成本明细账上所归集的费用总额，就是该种产品在产品的总成本；如果月末某种产品只有部分完工，这时，产品成本明细账上所归集的费用总额，还要采取一定的分配方法在完工产品和在产品之间进行分配，计算出完工产品和在产品的总成本和单位成本，这是成本计算中一个既重要又复杂的问题，有关这方面的问题，将在后续章节中进行详细的阐述。

【例 5-25】 假定上述生产的 A 产品 100 件全部完工，B 产品 200 件全部没有完工，计算 A、B 产品的成本并结转完工 A 产品的成本。计算 A、B 产品的成本，需要通过 A、B 产品生产成本明细账来进行。完工产品的成本需要通过产品成本计算单来进行。原始凭证，如表 5-6~表 5-8 所示。

表 5-6 A 产品生产成本明细账

产品名称：A 产品　　单位：元

日期	凭证号数	摘要	借方	贷方	借或贷	余额
略	略	期初余额				0
		A 产品耗用材料	47 000		借	47 000
		A 产品的工人工资	24 000		借	71 000
		A 产品的工人福利费	8 640		借	79 640
		A 产品分配的制造费用	61 320		借	140 960
		结转完工产品的成本		140 960	平	0
合计		完工产品的总成本	140 960	140 960		0

表 5-7 B 产品生产成本明细账

产品名称：B 产品　　单位：元

日期	凭证号数	摘 要	借方	贷方	借或贷	余额
略	略	期初余额				0
		B 产品耗用原材料	25 000		借	25 000
		B 产品的工人工资	18 000		借	43 000
		B 产品的工人福利费	6 480		借	49 480
		B 产品分配的制造费用	46 000		借	95 480
		在产品成本	95 480			95 480

表 5-8 A 产品成本计算单

完工数量：100 件；在产品数量：0 件　　单位：元

成本项目	A 产品	
	总成本	单位成本
直接材料	47 000	470
直接人工	32 640	326.40
制造费用	61 320	613.20
生产成本	140 960	1 409.60

经计算确定本月完工产品的成本，要从“生产成本”账户的贷方转入“库存商品”账户的借方，因此结转完工产品成本的会计业务涉及“生产成本”和“库存商品”两个账户。所作记账凭证如下（以会计分录替代）：

借：库存商品——A 产品　　140 960

　贷：生产成本——A 产品　　140 960（转账凭证）

5.5　销售阶段的核算

制造业经过生产过程制造出产成品，其目的是进行销售。销售过程是产品的价值和使用价值的实现过程。在这个过程中，企业将产成品销售给购买单位，与购买单位办理货款的结算，并确认销售收入；结转为取得销售收入而发生的销售成本。此外，企业为了推销自己的产品，会发生广告宣传费、运输包装费等销售费用，这些费用与当期销售有关，作为其间费用，直接记入当期损益。企业在取得销售收入的同时，按照国家税法的有关规定，计算与销售有关的税金。销售收入的确认、货款的结算、销售成本的结转、销售费用的发生、销售税金的计算等构成了制造业销售过程的主要经济业务。

5.5.1　销售过程业务核算的主要内容

销售过程是产品价值的实现过程。在这一过程中，一方面企业要将产品及时地销售给购买单位，另一方面，企业要按照售价向购买单位收取货款，完成资金的循环和周转。在销售过程中，企业要确认收入的实现，企业销售商品的收入在满足以下条件时才予以确认。

（1）企业已将商品所有权上的主要风险和报酬转移给购货方。

（2）企业既没有保留通常与所有权相联系的继续管理权，又没有对已售出的商品实施控制。

（3）与交易相关的经济利益能够流入企业。

（4）相关的收入和成本能够可靠地计量。

在销售过程中，通过以上标准确认收入，与购货单位办理结算，收回货款；计算结转销售成本；支付销售费用；计算并交纳销售税金，最后确定销售损益。上述各项业务，构成了销售过程业务核算的主要内容。

5.5.2　销售过程业务核算应设置的主要账户

为了正确核算企业在销售过程中发生的有关业务，应设置“主营业务收入”“主营业务成本”“其他业务收入”“其他业务成本”“营业税金及附加”“销售费用”“应收账款”“应收票据”“预收账款”等账户。

1.“主营业务收入”账户

“主营业务收入”账户是损益类账户，用来核算企业在销售商品或提供劳务时所实现的收入。该账户的贷方登记企业实现的主营业务收入，借方登记销货退回和期末转入“本年利润”账户的数额，期末结转后，该账户无余额。“主营业务收入”可按主营业务种类设置明细账户，进行明细核算。

2.“主营业务成本”账户

“主营业务成本”账户是损益类账户，用来核算企业因销售商品、提供劳务等主营业务收入时应结转的成本。该账户的借方登记销售商品、提供劳务的实际成本，贷方登记应冲减的销售成本和期末转入“本年利润”账户的数额，期末结转后，该账户无余额。“主营业务成本”可按主营业务的种类设置明细账户，进行明细核算。

3.“其他业务收入”账户

“其他业务收入”账户是损益类账户，用来核算企业确认的除主营业务活动以外其他经营活动所实现的收入，包括出租固定资产、出租无形资产、出租包装物和商品、销售原材料等实现的收入。该账户的贷方登记企业实现的其他业务收入，借方登记期末转入“本年利润”账户的数额，期末结转后，该账户无余额。“其他业务收入”可按其他业务收入种类设置明细账户，进行明细核算。

4.“其他业务成本”账户

“其他业务成本”账户是损益类账户，用来核算企业确认的除主营业务活动以外其他经营活动所发生的支出，包括销售材料的成本、出租固定资产的折旧额、出租无形资产的摊销额、出租包装物的成本等。该账户的借方登记发生的其他业务成本，贷方登记期末转入“本年利润”账户的数额，期末结转后，该账户无余额。“其他业务成本”可按其他业务成本的种类设置明细账户，进行明细核算。

5.“营业税金及附加”账户

“营业税金及附加”账户是损益类账户，用来核算企业经营活动发生的营业税、消费税、城市维护建设税、资源税和教育费附加等相关税费。该账户的借方登记企业按规定计算确定的与经营活动相关的税费，贷方登记期末转入“本年利润”账户的数额。期末结转后，该账户无余额。

6.“销售费用”账户

“销售费用”账户是损益类账户，用来核算企业在销售商品和材料、提供劳务的过程中发生的各种费用，包括保险费、包装费、展览费和广告费、商品维修费、预计产品质量保障损失、运输费、装卸费等以及为销售本企业商品而专设的销售机构的职工薪酬、业务费、折旧费等经营费用。该账户的借方登记企业在销售商品过程中发生的销售费用，贷方登记期末转入“本年利润”账户的数额，期末结转后，该账户无余额。“销售费用”可按费用项目设置明细账户，进行明细核算。

7.“应收账款”账户

“应收账款”账户是资产类账户，用来核算企业因销售商品、提供劳务等应向购货单位或接受劳务单位收取的款项。该账户的借方登记企业销售商品时应收的账款，贷方登记收回的应收账款，期末余额在借方，表示尚未收回的应收账款。“应收账款”账户可按债务人设置明细账，进行明细核算。

8.“应收票据”账户

“应收票据”账户是资产类账户，用来核算企业因销售商品、提供劳务等而收到的商业汇票，包括银行承兑汇票和商业承兑汇票。该账户的借方登记企业因销售商品等而收到的商业汇票，贷方登记票据到期收回的票据款，期末余额在借方，表示企业持有的商业汇票。企业应设置应收票据备查簿，进行详细登记。“应收票据”账户可按开出、承兑商业汇票的单位设置明细账，进行明细核算。

9.“预收账款”账户

“预收账款”账户是负债类账户，用来核算企业按合同规定向购货单位预收的款项。该账户的贷方登记企业向购货单位预收的款项以及销售实现时购货方补付的货款，借方登记产品销售的货款数，期末若有贷方余额，表示企业预收的款项，若有借方余额，表示企业应向购货单位补付的款项。“预收账款”账户可按购货单位设置明细账户，进行明细核算。

5.5.3　销售过程业务核算实例

【例 5-26】 企业向中海数控有限公司销售 A 产品 50 件，每件售价 1 300 元，价款计 65 000 元，销项税额为 11 050 元，全部款项已收存银行。原始凭证，如图 5-22、图 5-23 所示。

3700062971　　山东增值税专用发票　　№ 06089652

开票日期：2008年12月26日

校验码 05698742033827379243

购货单位	名　称：中海数控有限公司 纳税人识别号：147414565684387 地 址、电 话：威海市高技区沈阳路16号5324678 开户行及账号：工行0080005645000780855 5			密码区	＞＊8719＜16655568/0＞＞8＊ +4-16710258＊9－＊19－－+ 7535926＜078＋593－/7/61 -9/＞＞/＜6/66＊033＊-28++		加密版本：01 3700062971 06089652
货物或应税劳务名称	规格型号	单位	数量	单　价	金　额	税率	税　额
A产品		件	50	1 300.00	65 000.00	17%	11 050.00
合　计					65 000.00		11 050.00
价税合计（大写）	⊗柒万陆仟零伍拾圆整				（小写）￥76 050.00		
销货单位	名　称：红太阳集团公司 纳税人识别号：568438714741456 地 址、电 话：威海市经技区皇冠东路22号5983654 开户行及账号：工行00845000780855500056			备注			

收款人：　　复合：　　开票人：张华彩　　销货单位：（章）

图 5-22　原始凭证（增值税专用发票）

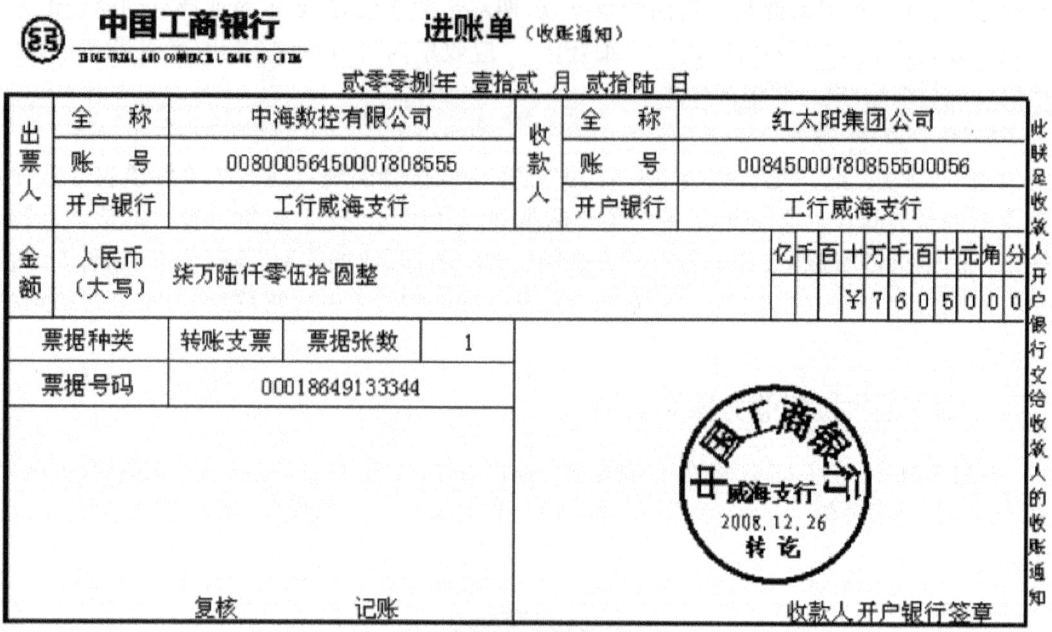

中国工商银行 INDUSTRIAL AND COMMERCIAL BANK OF CHINA　　进账单（收账通知）

贰零零捌年 壹拾贰 月 贰拾陆 日

出票人	全　称	中海数控有限公司	收款人	全　称	红太阳集团公司
	账　号	0080005645000780855		账　号	00845000780855500056
	开户银行	工行威海支行		开户银行	工行威海支行
金额	人民币（大写）	柒万陆仟零伍拾圆整		亿千百十万千百十元角分	¥7605000
票据种类	转账支票	票据张数	1		
票据号码	00018649133344				
复核	记账			收款人开户银行签章	

中国工商银行 威海支行 2008.12.26 转讫

此联是收款人开户银行交给收款人的收账通知

图 5-23　原始凭证（进账单）

这项经济业务的发生，涉及“银行存款”“主营业务收入”“应交税费——应交增值税（销项税额）”三个账户。银行存款增加记入“银行存款”账户的借方；收入增加记入“主营业务收入”账户的贷方；向购方收取的销项税额应记入“应交税费——应交增值税（销项税额）”的贷方。该项经济业务所作记账凭证如下（以会计分录替代）：

借：银行存款　　76 050

　贷：主营业务收入　　65 000

　　应交税费——应交增值税（销项税额）　　11 050（收款凭证）

【例 5-27】 企业向威海三通批发公司销售 B 产品 30 台，每台售价 400 元，计 12 000 元，销项税额 2 040 元，价款及销项税额收到一张 60 天期的商业汇票。原始凭证，如图 5-24、图 5-25。

这项经济业务的发生，涉及“应收票据”“主营业务收入”“应交税费——应交增值税（销项税额）”三个账户。收到商业汇票应记入“应收票据”账户的借方；收入增加应记入“主营业务收入”账户的贷方，销项税额应记入“应交税费——应交增值税（销项税额）”账户的贷方。该项经济业务所作记账凭证如下（以会计分录替代）：

借：应收票据　　14 040

　贷：主营业务收入　　12 000

　　应交税费——应交增值税（销项税额）　　2 040（转账凭证）

【例 5-28】 企业收到红光电子有限公司预付 B 产品货款 10 000 元，存入银行。原始凭证，如图 5-26、图 5-27。

3700066341　　山东增值税专用发票　　№ 06084852

发票联

开票日期：2008年12月26日

校验码 09243420356987382737

购货单位		密码区		
名　　称：	威海三通批发公司		7535926 < 078 + 593 - / 7/61	加密版本:01
纳税人识别号：	387147414565684		+4-16710258 * 9 - *19- - +	3700066341
地 址、电 话：	威海市经技区东海路2号3654598		-9 / > > / < 6/66*033 *-28++	
开户行及账号：	工行085550005600845000 78		> * 8719 <16655568/0 > > 8*	06084852

货物或应税劳务名称	规格型号	单位	数量	单　价	金　额	税率	税　额
B产品		台	30	400.00	12 000.00		2 040.00
合　计					12 000.00		2 040.00
价税合计（大写）	⊗ 壹万肆仟零肆拾元整					（小写）	¥14 040.00

销货单位		备注
名　　称：	红太阳集团公司	
纳税人识别号：	568438714741456	
地 址、电 话：	威海市经技区皇冠东路22号5983654	
开户行及账号：	工行00845000780855500056	

收款人：　　复合：　　开票人：张华彩　　销货单位：（章）

（印章：红太阳集团公司 发票专用章）

图 5-24　原始凭证(增值税专用发票)

银行承兑汇票

BB/01 02151165

出票日期（大写）　贰零零捌 年 壹拾贰 月 贰拾陆 日　　第　　号

出票人全称	威海三通批发公司	收款人	全　称	红太阳集团公司	
出票人账号	855500056008450012 6		账　号	00845007808555000 56	
付款行全称	工行威海支行　行号 631		开户行	工行威海支行　行号 631	
汇票金额	人民币（大写）壹万肆仟零肆拾元整			千百十万千百十元角分	¥1404000
汇票到期日	二零零玖年零陆月贰拾陆日	本汇票已经承兑，到期日由本行付款。		承兑协议编号	
交易合同号码	3-781			科目（借）	
本汇票请你行承兑，到期无条件付款。出票人签章　年　月　日		承兑行签章　承兑日期　年　月　日		对方科目（贷）	
		备注：		转账　年　月　日	
				复核　记账	

（印章：中国工商银行威海支行 2008.12.26 业务受理章）

此联收款人开户行随

图 5-25　原始凭证(银行承兑汇票)

中国工商银行 INDUSTRIAL AND COMMERCIAL BANK OF CHINA　　进 账 单（收账通知）

2008 年 12 月 27 日

出票人	全　称	红光电子有限公司	收款人	全　称	红太阳集团公司
	账　号	267461356432		账　号	00845000780855500056
	开户银行	商业银行威海支行		开户银行	工商银行威海支行
金额	人民币（大写）	壹万元整		亿千百十万千百十元角分	¥1000000
票据种类	支票	票据张数 1			
票据号码	00001246				
复核　记账				收款人开户银行签章	中国工商银行 威海支行 2008.12.27 转讫

此联是收款人开户银行交给收款人的收账通知

图 5-26　原始凭证(进账单)

2008 年 12 月 27 日　　　　第 0046 号

今收到　红光电子有限公司					
人民币（大写）　壹万元整			¥ 10 000.00		
事由：　预付款			现金		
			支票第　00001246　号		
收款单位	红太阳集团公司（红太阳集团公司 财务专用章）	财务主管	郑红生	收款人	张玲

第三联 收据

图 5-27　收款收据

这项经济业务的发生,涉及"银行存款"和"预收账款"两个账户。银行存款增加应记入"银行存款"账户的借方;预收产品的货款增加应记入"预收账款"账户的贷方。该项经济业务所作记账凭证如下(以会计分录替代):

借：银行存款　　　　10 000

　贷：预收账款　　　　10 000(收款凭证)

【例 5-29】 向威海星通电子有限公司销售 A 产品 20 件,每件售价 1 300 元,计 26 000 元,销项税额 4 420 元,全部款项未收回。原始凭证,如图 5-28 所示。

这项经济业务的发生,涉及"应收账款""主营业务收入""应交税费——应交增值税(销项税额)"三个账户。款项未收表示应收账款增加应记入"应收账款"账户的借方;收入增加应记入"主营业务收入"账户的贷方;销项税额应记入"应交税费——应交增值税(销项税额)"账户的贷方。该项经济业务所作记账凭证如下(以会计分录替代):

借：应收账款　　　　30 420

　贷：主营业务收入　　　　26 000

　　　应交税费——应交增值税(销项税额)　　　　4 420(转账凭证)

山东增值税专用发票

发票联

3700062620　　№ 06088432

开票日期：2008年12月28日

校验码 05698738273792434203

购货单位	名　　称：威海星通电子有限公司 纳税人识别号：568438714741456 地 址、电 话：威海市经枝区皇冠东路22号5983654 开户行及账号：工行00845000780855500056	密码区	-9 / 〉〉/ < 6/66*033 *-28++ +4-16710258 * 9 - *19- - + 7535926 〈 078 + 593 - / 7/61 〉* 8719 <16655568/0 〉〉8*	加密版本:01 3700062620 06088430

货物或应税劳务名称	规格型号	单位	数量	单　价	金　额	税率	税　额
A产品		件	20	1 300.00	26 000.00	17%	4 420.00
合　计					26 000.00	17%	4 420.00
价税合计（大写）	⊗叁万零肆佰贰拾圆整				（小写）¥30 420.00		

销货单位	名　　称：红太阳集团公司 纳税人识别号：568438714741456 地 址、电 话：威海市经枝区皇冠东路22号5983654 开户行及账号：工行00845000780855500056	备注	红太阳集团公司 发票专用章

收款人：　　复合：　　开票人：张彩霞　　销货单位：（章）

图 5-28　原始凭证（增值税专用发票）

【例 5-30】 企业向红光电子有限公司发出 B 产品 40 台，每台售价 400 元，计 16 000 元，销项税额为 2 720 元。原始凭证，如图 5-29 所示。

山东增值税专用发票

发票联

3700062621　　№ 06088434

开票日期：2008年12月28日

校验码 05698738273792434203

购货单位	名　　称：红光电子有限公司 纳税人识别号：568438714741456 地 址、电 话：威海市高区沈阳路8号3659838 开户行及账号：商业银行267461356432	密码区	17535926 〈 078 + 593 - / 7/6 +4-16710258 * 9 - *19- - + -9 / 〉〉/ < 6/66*033 *-28++ 〉* 8719 <16655568/0 〉〉8*	加密版本:01 3700062621 06088431

货物或应税劳务名称	规格型号	单位	数量	单　价	金　额	税率	税　额
B产品		台	40	400.00	16 000.00	17%	2 720.00
合　计					16 000.00	17%	2 720.00
价税合计（大写）	⊗壹万捌仟柒佰贰拾元整				（小写）¥18 720.00		

销货单位	名　　称：红太阳集团公司 纳税人识别号：568438714741456 地 址、电 话：威海市经枝区皇冠东路22号5983654 开户行及账号：工行00845000780855500056	备注	红太阳集团公司 发票专用章

收款人：　　复合：　　开票人：张彩霞　　销货单位：（章）

图 5-29　原始凭证（增值税专用发票）

这项经济业务的发生,涉及“预收账款”“主营业务收入”“应交税费——应交增值税(销项税额)”三个账户。冲销预收款表示预收账款的减少,应记入“预收账款”账户的借方;收入的增加应记入“主营业务收入”账户的贷方;销项税额应记入“应交税费——应交增值税(销项税额)”账户的贷方。该项经济业务所作记账凭证如下(以会计分录替代):

借:预收账款　　18 720

　贷:主营业务收入　　16 000

　　应交税费——应交增值税(销项税额)　　2 720(收款凭证)

【例 5-31】 红光电子有限公司购买 B 产品不足部分款项 8 720 元已打来转账支票存入企业账户。原始凭证,如图 5-30、图 5-31 所示。

这项经济业务的发生,涉及“预收账款”“银行存款”两个账户。银行存款增加应记入“银行存款”账户的借方;预收产品的货款增加应记入“预收账款”账户的贷方。该项经济业务所作记账凭证如下(以会计分录替代):

借:银行存款　　8 720

　贷:预收账款　　8 720(收款凭证)

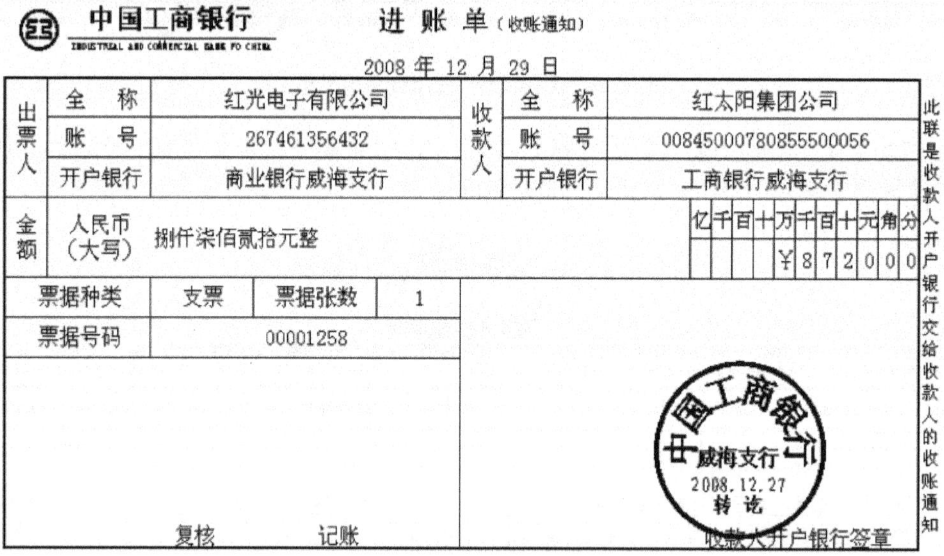
中国工商银行 INDUSTRIAL AND COMMERCIAL BANK OF CHINA　进 账 单(收账通知)

2008 年 12 月 29 日

出票人	全　称	红光电子有限公司	收款人	全　称	红太阳集团公司
	账　号	267461356432		账　号	00845000780855500056
	开户银行	商业银行威海支行		开户银行	工商银行威海支行
金额	人民币(大写)	捌仟柒佰贰拾元整		亿千百十万千百十元角分	¥872000
票据种类	支票	票据张数	1		
票据号码	00001258				
复核	记账			收款人开户银行签章	

此联是收款人开户银行交给收款人的收账通知

中国工商银行 威海支行 2008.12.27 转讫

图 5-30　原始凭证(进账单)

2008 年 12 月 29 日　第 0046 号

今收到	红光电子有限公司				
人民币(大写)	捌仟柒佰贰拾元整			¥ 8 720.00	
事由:	预付款		现金		
			支票第 00001246 号		
收款单位	红太阳集团公司	财务主管	郑红生	收款人	张玲

第三联 收据

红太阳集团公司 财务专用章

图 5-31　收 款 收 据

【例 5-32】 企业销售原材料 200 斤，单价 50 元，增值税额 1 700 元，款项已收存银行。原始凭证，如图 5-32、图 5-33 所示。

这项经济业务的发生，涉及“银行存款”“其他业务收入”“应交税费——应交增值税（销项税额）”三个账户。银行存款增加记入“银行存款”账户的借方；其他业务收入增加记入“其他业务收入”账户的贷方；向购方收取的销项税额应记入“应交税费——应交增值税（销项税额）”的贷方。该项经济业务所作记账凭证如下（以会计分录替代）：

借：银行存款　　11 700

　　贷：其他业务收入　　10 000

　　　　应交税费——应交增值税（销项税额）　　1 700（收款凭证）

3700062622　　山东增值税专用发票　　№ 06088435

开票日期：2008年12月29日

校验码 05698738273792434203

购货单位	名称：华峰电子有限公司 纳税人识别号：568414563871474 地址、电话：威海市经技区海滨路16号5982418 开户行及账号：工行00780855500056008450	密码区	6/66*033 *-28++-9 / 〉〉/ 〈 0258 * 9 - *19- - ++4-1671 〈 078 + 593 - / 7/617535926 9 〈16655568/0 〉〉 8*〉 * 871	加密版本：01 3700062622 06088432

货物或应税劳务名称	规格型号	单位	数量	单价	金额	税率	税额
R材料		kg	200	50.00	10 000.00	17%	1 700.00
合计					10 000.00	17%	1 700.00
价税合计（大写）	⊗ 壹万壹仟柒佰元整					（小写）	￥11 700.00

销货单位	名称：红太阳集团公司 纳税人识别号：568438714741456 地址、电话：威海市经技区皇冠东路22号5983654 开户行及账号：工行00845000780855500056	备注	红太阳集团公司 发票专用章

收款人：　　复合：　　开票人：张秒霞　　销货单位：（章）

图 5-32　原始凭证（增值税专用发票）

中国工商银行　INDUSTRIAL AND COMMERCIAL BANK OF CHINA　　进账单（收账通知）

2008 年 12 月 29 日

出票人	全称	华峰电子有限公司	收款人	全称	红太阳集团公司
	账号	00780855500056008450		账号	00845000780855500056
	开户银行	工行威海支行		开户银行	工行威海支行
金额	人民币（大写）	壹万壹仟柒佰元整	亿千百十万千百十元角分		￥1170000
票据种类	转账支票	票据张数	1		
票据号码	0006497				
复核　记账			中国工商银行 威海支行 2008.12.29 转讫　收款人开户银行签章		

此联是收款人开户银行交给收款人的收账通知

图 5-33　原始凭证（进账单）

【例 5-33】 企业用存款付 A、B 产品的广告费 15 000 元。原始凭证,如图 5-34、图 5-35 所示。这项经济业务的发生,涉及“销售费用”和“银行存款”两个账户。广告费增加,应记入“销售费用”账户的借方;银行存款减少应记入“银行存款”账户的贷方。该项经济业务所作记账凭证如下(以会计分录替代):

借:销售费用　　　　15 000

　贷:银行存款　　　　15 000(付款凭证)

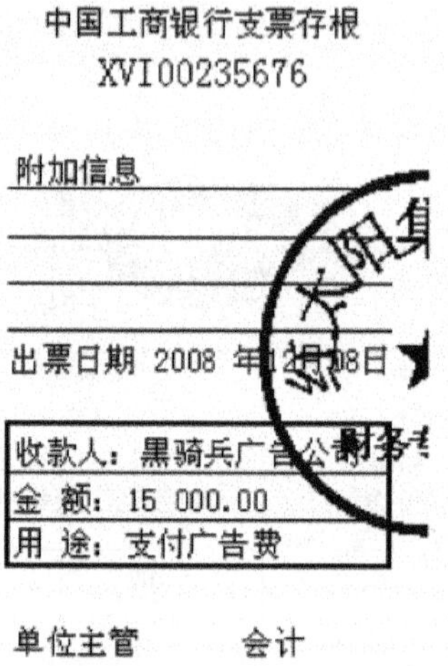

中国工商银行支票存根

XVI00235676

附加信息

出票日期 2008 年12月08日

收款人:	黑骑兵广告公司
金　额:	15 000.00
用　途:	支付广告费

单位主管　　会计

图 5-34　原始凭证(支票存根)

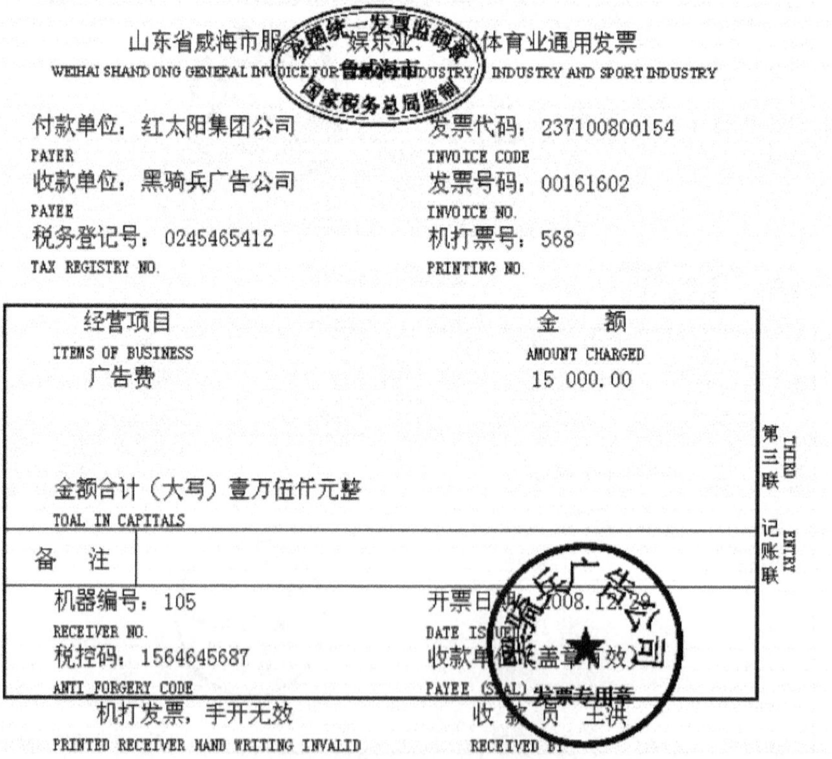

山东省威海市服务业、娱乐业、文化体育业通用发票

WEIHAI SHANDONG GENERAL INVOICE FOR SERVICE INDUSTRY, INDUSTRY AND SPORT INDUSTRY

付款单位:红太阳集团公司　　发票代码:237100800154

PAYER　　INVOICE CODE

收款单位:黑骑兵广告公司　　发票号码:00161602

PAYEE　　INVOICE NO.

税务登记号:0245465412　　机打票号:568

TAX REGISTRY NO.　　PRINTING NO.

经营项目 ITEMS OF BUSINESS	金额 AMOUNT CHARGED
广告费	15 000.00
金额合计(大写)壹万伍仟元整 TOAL IN CAPITALS	
备注	
机器编号:105 RECEIVER NO. / 税控码:1564645687 ANTI_FORGERY CODE	开票日期:2008.12.29 DATE ISSUED / 收款单位(盖章有效) PAYEE (SEAL)

第三联 THIRD 记账联 ENTRY

机打发票,手开无效　　收款员 王洪

PRINTED RECEIVER HAND WRITING INVALID　　RECEIVED BY

图 5-35　原始凭证(广告费发票)

【例 5-34】 企业按规定计算出本月应交消费税 3 600 元。

这项经济业务的发生,涉及"营业税金及附加"和"应交税费"两个账户。计算税金表示税金费用的增加,应记入"营业税金及附加"账户的借方;应交的消费税应记入"应交税费"账户的贷方。该项经济业务所作记账凭证如下(以会计分录替代):

借:营业税金及附加　　3 600

　贷:应交税费——应交消费税　　3 600(转账凭证)

【例 5-35】 本月已销 A 产品 70 件,单位成本 777.2 元,B 产品 70 台,单位成本 220 元,计算结转已售 A、B 产品的实际生产成本。

这项经济业务的发生,涉及"主营业务成本"和"库存商品"两个账户。结转已销产品的成本应记入"主营业务成本"账户的借方;出库产品的成本应记入"库存商品"账户的贷方。该项经济业务所作记账凭证如下(以会计分录替代):

借:主营业务成本——A 产品　　54 404

　　　　　　　——B 产品　　15 400

　贷:库存商品——A 产品　　54 404

　　　　　　——B 产品　　15 400(转账凭证)

【例 5-36】 结转本月已售材料的成本 6 000 元。

这项经济业务的发生,涉及"其他业务成本"和"原材料"两个账户。结转已销原材料的成本应记入"其他业务成本"账户的借方;出库原材料的成本应记入"原材料"账户的贷方。该项经济业务所作记账凭证如下(以会计分录替代):

借:其他业务成本　　6 000

　贷:原材料　　6 000(转账凭证)

5.6 财务成果的核算

财务成果是企业在一定时期内所进行的生产经营活动最终在财务上所实现的成果,表现为净利润或净亏损,它是一项综合反映企业经营质量的指标。

5.6.1 财务成果核算的主要内容

制造业的财务成果,就是我们通常所说的利润或亏损,统称为损益。损益的计算,是通过一定期间的各种收入与各种费用支出相抵以后的差额形成的。正确计算损益的关键在于正确计算一个会计期间的收入、利得和费用、损失,然后通过收入、利得和费用、损失的合理配比,来确定该会计期间的损益。因此,企业在一定期间的利润(或亏损)总额是由营业利润、营业外收支净额组成,计算公式如下:

利润总额=营业利润+营业外收入-营业外支出

其中:

营业利润=营业收入-营业成本-营业税金及附加-管理费用-财务费用-销售费用-资产减值损失+(-)公允价值变动损益+(-)投资收益

企业实现的利润总额,按规定要交纳所得税,利润总额扣除所得税费用即为企业的净利润,净利润要按照国家规定的程序进行分配:首先要按照一定比例提取盈余公积,然后向投资者分配利润。确定企业实现的利润总额,计算应交的所得税和净利润,并对净利润按照法定的程序和比例进行分配,构成了企业财务成果核算的主要内容。

5.6.2 财务成果核算应设置的主要账户

为了正确核算企业的财务成果,除了前面所讲过的有关收入和费用账户外,还应设置"营业外收入""营业外支出""投资收益""所得税费用""本年利润""利润分配""盈余公积""应付股利"等账户。

1."营业外收入"账户

账户为损益类账户,用来核算企业发生的各项营业外收入,包括非流动资产处置利得、非货币性资产交换利得、债务重组利得、政府补助、盘盈利得、捐赠利得等。该账户的贷方登记发生的营业外收入,借方登记期末转入"本年利润"账户的数额,结转后期末无余额。企业可按营业外收入项目设置明细账户,进行明细核算。

2."营业外支出"账户

账户为损益类账户,用来核算企业发生的各项营业外支出,包括固定资产盘亏、非流动资产处置损失、非货币性交换资产损失、债务重组损失、公益性捐赠损失、非常损失、盘亏损失等。该账户的借方登记发生的营业外支出,贷方登记期末转入"本年利润"账户的数额,结转后期末无余额。企业可按营业外支出项目设置明细账户,进行明细核算。

3."投资收益"账户

账户为损益类账户,用来核算企业确认的投资收益或投资损失。该账户的贷方登记企业取得的投资收益,借方登记发生的投资亏损,期末应将该账户的余额转入"本年利润"账户,结转后期末无余额。企业可按投资项目设置明细账户,进行明细核算。

4."所得税费用"账户

账户是损益类账户,用来核算企业确认的应从当期利润总额中扣除的所得税费用。该账户的借方登记企业按税法规定计算确定的当期应交所得税,贷方登记期末转入"本年利润"账户的所得税费用,结转后期末无余额。

5."本年利润"账户

账户是所有者权益类账户,用来核算企业实现的净利润(或发生的净亏损)。该账户的贷方登记期末转入的各项收入,借方登记期末转入的各项费用,结转后该账户的贷方余额为当期实现的净利润,借方余额为当期实现的净亏损。年度终了,应将本年收入和费用相抵后的净利润转入"利润分配"账户,结转后无余额。

6."利润分配"账户

该账户是"本年利润"账户的备抵调整账户,用来核算企业利润的分配(或亏损的弥补)和历年分配后的余额。该账户的借方登记利润的分配数,贷方登记年终转入的净利润,平时借方余额表示累计利润分配数,年末贷方余额表示未分配利润,借方余额表示未弥补亏损。企业可按"提取法定盈余公积""提取任意盈余公积""应付现金股利或利润""转作股本的股利""盈余公积补亏""未分配利润"等设置明细账户,进行明细核算。

7."盈余公积"账户

账户是所有者权益类账户，用来核算企业从净利润中提取的盈余公积。该账户贷方登记盈余公积的提取数，借方登记盈余公积补亏或转增资本数，期末余额在贷方，表示盈余公积的结存数。企业可按"法定盈余公积""任意盈余公积"设置明细账户，进行明细核算。

8."应付股利"账户

该账户是负债类账户，用来核算企业经董事会或股东大会，或类似机构决议确定分配的现金股利或利润。该账户的贷方登记应付股利的增加数，借方登记实际发放的股利，期末余额在贷方，表示尚未支付的现金股利或利润。企业可按投资者设置明细账户，进行明细核算。

5.6.3 财务成果业务核算实例

1. 营业外收入、营业外支出的发生

【例 5-37】 企业收到来自华强基金会捐赠款 52 000 元，存入银行。原始凭证，如图 5-36、图 5-37 所示。

2008 年 12 月 30 日　　　　第 0135 号

今收到　华强基金会					
人民币（大写）伍万贰仟元整				¥ 52 000.00	
事由：捐赠款			现金		
			支票第 001354678434 号		
收款单位	红太阳集团公司	财务主管	郑红生	收款人	张玲

第三联 收据

红太阳集团公司 财务专用章

图 5-36　收款收据

中国工商银行　INDUSTRIAL AND COMMERCIAL BANK OF CHINA　进账单（收账通知）

2008 年 12 月 30 日

出票人	全　称	华强基金会	收款人	全　称	红太阳集团公司
	账　号	02035653589		账　号	00845000780855500056
	开户银行	中行威海支行		开户银行	工行威海支行
金额	人民币（大写）	伍万贰仟元整		亿千百十万千百十元角分	¥5200000
票据种类	转账支票	票据张数	1		
票据号码	001354678434				
复核　记账				收款人开户银行签章	

中国工商银行 威海支行 2008.12.30 转讫

此联是收款人开户银行交给收款人的收账通知

图 5-37　原始凭证（进账单）

这项经济业务涉及"银行存款"和"营业外收入"两个账户。银行存款增加，应记入"银行存款"账户的借方；捐赠利得增加，应记入"营业外收入"账户的贷方。该项经济业务所作

记账凭证如下(以会计分录替代):

借:银行存款　　52 000

　贷:营业外收入　　52 000(收款凭证)

【例 5-38】 企业支付罚款 13 000 元。原始凭证,如图 5-38、图 5-39 所示。

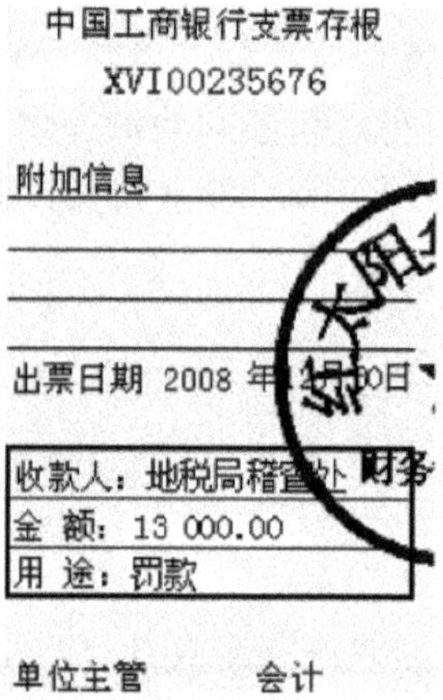

中国工商银行支票存根

XVI00235676

附加信息

出票日期 2008 年 12 月 20 日

收款人:地税局稽查处

金 额:13 000.00

用 途:罚款

单位主管　　会计

图 5-38 原始凭证(银行支票存根)

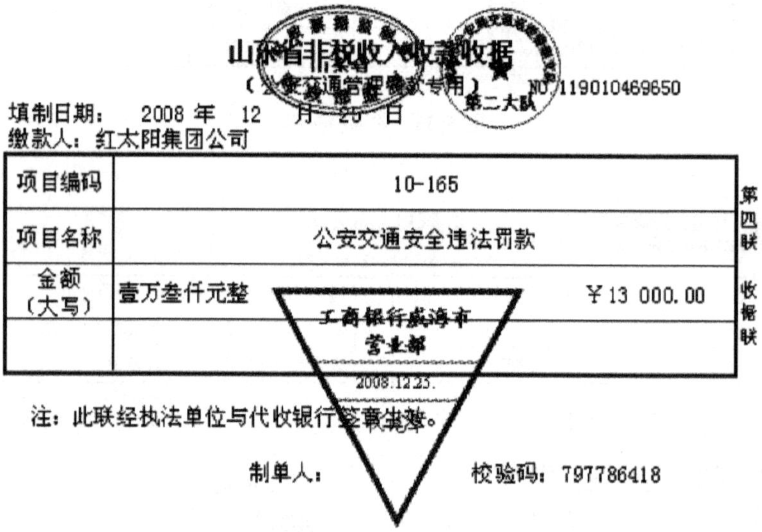

山东省非税收入收款收据

(公安交通管理罚款专用)　NO.119010469650

填制日期: 2008 年 12 月 25 日

缴款人:红太阳集团公司

项目编码	10-165
项目名称	公安交通安全违法罚款
金额(大写)	壹万叁仟元整　　¥13 000.00

第四联 收据联

注:此联经执法单位与代收银行签章生效。

制单人:　　校验码:797786418

工商银行威海市营业部 2008.12.25.

图 5-39 原始凭证(罚款收据)

这项经济业务涉及"银行存款"和"营业外支出"两个账户。银行存款减少,应记入"银行存款"账户的贷方;营业外支出的增加,应记入"营业外支出"账户的借方。该项经济业务所作记账凭证如下(以会计分录替代):

借:营业外支出　　13 000

　贷:银行存款　　13 000(付款凭证)

2. 利润总额的形成——各项收入、费用的结转

【例 5-39】 期末，结转本月发生的各项收入，其中主营业务收入 119 000 元，其他业务收入 10 000 元，营业外收入 52 000 元。

这项经济业务的发生，涉及“本年利润”“主营业务收入”“其他业务收入”和“营业外收入”四个账户。将各项收入转入本年利润，应记入“本年利润”账户的贷方以及“主营业务收入”“其他业务收入”“营业外收入”账户的借方。该项经济业务所作记账凭证如下（以会计分录替代）：

借：主营业务收入　119 000
　　其他业务收入　10 000
　　营业外收入　52 000
　贷：本年利润　181 000（转账凭证）

【例 5-40】 期末，结转各项费用共计 127 844 元，其中主营业务成本 69 804 元，其他业务成本 6 000 元，营业税金及附加 3600 元，销售费用 15 000 元，管理费用 18 240 元，财务费用 2 200 元，营业外支出 13 000 元。

这项经济业务的发生，涉及“本年利润”“主营业务成本”“其他业务成本”“营业税金及附加”“销售费用”“管理费用”“财务费用”“营业外支出”八个账户。将各种费用转入本年利润，应记入“本年利润”账户的借方以及“主营业务成本”“其他业务成本”“营业税金及附加”“销售费用”“管理费用”“财务费用”“营业外支出”账户的贷方。该项经济业务所作记账凭证如下（以会计分录替代）：

借：本年利润　127 844
　贷：主营业务成本　69 804
　　　其他业务成本　6 000
　　　营业税金及附加　3 600
　　　销售费用　15 000
　　　管理费用　18 240
　　　财务费用　2 200
　　　营业外支出　13 000（转账凭证）

通过以上结转，全部收入和费用都转入“本年利润”账户，将收入与费用配比，可计算出本期利润或亏损总额。根据以上两例中数字计算可知，本期实现的利润总额为 53 156（181 000-127 844）元。

3. 所得税的计算和结转以及净利润的形成

【例 5-41】 按利润总额的 25%计算所得税。

这项经济业务的发生，涉及“所得税费用”和“应交税费”两个账户。所得税费用表示企业一项费用的增加，应记入“所得税费用”账户的借方；应交税费的增加，应记入“应交税费”账户的贷方。该项经济业务所作记账凭证如下（以会计分录替代）：

借：所得税费用　13 289
　贷：应交税费——应交所得税　13 289（转账凭证）

【例 5-42】 期末，结转所得税费用 13 289 元。

这项经济业务的发生,涉及“本年利润”和“所得税费用”两个账户。结转所得税费用,应记入“本年利润”账户的借方以及“所得税费用”账户的贷方。该项经济业务所作记账凭证如下(以会计分录替代):

借:本年利润　　13 289

　贷:所得税费用　　13 289(转账凭证)

通过所得税的计算和结转,可计算出本期净利润为 39 867(53 156−13 289)元。

4. 利润分配的处理

【例 5-43】 根据以上资料,企业本期实现净利润 39 867 元,假如按税后利润的 10%提法定盈余公积,按 5%提任意盈余公积,50%分配投资者现金股利。原始凭证,如表 5-9 所示。

这项经济业务的发生,涉及“利润分配”“盈余公积”“应付股利”三个账户。利润分配增加,应记入“利润分配”账户的借方;盈余公积增加,应记入“盈余公积”账户的贷方;应付股利增加,应记入“应付股利”账户的贷方。该项经济业务所作记账凭证如下(以会计分录替代):

借:利润分配——提法定盈余公积　　3 986.70

　　　　　——提任意盈余公积　　1 993.35

　　　　　——应付现金股利或利润　　19 933.50

　贷:盈余公积——法定盈余公积　　3 986.70

　　　　　——任意盈余公积　　1 993.35

　　应付股利　　19 933.50(转账凭证)

表 5-9　公积金计提明细表

2008 年 12 月　　单位:元

项目	计提基数(净利润)	计提比例	计提金额
法定盈余公积	39 867.00	10%	3986.70
任意盈余公积	39 867.00	5%	1993.35
应付股利	39 867.00	50%	19 933.50
合计			25 913.55

【例 5-44】 年末,将本年净利润 39 867 元转入利润分配账户。

这项经济业务涉及“本年利润”和“利润分配”两个账户。本年利润转出,应记入“本年利润”账户的借方;本年利润转入利润分配,应记入“利润分配”账户的贷方。该项经济业务所作记账凭证如下(以会计分录替代):

借:本年利润　　39 867

　贷:利润分配——未分配利润　　39 867(转账凭证)

若为亏损,应作相反的会计分录。

5. 企业未分配利润的形成

年度终了,企业应将“利润分配”账户所属其他明细账户的余额转入“利润分配——未分配利润”明细账户，即借记“利润分配——未分配利润”“利润分配——盈余公积补亏”等账户，贷记“利润分配——提取法定盈余公积“”利润分配——应付股利等账户。

结转后，“利润分配”账户中，除未分配利润明细账户外，其他明细账户均无余额。未分配利润明细账户的贷方余额表示累积未分配的利润，借方余额表示累积未弥补的亏损。

【例 5-45】 根据**【例 5-43】**中的会计分录，该企业形成未分配利润的会计分录如下：

借：利润分配——未分配利润　　25 913.55

　贷：利润分配——提法定盈余公积　　3 986.70

　　　利润分配——提任意盈余公积　　1 993.35

　　　利润分配——应付现金股利或利润　　19 933.50

根据**【例 5-44】**和**【例 5-45】**，可以看出，利润分配——未分配利润贷方余额为 13 953.45（39 867-25 913.55）元，表示企业累积未分配的利润。

5.7　其他经济业务的核算

在资金使用过程中，还有一些资金调整和退出的内容包括利润分配、资产转换、对外投资、归还借款以及其他各项支出等等。其中有些经济业务的核算已在前面有所讲述，这里就未述及的经济业务核算加以补充说明。

5.7.1　归还借款业务核算

首先，对于分期付息、一次还本的借款归还，需要将银行存款记在贷方，而应付利息和短期借款/长期借款等科目则需要视情况确定记在借方还是贷方。例如，企业在还款时可以选择在还息期到来之前提前归还部分本金，那么这部分本金就需要记入长期借款，而还利息的部分则需要记入应付利息。这种情况下，可能需要在应付利息科目里增加一个“预付利息”科目，以便将利息按正确的期间进行核算。

其次，关于长期借款的利息调整科目。如果企业在年末或者月末之前归还长期借款，那么在进行年末结账或者月末结账的时候，需要按照剩余的借款期间重新计算借款利息。这时候，需要在长期借款利息调整科目中增加借方科目，记录这种调整。

最后，还应该注意的是，企业在进行借款归还时，需要根据借款分类选择对应的会计科目进行核算。对于短期借款，需要在短期借款科目下进行核算；而对于长期借款，则需要在长期借款科目下进行核算。

企业在进行借款归还时，需要结合具体情况选择相应的会计科目进行核算，以确保会计分录的准确性和规范性。因此，企业需要具备相关的财务知识和实践经验，以便更好地进行会计记账和核算。

在本章曾述及企业向银行或其他金融机构借入款项的核算，这里补充讲述归还借款的核算

【例 5-46】 12 月 20 日用银行存款归还银行临时借款 200 000 元。这项经济业务表明用银行存款归还银行临时借款，临时借款属于短期借款，应同时减少银行存款和短期借款，记入“短期借款”账户的借方和“银行存款”账户的贷方。这项经济业务应作如下会计分录：

借:短期借款　　200 000
　贷:银行存款　　200 000(转账凭证)

5.7.2 上缴税金业务核算

上缴税金的核算财务处理主要涉及通过"应交税金"科目进行核算,具体处理方式依据税种和企业的不同而有所差异。以下是一些常见的税种及其对应的财务处理方式。

营业税:企业缴纳的营业税通过"应交税金——应交营业税"科目进行核算。具体操作包括计算应缴纳的营业税时,借记相关成本或费用科目(如"营业税金及附加"),贷记"应交税金——应交营业税"科目。上缴营业税时,借记"应交税金——应交营业税"科目,贷记"银行存款"等科目。

增值税:企业缴纳增值税时,借记"应交税费——未交增值税"科目,贷记"银行存款"科目。增值税的账务处理还包括对进项税额和销项税额的管理,以及及时制作相关凭证并经过记账、审核、会计复核等程序。

其他税费:企业缴纳其他税费时,如城建税或所得税等,借记"应交税费——应交城建税(或所得税等税目)",贷记"银行存款"。这些税费的处理同样需要及时制作相关凭证并经过适当的会计程序。

印花税:对于印花税的处理,数额较小的印花税可直接记入管理费用,上交时借记"管理费用",贷记"银行存款"。数额较大的印花税首先应记入待摊费用,再根据分摊期间记入管理费用。

特殊情况处理:例如金融商品转让,如产生转让收益,借记"投资收益"等科目,贷记"应交税费——转让金融商品应交增值税"科目。交纳增值税时,借记"应交税费——转让金融商品应交增值税"科目,贷记"银行存款"科目。年末,如有借方余额,借记"投资收益"等科目,贷记"应交税费——转让金融商品应交增值税"科目。

综上所述,上缴税金的核算财务处理涉及多个方面,包括营业税、增值税、其他税费以及特殊情况的处理。企业应根据自身业务类型和税种的不同,选择合适的会计科目进行核算,并确保账务处理的准确性和及时性。

【例 5-47】 12 月 31 日以银行存款支付应上交的消费税 4 500 元。会计分录如下:

借:应交税费——应交消费税　　4 500
　贷:银行存款　　4 500(转账凭证)

【练习题】

一、单项选择题

1. 下列项目中不构成一般纳税人材料采购成本的是(　　)。

A. 买价　　B. 增值税　　C. 消费税　　D. 关税

2. 法定盈余公积的计提比例为税后净利润的(　　)。

A.8%　　B.5%　　C.10%　　D.17%

3. 一般纳税人购进材料一批,买价 50 000 元,运输费 1 200 元,入库前的挑选整理费

800 元，增值税进项税额 8 500 元。该批材料采购成本是(　　)元。

A.520 00　　B.512 00　　C.50 800　　D.60 500

4.“在途物资”账户期末若有余额，表示(　　)。

A. 已购入但尚未验收入库的材料

B. 企业本月及以前各期累计购买的材料金额

C. 企业目前尚存的原材料

D. 企业已入库和已耗用材料的差额

5. 制造业将多余材料出售，其价款应记入(　　)账户。

A. 主营业务收入　　B. 其他业务收入　　C. 投资收益　　D. 营业外收入

6. 企业对外投资取得的现金股利应记入(　　)账户。

A. 主营业务收入　　B. 其他业务收入　　C. 营业外收入　　D. 投资收益

7. 按照规定，离退休人员的薪酬应记入(　　)账户。

A. 应付职工薪酬　　B. 制造费用　　C. 管理费用　　D. 生产成本

8. 企业利润分配中以下项目的分配顺序为(　　)。

①提取任意盈余公积②弥补亏损③提取法定盈余公积④向投资者分配利润

A. ①→②→③→④　　B. ②→③→①→④

C. ③→①→②→④　　D. ②→①→③→④

9. 期末，应将完工产品的成本转入(　　)账户。

A.“生产成本”　　B.“制造费用”　　C.“销售费用”　　D.“库存商品”

10. 下列应记入成本的费用是(　　)。

A. 管理费用　　B. 财务费用　　C. 销售费用　　D. 制造费用

11. 企业的应付款项确实无法支付，经确认后转作(　　)。

A. 主营业务收入　　B. 其他业务收入　　C. 营业外收入　　D. 资本公积

12. 下列各项中，应记入管理费用的是(　　)。

A. 审计费　　B. 广告费　　C. 采购运费　　D. 自然灾害损失

13. 企业发生的短期借款利息应记入(　　)。

A. 生产成本　　B. 制造费用　　C. 管理费用　　D. 财务费用

14. 结转本期已售产品的生产成本，应借记“主营业务成本”账户，贷记(　　)。

A.“生产成本”账户　　B.“库存商品”账户

C.“管理费用”账户　　D.“制造费用”账户

15. 下列税金，不通过“营业税金及附加”账户核算的是(　　)。

A. 增值税　　B. 营业税　　C. 消费税　　D. 城建税

16. 下列账户中，期末结转后可能有余额的是(　　)。

A. 生产成本　　B. 营业税金及附加

C. 财务费用　　D. 主营业务成本

17. 下列项目中，属于营业外收入的有(　　)。

A. 销售产品的收入　　B. 接受捐赠

C. 对外提供劳务的收入　　D. 投资收益

18. 下列项目中，属于营业外支出的有(　　)。

A. 无法收回的应收账款　　B. 支付的广告费

C. 罚款支出　　D. 支付的办公费

二、多项选择题

1. 以下项目中构成材料采购成本的有(　　)。

A. 买价　　B. 运杂费　　C. 广告费　　D. 挑选整理费

E. 进口关税

2. 企业的期间费用包括(　　)。

A. 制造费用　　B. 销售费用　　C. 管理费用　　D. 财务费用

E. 长期待摊费用

3. 企业产品的成本构成项目包括(　　)。

A. 管理费用　　B. 财务费用　　C. 直接材料　　D. 直接人工

E. 制造费用

4. 以下账户中期末一般无余额的是(　　)。

A. 生产成本　　B. 制造费用　　C. 本年利润　　D. 管理费用

E. 利润分配

5. 制造业以下收入中应记入其他业务收入的有(　　)。

A. 销售产品　　B. 销售材料

C. 罚款收入　　D. 固定资产出租收入

E. 处置固定资产净收益

6. 制造业以下各项应记入营业外支出的是(　　)。

A. 销售商品的成本　　B. 罚款支出

C. 公益性捐赠　　D. 租入固定资产租金

E. 非常损失

7. 下列费用不能全部记入当期损益的有(　　)。

A. 生产成本　　B. 制造费用　　C. 销售费用　　D. 管理费用

E. 财务费用

8. 下列支出应记入财务费用的是(　　)。

A. 支付给金融机构的手续费　　B. 支付给银行的短期借款利息

C. 偿还银行的长期借款本金　　D. 汇兑损失

E. 存款利息收入

9. 企业销售产品和提供劳务发生的收入，可能借记的账户有(　　)。

A. “银行存款”账户　　B. “应收账款”账户

C. “应收票据”账户　　D. “应付账款”账户

E. “其他业务收入”账户

10. 以下费用中应记入销售费用的是(　　)。

A. 广告费　　B. 销售机构人员工资

C. 销售产品的成本　　D. 销售产品运杂费

E. 销售原材料成本

11. 下列账户中，期末余额需要转入“本年利润”账户的有（　　）。

A. 主营业务收入　B. 管理费用　C. 预收账款　D. 制造费用

E. 财务费用

12. 制造业以下税金中应记入营业税金及附加的是（　　）。

A. 增值税　B. 消费税　C. 所得税　D. 城建税

E. 教育费附加

13. 下列支出中，直接记入“管理费用”账户借方的有（　　）。

A. 公司经费　B. 业务招待费　C. 广告费　D. 捐赠支出

E. 短期借款利息

14. 制造业以下项目中应记入营业外收入的是（　　）。

A. 材料销售　B. 固定资产出租

C. 确实无法支付的应付账款　D. 接受捐赠

E. 处置固定资产净得

15. 计提固定资产折旧的会计分录可能是（　　）。

A. 借记“生产成本”账户　B. 借记“制造费用”账户

C. 借记“管理费用”账户　D. 贷记“固定资产”账户

E. 贷记“累计折旧”账户

16. 交纳税费的会计分录可能是（　　）。

A. 借记“生产成本”账户　B. 借记“制造费用”账户

C. 借记“应交税费”账户　D. 借记“营业税金及附加”账户

E. 贷记“银行存款”账户

17. 分配制造费用涉及的会计账户有（　　）。

A. 库存商品　B. 管理费用　C. 生产成本　D. 主营业务成本

E. 制造费用

18. 企业的资本按照投入资本的不同物质形态，分为（　　）。

A. 无形资产投资　B. 信誉投资　C. 实物投资　D. 证券投资

E. 货币投资

三、判断题

1. 材料采购成本中的买价是指向购买方支付的全部账款。（　　）

2. 财务费用是一种期间费用，按月归集，月末全部转入“本年利润”账户。（　　）

3. 增值税对企业的经营成本和损益核算没有影响。（　　）

4. 累计折旧账户与固定资产账户同属于资产类账户，二者记账结构相同。（　　）

5. 企业支付的车间保险费，应记入“管理费用”账户。（　　）

6. “利润分配——未分配利润”账户的贷方余额表示本年度的未分配利润金额。（　　）

7. “累计折旧”属于资产类科目，因此累计折旧的增加记入“累计折旧”账户的借方。（　　）

8. 企业生产车间发生的成本费用直接记入“生产成本”账户。 （ ）

9. 企业按职工工资总额一定比例计提的工会经费应记入管理费用。 （ ）

10. 利得与损失是与企业日常活动直接关联的经济利益总流入或总流出。 （ ）

【技能训练】

一、训练目的

训练制造业筹集资金、供应过程、生产过程、销售过程、财务成果的核算。

二、训练资料

1. 某企业某月发生部分经济业务如下。

（1）以银行存款偿付到期的长期借款 1 000 000 元。

（2）以银行存款交纳增值税 5 400 元，所得税 7 000 元。

（3）收到海滨公司以商标权投资，作价 50 000 元。

（4）以银行存款偿付前欠账款 117 000 元。

（5）从银行借入 6 个月期限款项 3 000 000 元，存入银行。

（6）将盈余公积 350 000 元转增资本金。

（7）收到华光投资公司投入资本金 80 000 元，存入银行。

（8）职工预借差旅费 7 000 元，以现金支付。

2. 某企业发生部分采购业务如下。

（1）从天天公司购入甲材料 3 000 千克，增值税专用发票上注明的单价 10 元，价款 30 000 元，增值税额 5 100 元，款项以银行存款支付，材料未入库。

（2）上述甲材料运至企业，用现金支付挑选整理费 300 元。

（3）从光华厂购入甲材料 2 000 千克，增值税专用发票上注明单价 15 元，价款 30 000 元，增值税额 5 100 元；乙材料 5 000 千克，单价 80 元，价款 400 000 元，增值税额 68 000 元，货款以银行承兑汇票支付，材料未入库。

（4）以银行存款支付上述甲、乙材料运费 6 400 元，用现金支付装卸费 600 元。上述甲、乙材料运到企业（按重量比例分配有关费用）。

（5）向 G 公司购买丙材料 5 000 千克，增值税专用发票上注明单价 10 元，价款 50 000 元，增值税额 8 500 元，运费 1 000 元，账款尚未支付，材料尚在途中。

（6）上述签发的银行承兑汇票到期，以银行存款支付票款。

（7）以银行存款支付前欠 G 公司货款。

（8）月末，甲、乙材料已验收入库，结转甲、乙材料的实际采购成本。

3. 某企业生产过程发生部分业务如下。

（1）分配本月职工工资 80 000 元，其中 A 产品生产人员工资 20 000 元，B 产品生产人员工资 10 000 元，车间管理人员工资 10 000 元，销售人员工资 15 000 元，行政管理人员工资 25 000 元。

（2）按本月员工工资总额的 14%计提福利费。

（3）委托银行代发工资 80 000 元。

（4）计提本月固定资产折旧费 9 400 元，其中车间固定资产折旧费 5 000 元，管理部门固定资产折旧 4 400 元。

（5）以银行存款支付车间房屋修理费 1 200 元。

（6）以银行存款支付本月电话费 15 000 元。

（7）以存款支付本月电费 58 000 元，其中车间用电 36 000 元，行政办公用电 22 000 元。

（8）以银行存款支付产品广告费 1 500 元。

（9）以存款支付上季度借款利息 3 000 元。

（10）采购人员报差旅费 7 200 元，原预支 7 000 元，不足部分补付现金。

（11）以银行存款支付本月租入行政办公用房房租 3 000 元。

（12）本月发出材料 54 000 元，其中生产 A 产品耗用 34 000 元，生产 B 产品耗用 19 400 元，车间一般耗用 600 元。

（13）以现金支付生产车间零星办公用品费 500 元。

（14）预提本月借款利息 1 000 元。

（15）将本月发生的制造费用按照生产工人工资比例分配并结转。

（16）本月生产 A 产品 1 000 件已完工并验收入库，结转入库 A 产品的生产成本。

4. 某企业发生部分销售业务如下。

（1）向 W 工厂出售 A 产品 500 件，开具的增值税专用发票上每件售价 60 元，增值税率 17%，货款已收到，存入银行。

（2）向 F 公司出售 B 产品 300 件，开具的增值税专用发票上每件售价 150 元，增值税率 17%，货款尚未收到。

（3）以银行存款支付上述 A、B 两种产品在销售过程中运输费 800 元，包装费 200 元。

（4）B 产品为应税消费品，按 10%的税率计算 B 产品的消费税。

（5）向 R 工厂出售材料 1 200 公斤，单价 25 元，增值税率 17%，款项已收存银行。

（6）结转本月销售产品的实际生产成本（A 产品每件 40 元，B 产品每件 120 元）。

（7）结转本月销售材料的实际采购成本（材料单位成本 10 元）。

（8）上述 B 产品货款收到存入银行。

（9）以银行存款支付产品广告费 50 000 元。

5. 某企业某月发生部分经济业务如下。

（1）销售产品一批，价款 200 000 元，增值税额 34 000 元，货款已收存银行。

（2）销售材料一批，价款 6 000 元，增值税额 1 020 元，款项已收存银行。

（3）以现金支付给职工困难补助 3 500 元。

（4）收到罚款收入 20 000 元，存入银行。

（5）以银行存款支付金融机构手续费 300 元。

（6）用存款支付产品广告费 40 000 元。

（7）用存款支付本月利息 1 000 元。

（8）报销差旅费 3 000 元，不足部分 200 元以现金补付。

（9）用存款支付本月电话费 3 500 元。

（10）结转本月销售产品实际生产成本 115 000 元。

（11）结转本月销售材料的实际采购成本 3 200 元。

（12）计提本月销售产品应交消费税 6 000 元。

（13）将本月各损益类账户的余额转入“本年利润”。

（14）按 25%的税率计算并结转本月所得税费用。

（15）本年实现净利润（经计算为 405 000），按照 10%提取法定盈余公积。

（16）按照本年净利润的 30%分配给投资者。

6. 某企业某月发生部分经济业务如下。

（1）从银行借入三年期借款 500 000 元。

（2）以银行存款支付本月产品广告费 20 000 元。

（3）收到投资者投入 150 000 元存入银行。

（4）向光明厂购入甲材料 50 千克，单价 600 元，乙材料 30 千克，单价 200 元，增值税率 17%，取得增值税专用发票，货款尚未支付，材料已验收入库，结转其实际采购成本。

（5）以银行存款 30 000 元捐赠给希望工程。

（6）销售 A 产品 1 000 件，开具增值税专用发票，单价 300 元，增值税率 17%，以银行存款支付代垫运费 1 500 元，收到商业汇票一张。

（7）向林园公司购买甲材料 100 千克，单价 600 元，乙材料 40 千克，单价 200 元，增值税率 17%，运费 1 800 元，已全部通过银行支付，材料已入库，结转其实际采购成本（运费按重量比例分配）。

（8）以银行存款购买生产车间用办公用品 2 000 元。

（9）职工报销差旅费 4 260 元，原预借 5 000 元，余款交回现金。

（10）收到商业汇票款 352 800 元，存入银行。

（11）以银行存款偿付前欠光明厂购料款 42 120 元。

（12）销售甲材料一批，开具增值税专用发票，价款 10 000 元，增值税率 17%，款项收存银行。

（13）本月发出甲材料共计 20 000 元，其中用于 A 产品生产 15 000 元，车间一般耗用 5 000 元，发出乙材料 21 400 元，其中用于 A 产品生产 5 000 元，B 产品生产 16 000 元，行政部门耗用 400 元。

（14）以银行存款支付电费 8 000 元，其中生产车间用电 6 200 元，行政管理部门用电 1 800 元。

（15）以银行存款支付违章罚款 1 500 元。

（16）销售 B 产品 3 000 件，单价 230 元，增值税率 17%，款项已收存银行。

（17）职工出差借款 6 000 元，付现金。

（18）以银行存款支付本月借款利息 5 000 元。

（19）收到前欠销货款 93 600 元，存入银行。

（20）收到罚款收入 50 000 元，存入银行。

（21）计提本月固定资产折旧 9 000 元，其中车间用固定资产折旧 5 500 元，行政管理用固定资产折旧 3 500 元。

（22）分配本月应付工资：其中生产 A 产品生产工人工资 60 000 元，生产 B 产品生产工人工资 30 000 元，车间管理人员工资 5 000 元，行政管理人员工资 10 000 元，销售人员工资 9 000 元。

（23）将本月发生的制造费用 68 200 元按照工时比例分配记入产品成本（A 产品工时 32 000 小时，B 产品工时 68 000 小时）。

（24）本月 A 产品完工 8 000 件，单位成本 200 元，结转完工产品成本。

（25）结转本月已售产品的生产成本，A 产品成本 200 000 元，B 产品成本 330 000 元。

（26）结转本月已售材料成本 6 000 元。

（27）结转本月损益类账户的余额，计算本月利润总额。

（28）按 25%的所得税率计提并结转本月所得税费用。

（29）若本年实现净利润 800 000 元，按照 10%提法定盈余公积。

（30）向投资者分配利润 80 000 元。

三、训练要求

根据以上经济业务编制会计分录。

项目六　会计账簿

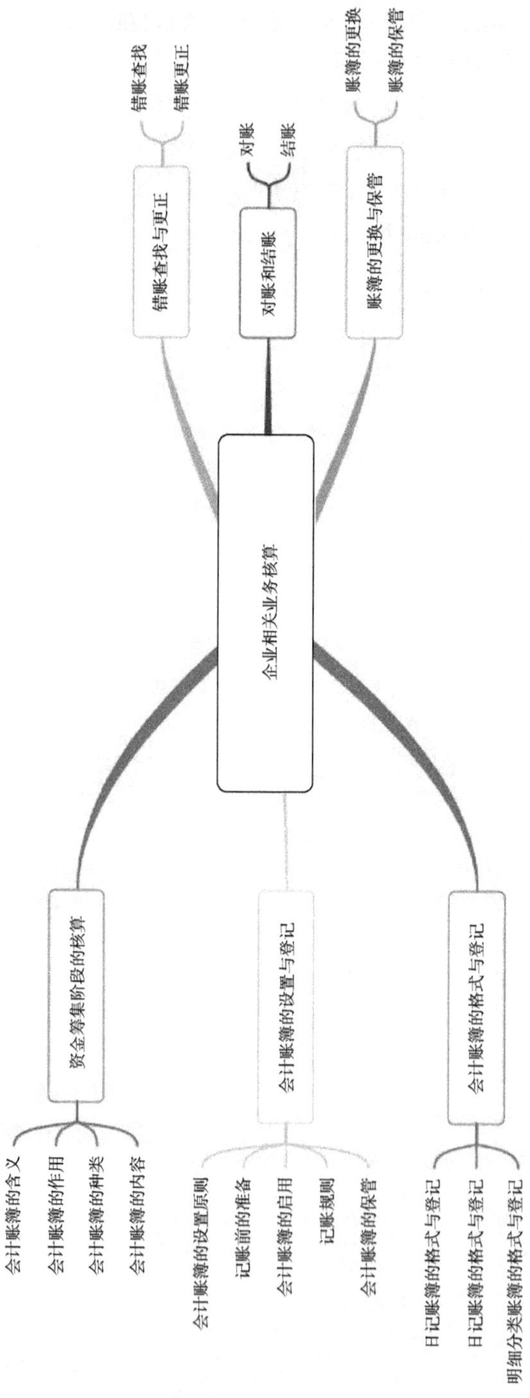

思维导图

6.1 认识会计账簿

6.1.1 会计账簿的含义

会计账簿以会计凭证为依据，由一定格式的账页组成，它能够全面、连续地记录一个单位的经济业务，并对大量分散的数据或资料进行分类归集整理，进而逐步加工成有用的会计信息。形式上，会计账簿只是若干账页的组合，实质上，会计账簿是会计信息形成的重要环节，是编制会计报表的重要依据。

任何一个单位发生经济业务之后，必然要取得或填制会计凭证，从而证明经济业务的完成情况，这是会计核算工作的起点。但是由于会计凭证数量多，格式不一，又很分散，每张会计凭证只能反映个别经济业务内容，不能全面、连续、系统地反映和监督一个单位在一定时期内某一类和全部经济业务增减变动情况，且不便于日后查阅。因此各单位必须按照要求，设置和登记会计账簿，以便把分散在会计凭证上的大量的核算资料，加以集中和归类整理，生成有用的会计信息，从而为编制会计报表提供主要依据。

6.1.2 会计账簿的作用

设置和登记会计账簿是会计核算的一种专门方法。通过设置和登记会计账簿，可以系统、全面地记载和提供企业经济业务活动的各种数据信息，这是会计核算工作的重要环节，对加强企业经济核算，改善和提高经营管理水平具有重要作用。

（1）全面系统地反映单位经济业务的发生和完成情况，为经济管理提供系统、完整的核算资料。

通过账簿的序时、分类核算，可以把会计凭证所反映的经济业务进行归类汇总，提供企业各项资产、负债、所有者权益增减变化和企业经营成果核算资料。这对于加强经营管理，合理使用资金、监督各项资产物资的安全是十分重要的。

（2）为定期编制会计报表提供依据。

会计账簿记录积累了一定时期的会计核算资料，分类、系统地记录资产、负债、所有者权益、收入、成本费用、利润等数据资料，是编制会计报表的主要依据。

（3）为考核企业经营成果，进行会计分析、审计提供依据。

通过对账簿记录的会计资料的分析和检查，可以考核资金、成本、利润计划的执行情况，评价经营成果，发现生产经营过程中出现的问题，采取措施，提高经营管理水平。

6.1.3 会计账簿的种类

账簿的形式多种多样，按照不同的标准可划分为不同的种类，如图 6-1 所示。

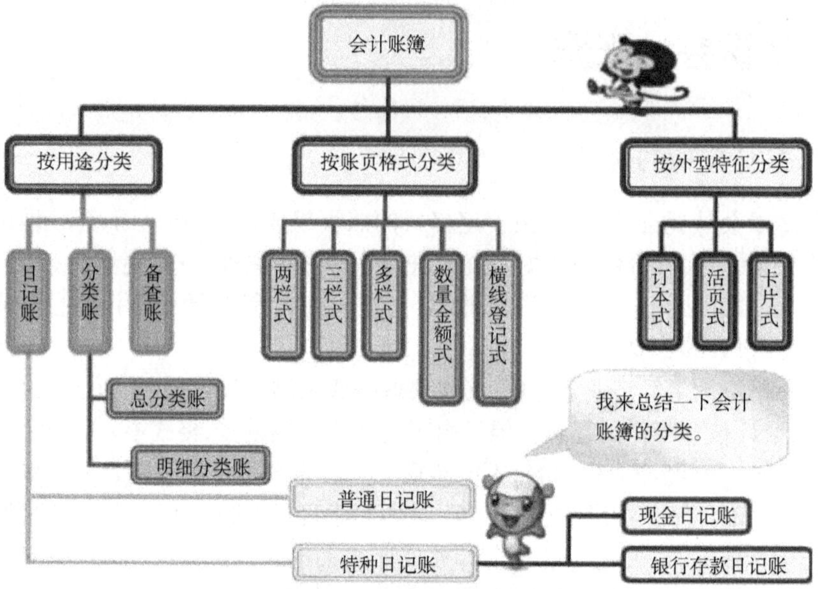

图 6-1 会计账簿分类

1. 按用途分

会计账簿按用途分为序时账、分类账和备查账三种，如图 6-2 所示。

（1）序时账簿。序时账也叫日记账，是按照经济业务发生的时间先后顺序，逐日、逐笔登记经济业务的账簿。序时账簿分为普通日记账和特种日记账。

普通日记账是用来登记各单位全部经济业务的日记账。单位所发生的全部经济业务，都需要按照先后顺序，逐项编制记账凭证，在该账簿中连续地登记，全面反映单位的所有经济业务。在实际工作中，由于经济业务的复杂性，现在很少应用一本账簿序时记录企业的全部经济业务。

特种日记账是用来登记某一类经济业务的日记账。比如库存现金日记账、银行存款日记账、购（销）货日记账等。目前应用比较广泛的序时账簿是库存现金日记账和银行存款日记账。

（2）分类账簿。分类账簿是对全部经济业务进行分类登记的账簿。分类账簿按照其提供核算指标的详细程度不同，又分为总分类账和明细分类账。

总分类账简称总账，是根据总分类科目开设账户，用来登记全部经济业务，进行总分类核算，提供总括核算资料的分类账簿。

明细分类账简称明细账，是根据明细分类科目开设账户，用来登记某一类经济业务，进行明细分类核算，提供明细核算资料的分类账簿。

在实际工作中，若经济业务较简单、总账科目数量不多的单位，可将日记账和分类账合并设置和登记，成为联合账簿，使一本账簿兼有日记账和分类账两种用途，如日记总账。

（3）备查账簿。备查账簿是对某些在日记账簿和分类账簿中未能记载或记载不全的经济业务进行补充登记的账簿。备查账簿记录的内容不受总分类账的制约，是对日记账和明细分类账的补充，它可以为某些经济业务的内容提供必要的参考资料。如租入固定资产登记簿、空白凭证领用备查簿等。实际工作中,各单位可根据实际需要设置备查账簿。

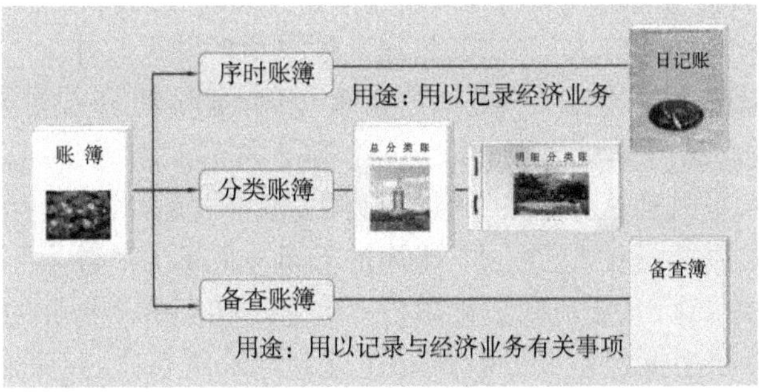

图 6-2　会计账簿按用途分类

2. 按外表形式分

会计账簿按外表形式分为订本式账簿、活页式账簿和卡片式账簿三种,如图 6-3 所示。

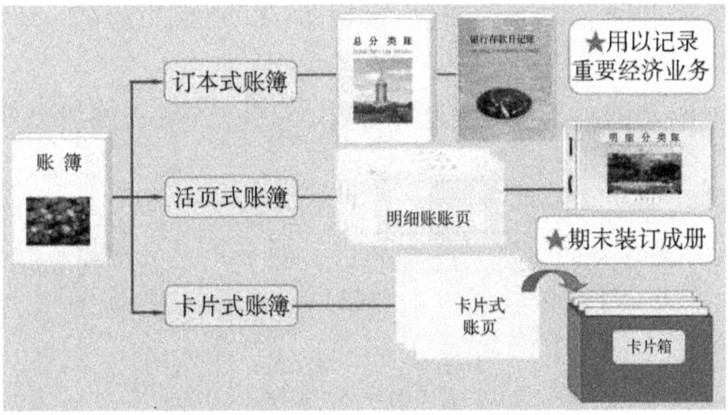

图 6-3　会计账簿按外表形式分类

(1)订本式账簿。订本式账簿是在未启用前就把编有顺序号的一定数量的账页固定装订成册的账簿。这种账簿一般适用于重要的和具有统御性的账簿,如总分类账、现金日记账、银行存款日记账等。订本式账簿的优点是能够避免账页散失和防止抽换,便于保管。其缺点一是账页固定,不能增减,账簿启用时必须合理预留空白账页,留页过多会造成浪费,留页过少就不够用,会影响账户记录的连续性,不便查阅;二是这种账簿在同一时间里只能由一人登记,不便于记账人员分工。

(2)活页式账簿。活页式账簿是在启用和使用过程中把一定数量的账页置于活页账夹内,可以根据记账内容的多少,随时增加或减少部分账页的账簿。这种账簿一般适用于明细分类账。活页式账簿的优点,一是可根据实际需要,随时加入、抽出或移动账页,不浪费,使用灵活;二是便于分工记账、分类计算和汇总。其缺点是账页容易散失和被抽换。因此,为防止产生弊端,在使用时必须对账页进行编号,并在账页上加盖有关人员图章。会计年度终了,应将活页账装订成册,存档并妥善保管。

(3)卡片式账簿。卡片式账簿是将一定数量的卡片式账页存放于专设的卡片箱中,账页可以根据需要随时增加的一种账簿。卡片式账簿一般适用于固定资产、低值易耗品等的明细核算。这种账页的优缺点和活页账基本相同。在实际使用中,卡片应连续编号并加盖有关人员图章，卡片箱要由专人保管，以保证其安全。

3. 按账页格式分

会计账簿按照账页格式分为三栏式、数量金额式和多栏式三种。

（1）三栏式账页只设了“借方”“贷方”“余额”三个金额栏，不设数量栏。这类账页适用于无需反映数量单价，只需反映金额的账户的核算。从形式上看，可以是订本账，也可以是活页账；从内容上看，可以是总分类账、明细分类账，也可以是日记账。

（2）数量金额式账簿是在“三栏式”账簿的基础上增设了“数量”“单价”栏而形成的。适用于既要进行金额核算，又要反映数量单价等信息的各类财产物资的明细核算。

（3）多栏式账页是根据经济业务特点和经营管理的需要，在一张账页内按照有关总账科目或明细科目分设若干专栏，以便为经济管理提供更详细的核算资料。总分类账、明细分类账和日记账都可以根据需要采用这种格式。

6.1.4 会计账簿的内容

账簿的形式和格式多种多样，但一般是由封面、扉页、账页组成。

1. 封面

封面主要用来载明账簿的名称，如总分类账、现金日记账、原材料明细账等。格式如图 6-4 所示。

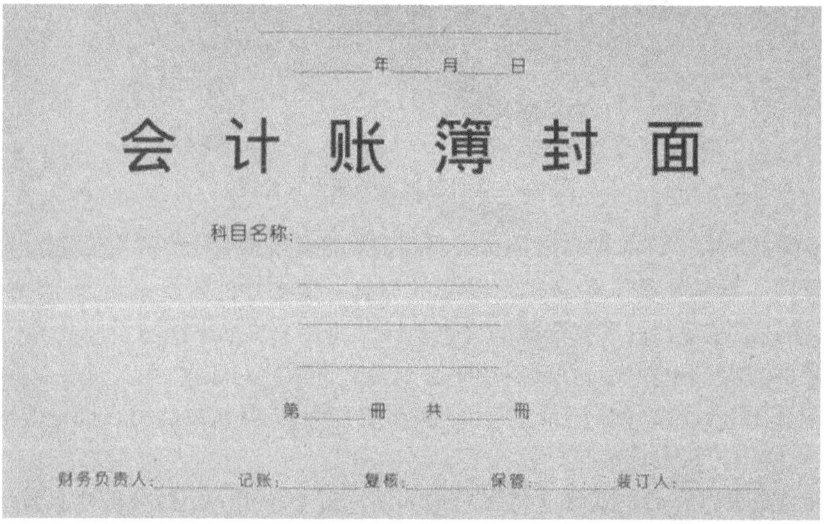

图 6-4　封面格式

2. 扉页

扉页主要用来登载账簿启用表（格式如表 6-1 所示）和科目索引（格式如表 6-2 所示）。其主要内容如下：

（1）单位名称；

（2）账簿名称；

（3）起止页数；

（4）启用日期；

(5)单位领导人；
(6)会计主管人员；
(7)经管人员；
(8)移交人和移交日期；
(9)接管人和接管日期。

表 6-1　账簿启用和经管人员一览表

<table>
<tr><td colspan="11">账　簿　启　用　表</td></tr>
<tr><td>单位名称</td><td colspan="9"></td><td>单位公章</td></tr>
<tr><td>账簿名称</td><td colspan="9"></td><td rowspan="4"></td></tr>
<tr><td>账簿编号</td><td colspan="9">第　册共　册</td></tr>
<tr><td>账簿页数</td><td colspan="9">本账簿自第　页至　页共计　页</td></tr>
<tr><td>启用日期</td><td colspan="9"></td></tr>
<tr><td>法人代表</td><td colspan="5"></td><td colspan="4">会计机构负责人</td><td></td></tr>
<tr><td colspan="11"></td></tr>
<tr><td colspan="2">经管人员</td><td colspan="3">接管</td><td colspan="3">移交</td><td colspan="2">会计负责人</td><td>印花税票粘贴处</td></tr>
<tr><td>姓名</td><td>盖章</td><td>年</td><td>月</td><td>日</td><td>年</td><td>月</td><td>日</td><td>姓名</td><td>盖章</td><td></td></tr>
<tr><td></td><td></td><td></td><td></td><td></td><td></td><td></td><td></td><td></td><td></td><td></td></tr>
<tr><td></td><td></td><td></td><td></td><td></td><td></td><td></td><td></td><td></td><td></td><td></td></tr>
<tr><td></td><td></td><td></td><td></td><td></td><td></td><td></td><td></td><td></td><td></td><td></td></tr>
<tr><td colspan="5">财政部门监管登记</td><td colspan="6"></td></tr>
</table>

表 6-2　科目索引表

页数	科目	页数	科目

3. 账页

账页是会计账簿的主体，不管是哪种格式的账簿，每张账页上应载明以下内容：

(1)账户名称(即会计科目或明细科目)。

(2)记账日期栏。

(3)记账凭证种类、编号。

(4)摘要栏。

(5)金额栏。

(6)总页次和分页次。

以三栏式账页格式为例，格式如表6-3所示。

表6-3　账页(三栏式)

年		记账凭证号数	摘要	对方科目	借方										贷方										借或贷	余额									
月	日				千	百	十	万	千	百	十	元	角	分	千	百	十	万	千	百	十	元	角	分		千	百	十	万	千	百	十	元	角	分

6.2　会计账簿的设置与登记

6.2.1　会计账簿的设置原则

任何单位都应当按照国家统一会计制度的规定，结合本单位经济业务的特点和经营管理的需要，设置必要的会计账簿，并认真做好记账工作。设置账簿一般应遵循以下原则。

1. 满足需要

账簿是会计信息的载体之一，是会计凭证与会计报表连接的桥梁。因此账簿设置要符合资金运动的规模和特点，要与所设置的会计凭证相适应，以便能反映原始凭证所提供的重要的经济信息，满足经济管理的需要。

2. 组织严密

账簿组织要严密，避免记录重复或遗漏。各种账簿既要明确分工，又要紧密联系，有关账簿之间要有统御关系或平行的制约关系，保证账簿记录全面、系统、正确地提供管理所需的各项指标。

3. 高效实用

在满足核算的前提下，力求精简，以便节约人力、物力，提高工作效率。在格式设计上要具有实用性，要按照所记录经济业务的内容和提供核算指标的要求设置，保证经济业务登记清楚，各种经济指标可直接提供，便于记账、算账、报账、查账。

6.2.2　记账前的准备

1. 购置准备

如果是新开公司或者一个新年度开始，在记账前应购置如下物品。

（1）账本，包括总账、现金日记账、银行存款日记账、三栏式明细账页、多栏式明细账页、数量金额式明细账页等。

（2）记账凭证和报表，包括记账凭证、记账凭证汇总表、记账凭证封面、会计报表、会计报表封面等。

（3）其他物品，包括记账笔、标签、鞋带、白线、装订机等。

如果是老公司，或中途接手，这些物品一般都有，也可零星购置。

2. 贴好标签

启用新账后，需要在账上贴好标签，以便于入账或者查找科目。粘贴标签一般按照资产、负债、所有者权益、收入、成本、损益这一顺序，同一类别的标签则按会计报表顺序粘贴，查找时可以有个大概方向。

6.2.3　会计账簿的启用

一般来说，老公司大多数的会计账簿都是每年更换一次，如总账、日记账和多数明细账等。但有些财产物资明细账和债权债务明细账，由于材料品种、规格和往来单位较多，更换新账时重抄一遍的工作量较大，可以跨年度使用，不必每年更换一次。各种备查账簿也可以跨年度连续使用。年度内会计人员变动一般无须更换新账。

新会计年度更换新账和新开公司设置账簿都涉及账簿启用，启用新会计账簿时，需按以下步骤进行填写。

（1）启用新账簿应当在账簿封面上写明单位名称和账簿名称。

（2）填写账簿扉页上的“账簿启用表”。

订本式账簿一般在账页的第一页印装了账簿启用表，活页式账簿的每一札也都附有账簿启用表。账簿启用表的填写要求如下。

①填写启用日期和启用账簿的起止页数。如启用的是订本式账簿，起止页若已经填好，则无须再填；启用活页式账簿，起止页数可以等到装订成册时再填。

②填写记账人员姓名和会计主管姓名并加盖印章，以示慎重和负责。

③加盖单位财务章，以示严肃。

④当记账人员或会计主管人员工作变动时，应先办好账簿移交手续，并在账簿启用表上明确记录交接日期及接办人、监交人的姓名，并由交接双方签字或盖章，以便明确有关人员的责任，加强有关人员的责任感，维护会计账簿记录的严肃性。

（3）期初余额登记。

新账簿启用后，需将上一年度的余额记入新账本余额栏内，因为会计工作是通过这些余额承上启下的。登记时在摘要栏注明“上年结转”字样，在余额栏直接登记余额。

6.2.4 记账规则

1. 登记账簿的依据

为了保证账簿记录的真实性和正确性，必须根据审核无误的会计凭证登账。各单位每天发生的各种经济业务都要记账，记账的依据是会计凭证。

2. 登记账簿的时间

各种账簿应该每隔多长时间登记一次，会计制度中没有统一规定。但是一般原则是：总分类账要按照单位所采用的会计核算形式定期登记；各种明细分类账，要根据原始凭证、原始凭证汇总表和记账凭证每天进行登记，也可以定期（三天或者五天）登记；现金日记账和银行存款日记账，应当根据办理完毕的收付款凭证，随时逐笔顺序登记，每天结出余额。

3. 登记账簿的规范要求

（1）准确完整。登记会计账簿时，应当将会计凭证日期、编号、业务内容摘要、金额和其他有关资料逐项记入账内，做到数字准确、摘要清楚、登记及时、字迹工整。

（2）注明记账符号。账簿登记完毕后，要在记账凭证上签名或盖章，并注明已经登账的符号（如画“√”），表示已经记账。在记账凭证上设有专门的栏目供注明已记账的符号，以免发生重记或漏记。

（3）书写留空。账簿中书写的文字和数字上面要留有适当空格，不要写满格，一般应占格距的二分之一。这样，一旦发生登记错误，比较容易进行更正，同时也方便查账工作。

（4）正常记账使用蓝黑墨水。登记账簿要用蓝黑墨水或者碳素墨水书写，不得使用圆珠笔或者铅笔书写。在会计上，数字的颜色是重要的语素之一，它同数字和文字一起传达出会计信息。书写墨水的颜色用错了，其导致的概念混乱不亚于数字和文字的错误。

（5）特殊记账使用红墨水。红色墨水只能用于制度规定的下列几种情况：按照红字冲账的记账凭证，冲销错误记录；在不设借贷等栏的多栏式账页中，登记减少数；在三栏式账户的余额栏前，如未印明余额方向的，在余额栏内登记负数余额；根据国家统一会计制度的规定，可以用红字登记的其他会计记录。

（6）顺序连续登记。各种账簿按页次顺序连续登记，不得跳行、隔页。如果发生跳行、隔页，应当将空行、空页画线注销，或者注明“此行空白”“此页空白”字样，并由记账人员签名或者盖章。这对堵塞账簿登记中可能出现的漏洞，是十分必要的防范措施。

（7）结出余额。凡需要结出余额的账户，结出余额后，应当在“借或贷”栏目内写明“借”或“贷”等字样。没有余额的账户，应当在“借或贷”栏目内写明“平”字，并在余额栏内“元”位上用“0”表示。现金日记账和银行存款日记账必须逐日写出余额。

（8）过次承前。每一账页登记完毕结转下页时，应当结出本页合计数及余额，写在本页最后一行和下页第一行有关栏内，并在摘要栏内注明“过次页”和“承前页”字样；也可以将本页合计数及金额写在下页第一行有关栏目内，并在摘要栏注明“承前页”字样。对于“过次页”的本页合计数根据不同需要作出如下规定。

对于需要结计本月发生额的账户，结计“过次页”的本页合计数应当为自本月初起至本页末止的发生额合计数。这样便于根据“过次页”的合计数，随时了解本月初到本页末止的发生额，也便于月末结账时，加计“本月合计”数。

对于需要结计本年发生额的账户，结计“过次页”的本页合计数应当为自年初起至本页末止的累计数。这样便于根据“过次页”的合计数，随时了解本年初到本页末止的累计发生额，也便于年终结账时，加计“本年累计”数。

对既不需要结计本月发生额，也不需要结计本年累计发生额的账户，可直接将每页末的余额结转次页。

（9）错误更正。会计账簿登记发生错误，应根据错误的性质和发现时间的不同，按规定的办法进行更正，不允许用涂改、挖补、刮擦、药水消除字迹等手段更正错误。

（10）定期打印。实行会计电算化的单位，总账和明细账应当定期打印，发生收款和付款业务的，在输入收款凭证和付款凭证的当天必须打印出现金日记账和银行存款日记账，并须与库存现金核对无误。

6.2.5　会计账簿的保管

会计账簿是各单位会计信息的载体和存储器，是重要的经济资料，有的资料是需要保密的，所以必须建立账簿的管理制度，妥善保管。账簿管理可分为平时管理和归档保管两方面内容。

1. 账簿平时管理的具体要求

（1）各种账簿要分工明确，指定专人管理，账簿经管人员既要负责记账、对账、结账等工作，又要负责保证账簿的安全、完整。

（2）会计账簿未经单位负责人、会计负责人或有关人员批准，非经管人员不能随意翻阅、查看、摘抄和复制等。

（3）会计账簿除需要与外单位核对外，一般不能携带外出，对需要携带外出的账簿，一般应由经管人员负责或会计主管人员指定专人负责。

（4）会计账簿不能随意交与其他人员管理，以保证账簿安全完整和防止任意涂改、毁坏等问题的发生。

2. 旧账归档保管的具体要求

年度终了，更换并启用新账后，对更换下来的旧账，要进行整理、装订、造册，按规定办理移交手续，归档保管。其具体内容如下。

（1）归档前应对更换下来的旧账进行整理。其工作主要包括检查和补齐应办的会计手续。首先检查应归档的旧账是否收集齐全，再检查各种账簿应办的会计手续是否完备，对于手续不完备的应补办有关手续。例如，改错盖章、注销空行空页、结转余额等。活页账应撤出尚未使用的空白账页，再装订成册，连续编号，并注明总页数、起止号数等。

（2）更换下来的旧账簿，在进行整理的基础上装订成册。装订时应注意，活页账一般按账户分类装订成册，加具封面，一个账户可装订一册或数册；某些账户的账页较少，也可以几个账户合并装订成一册；装订时应检查账簿扉页内容是否填写齐全，手续是否完备；装订后应由经办人员、装订人员和会计主管人员在封口处签名或盖章。

（3）更换下来的账簿，经过整理装订后，应编制目录，填写移交清单，办理移交手续，按期归档保管。保管人员应按照档案管理办法的要求，编制索引，分类储存，妥善保管，以便于日后查阅，要注意防火、防盗，库房通风良好，以防毁损、霉烂等。

（4）各种账簿同会计凭证、会计报表一样，都是重要的经济资料和经济档案，必须按照财政部、国家档案局规定的《会计档案管理办法》妥善保管，不得丢失和任意销毁。保管期满后，应按照规定的审批程序报经批准后才能销毁。

6.3 会计账簿的格式与登记

6.3.1 日记账簿的格式与登记

1. 三栏式特种日记账

库存现金日记账和银行存款日记账的格式一般采用三栏式，即“借方”“贷方”“余额”三栏。格式如图 6-5 所示。出纳员每日根据收付款凭证，按照时间顺序逐日、逐笔登记，每日均须结出余额，现金余额要和库存现金核对，保证账实相符；银行存款需要定期与银行对账单核对，月末需要编制银行存款余额调节表，保证账单相符。

现 金 日 记 账

2010年		凭证		对方科目	摘要	借方	✓	贷方	✓	余额	✓
月	日	字	号								
					上年结转					**88,000.00**	
1	4			银行存款	提备用金	200.00				88,200.00	
1	5			应付职工薪酬	发上月工资			79,821.45		8,378.55	
1	10			管理费用	王涛报业务招待费			200.00		8,178.55	
1	13			银行存款	提备用金	2,000.00				10,178.55	
1	21			管理费用	张逆行报001车辆费			3,897.36		6,281.19	
1	31			销售费用	李永通报业务电话费			205.00		6,076.19	
					本月合计					**6,076.19**	

图 6-5 银行存款（库存现金）日记账（三栏式）

登记时，按照收付款凭证的日期、字号、摘要登记账簿的“年月日”“凭证字号”“摘要”栏，“对方科目”栏可以根据记账凭证所列的对方科目登记，它可以说明每笔收入、支出的来源和去向，“借方”“贷方”根据收付款凭证记录的金额登记，每日结出余额。如果是银行存款日记账，除上述栏目外，可以在摘要栏前设置“结算凭证”栏，用以登记结算凭证种类和号数，以便于和银行对账。

2. 多栏式特种日记账

多栏式特种日记账，是指在日记账中分设专栏，用来归集重复发生的同类经济业务，汇总后一次过账或者提供某些分析资料的特种日记账。格式如图 6-6 所示。

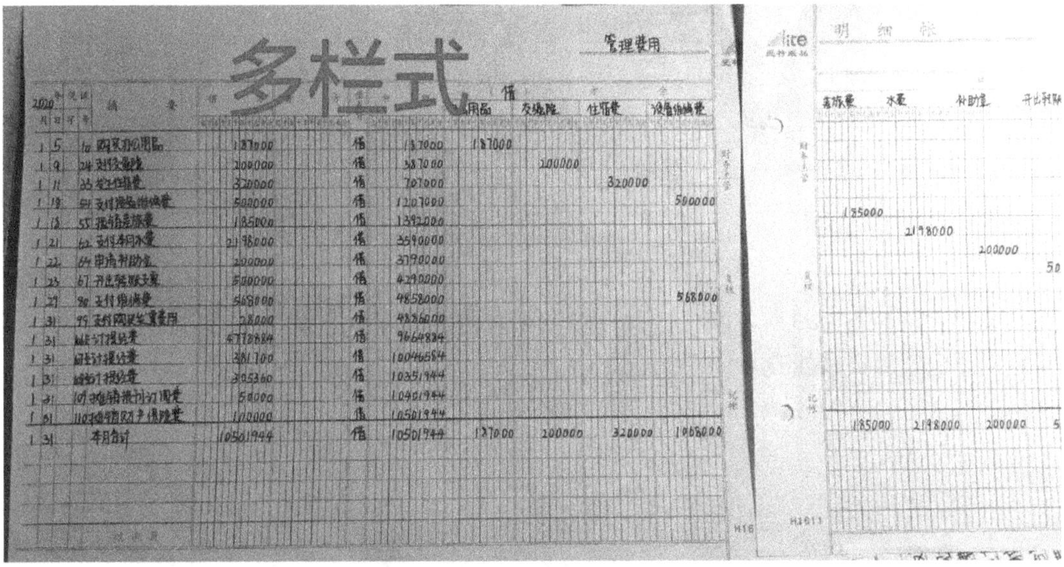

图 6-6　银行存款日记账（多栏式）

登记多栏式特种日记账时，按照对应账户贷方、借方分栏登记；到月末结账时，分栏加计发生额，通过汇总及一次过账大大减少了过账工作量；提供某些明细资料供分析之用，有助于提高经济管理水平。

6.3.2　总分类账簿的格式与登记

1. 三栏式总账

总分类账通常采用“借方”“贷方”“余额”三栏式订本账页。总分类账可以依据记账凭证逐笔登记，也可以将一定时期的记账凭证编制为科目汇总表或者汇总记账凭证后，再据以登记总账。各单位具体采用哪种会计核算形式，每隔几天登记一次总账，应该根据本单位实际情况自行确定。三栏式总账账页格式，如表 6-4 所示。

登记总账时，账页中的年月日、凭证字号、摘要、金额、方向必须与记账凭证或者汇总记账凭证或者科目汇总表记载的内容一致。期末需要结出余额，并须与所属明细账户余额合计数相等。

表 6-4 总账(三栏式)

年		凭证		摘要	对应账户贷方				存款借方合计	对应账户借方				存款贷方合计	余额
月	日	字	与		主营业务收入	应收账款	其他			原材料	应付账款	其他			
							账户名称	金额				账户名称	金额		

2. 多栏式总账

多栏式总分类账将所有的账户合设在一张表格或者账页上，根据记账凭证汇总后的数字定期登记。其格式如表 6-5 所示。

表 6-5 总账(多栏式)

物资（材料）明细帐

库
区
架
层
位 层 最高储备量____ 最低储备量____ 存放地点____

总 页
页 数
编 号 计量单位
名称及规格

08年		凭证号数	摘要	借方												贷方												结存											
月	日			数量	单价（元）	金额									√	数量	单价（元）	金额									√	数量	单价（元）	金额									√
						百	十	万	千	百	十	元	角	分				百	十	万	千	百	十	元	角	分				百	十	万	千	百	十	元	角	分	
1	2													0												0		10986	0.83				9	1	1	8	3	8	
	3													0		150	20.00				3	0	0	0	0	0		10836	0.56				6	1	1	8	3	8	
	4			200.00	0.57					1	1	4	0	0												0		11036	0.56				6	2	3	2	3	8	
	5													0												0												0	
	6													0												0												0	
	7													0												0												0	
	8													0												0												0	
	9													0												0												0	
	10													0												0												0	

6.3.3　明细分类账簿的格式与登记

1. 三栏式明细账

三栏式明细账页的格式与总账、日记账的三栏式账页格式基本相同，只设了“借方”“贷方”“余额”三个金额栏，没有数量、单价栏。这种格式适用于那些只需要进行金额核算而不需要进行数量核算的明细核算，如“应收账款”“应付账款”等债权、债务结算科目的明细核算。具体格式如表 6-6 所示。

三栏式明细账为活页账，使用时根据总账科目所属的明细科目开设账户，一个明细科目占一页或者几页，登记时必须以审核无误的记账凭证为依据，依次登记“年月日”“凭证字号”“摘要”“金额”等内容，随时结出余额，以便于与往来单位核对债权、债务。

表 6-6　明细账(三栏式)

明细账　　总页　　分页

明细科目名称　　户名

年		记账凭证编号	摘要	借方											贷方											借或贷	余额											√
月	日			亿	千	百	十	万	千	百	十	元	角	分	亿	千	百	十	万	千	百	十	元	角	分		亿	千	百	十	万	千	百	十	元	角	分	

2. 数量金额式明细账

数量金额式明细账页格式是在三栏式基础上演变而来的，它在“借方”“贷方”“余额”三栏内，再分别设有“数量”“单价”“金额”三栏。这种格式的账页适用于既要进行金额核算，又要进行实物数量核算的各种财产物资明细核算，如“原材料”“库存商品”等账户的明细核算，它能提供各种财产物资收、发、存的详细资料，便于开展业务和加强管理。具体格式见表 6-7。

数量金额式明细账为活页账，使用时根据总账科目所属的明细科目开设账户，一个明细科目占一页或者几页，登记时必须以审核无误的记账凭证为依据，依次登记“年月日”“凭证字号”“摘要”“数量”“金额”等内容，随时结出余额，以便于与实际库存核对。

表 6-7 明细账

年		凭证号数	摘要	账页	借方											贷方											结存											稽核
					数量	单价	金额									数量	单价	金额									数量	单价	金额									
月	日						百	十	万	千	百	十	元	角	分			百	十	万	千	百	十	元	角	分			百	十	万	千	百	十	元	角	分	

3. 多栏式明细账

多栏式明细账是根据经济业务的特点和经营管理的需要，在一张账页内按照有关明细科目或者明细项目分设若干专栏，用以在同一张账页上集中反映各有关明细科目或者明细项目的金额，这种格式适用成本、费用、收入、利润的明细核算，如"生产成本""制造费用""管理费用""本年利润"等科目的明细分类核算。多栏式明细账按不同情况可分为借方多栏（格式如表 6-8 所示）、贷方多栏（格式如表 6-9 所示）和借贷方均多栏（格式如表 6-10 所示）。

以借方多栏为例，实际使用时，在"借方"下面的空栏里填上有关明细科目或者明细项目名称，登记时要根据记账凭证记载的"年月日""凭证字号""摘要"等内容依次填列，金额填在相应明细科目栏内，若为冲销凭证，应在相应栏内用红字登记金额，表示冲减，期末结转时按照结转金额登记在对应的"贷方"或者"借方"栏内，余额为未结转金额。

表 6-8 管理费用明细账

年		凭证		摘要	借方							贷方	余额
年	日	字	号		办公费	差旅费	邮电费	折旧费			合计		

表 6-9　主营业务收入明细账

年		凭证		摘要	借方	贷方							余额
年	日	字	号			甲产品	乙产品	丙产品				合计	

表 6-10　应交税金——应交增值税明细账

年		凭证		摘要	借方				贷方				余额
年	日	字	号		进项税	已交税		合计	销项税	退税	进项转出	合计	

6.3.4　总分类账和明细分类账的平行登记

总分类账户和明细分类账户，二者登记的经济业务相同、登记的依据相同，但反映经济业务的详细情况不同、作用不同，因此在核算中对二者要进行平行登记。平行登记是指经济业务发生后，根据会计凭证一方面登记有关总分类账户，另一方面又要登记该总分类账户所属的各有关明细账户的一种登记方法。

1. 平行登记的要点

（1）同时登记。对同一笔经济业务，在同一会计期内，既要记入有关的总分类账户，又要记入它所属有关明细分类账户，不能漏记或重记。

（2）方向相同。总分类账户登记在借方，明细分类账户也登记在借方；总分类账户登记在贷方，明细分类账户也登记在贷方。

（3）金额相等。总分类账户中登记的金额与其所属的明细分类账户中登记的金额要相等。如果总分类账户同时涉及几个明细分类账户，则在总分类账户中登记的金额与其所属的明细分类账户中登记的金额之和要相等。

2. 平行登记结果检验

总分类账户与其所属的明细分类账户之间存在的数量关系，用公式表示如下：

总分类账户期初余额=所属明细分类账户期初余额

总分类账户本期发生额=所属明细分类账户本期发生额

总分类账户期末余额=所属明细分类账户期末余额

3. 平行登记举例

（1）某公司 5 月初应收账款总账科目余额 300 000 元，所属明细科目 A 公司 100 000 元，B 公司 200 000 元。

（2）5 月 8 日收回 A 公司欠款 50 000 元。单位编制会计凭证如下（以会计分录代替）：

借：银行存款　　50 000

　贷：应收账款——A 公司　　50 000

（3）5 月 18 日收到 B 公司欠款 150 000 万元。单位编制会计凭证如下（以会计分录代替）：

借：银行存款　　150 000

　贷：应收账款——B 公司　　150 000

（4）期末应收账款总账科目余额 200 000 元，所属明细科目 A 公司 150 000 元，B 公司 50 000 元。

应收账款总分类账户及其所属明细分类账户登记及核对如表 6-11~表 6-14 所示。

表 6-11　应收账款总账

2008 年		凭证		摘要	借方									贷方									借或贷	余额								
月	日	字	号		百	十	万	千	百	十	元	角	分	百	十	万	千	百	十	元	角	分		百	十	万	千	百	十	元	角	分
4	30			累计																			借		3	0	0	0	0	0	0	0
5	8	收	1	收到 A 公司货款												5	0	0	0	0	0	0	借		2	5	0	0	0	0	0	0
	18	收	11	收到 B 公司货款											1	5	0	0	0	0	0	0	借		1	0	0	0	0	0	0	0
	25	转	4	销售产品		1	0	0	0	0	0	0	0										借		2	0	0	0	0	0	0	0
				本月合计		1	0	0	0	0	0	0	0		2	0	0	0	0	0	0	0	借		2	0	0	0	0	0	0	0

表 6-12　A 公司应收账款明细账

户名：A 公司　　页

2008 年		凭证		摘要	借方								贷方								借或贷	余额							
月	日	字	口		十	万	千	百	十	元	角	分	十	万	千	百	十	元	角	分		十	万	千	百	十	元	角	分
4	30			承前页																	借	1	0	0	0	0	0	0	0
5	8	收	1	收到 A 公司前欠款										5	0	0	0	0	0	0	借		5	0	0	0	0	0	0
	25	转	4	销售产品	1	0	0	0	0	0	0	0									借	1	5	0	0	0	0	0	0

表 6-13　B 公司应收账款明细账

户名:B 公司　　页

2008 年		凭证		摘　要	借　方								贷　方								借或贷	余　额							
月	日	字	口		十	万	千	百	十	元	角	分	十	万	千	百	十	元	角	分		十	万	千	百	十	元	角	分
4	30			承前页																	借	2	0	0	0	0	0	0	0
5	18	收	11	收到 B 公司前欠款									1	5	0	0	0	0	0	0	借		5	0	0	0	0	0	0

表 6-14　应收账款总分类账与明细分类账对照表

账户名称	月初余额		本期发生额		期末余额	
	借方	贷方	借方	贷方	借方	贷方
A 公司明细账	100 000		100 000	50 000	150 000	
B 公司明细账	200 000			150 000	50 000	
总分类账	300 000		100 000	200 000	200 000	

6.3.5　备查账簿的格式

有些会计事项,在日记账和分类账中无法记录反映,但管理上要求加以控制和掌握,这时候需要通过备查账簿来记录反映。备查账簿是一种补充登记的账簿,设置的目的是为某些经济业务的内容提供必要的补充资料。它没有统一格式,各单位可根据实际工作需要设置。常见的备查账簿有空白凭证领用备查簿、租入固定资产备查簿等,格式如表 6-15、表 6-16 所示。

表 6-15　空白凭证领用备查簿

购入日期	凭证类型	起止号码	领用日期	领用人	领用号	交回记录

表 6-16　租入固定资产备查簿

资产名称	规格	合同号	租出单位	租入日期	租期	租金	使用地点	备注

6.4 错账查找与更正

6.4.1 错账查找

1. 错账原因

在对账过程中,可能发生各种各样的差错,影响会计信息的正确性。导致错账的原因是多种多样的,概括起来主要包括以下几种。

1)记账方向错误

记账时,在账簿中借方与贷方的记载颠倒,把借方记成贷方或把贷方记成借方。如果把应记的红字的数字误记为蓝字,或把应记的蓝字数字误记为红字,这也属于记账方向错误。

2)漏记

记账时将某一凭证的金额遗漏未记入账簿。

3)重记

将已经登记入账的金额,又重复记入账簿。

4)记错科目

记账时"张冠李戴",如将库存现金记入银行存款科目。

5)数字位数移位

记账时将数字位数移动,即以大写小(少写 1 个或几个"0")或以小写大(多写 1 个或几个"0")。例如将"100"写成"10",或将"10"写成"100"等。

6)数字位数颠倒

记账时,将某一数字中相邻的两位颠倒登记入账。如将"12"写成"21";"123"写成"132"等。

7)结账时计算错误

结账时发现数字算错,余额记错,从而导致不符。

8)其他不规则错误。

2. 错账查找

发现差错,会计人员应及时查找并予以更正。常见的差错查找方法有以下几种。

1)顺查法

即按照原来账务处理的顺序从头到尾进行普遍查找的方法。主要用于期末对账簿进行的全面核对和不规则的错误查找。对于查过的账目要在数字旁边打"√"或做其他记号,以免重复查找。

2)逆查法

即与原来账务处理的顺序相反,从尾到头地普遍检查的方法。如果会计人员认为错误可能出在当天最后几笔业务或者当月最后几天的业务上,那么,按照这样倒过来的顺序查找,有时可以事半功倍。

3)抽查法

是指抽取账簿记录当中的某些部分进行局部检查的方法。当发现账簿记录有差错,会计人员可根据差错的具体情况从账簿中抽查部分内容，而不必核对全部内容。例如，差错数字只在角位、分位，或者只是整数百位、千位，就可以缩小查找范围，专门查看角位、分位或者百位、千位的数字，其他的数字不必一一检查。

4）偶合法

除此之外，在错账的查找中，经常使用偶合法。所谓偶合法，即根据账簿记录差错中最常见的规律，根据差错的情况来推测差错原因进而查找差错的一种查找方法。本法适用于借贷一方漏记或重记，主要用来查找带有规律性原因造成的差错。如果整张凭证漏记或重记，只能用顺查法、逆查法。偶合法具体包括以下几种。

（1）差数法。如会计人员推测可能是漏记、重记的差错，可用“差数法”，即根据核对不相符的差额进行查找。如明细账余额比总账余额少 300 元，会计人员推断可能是漏记了一笔 300 元的凭证，则可以查找金额为 300 元的凭证。如多 300 元，则推测属于重记，则同样可查找是否将金额为 300 元的凭证重复登记。

（2）二除法。如账簿中反映的错误差额是偶数，会计人员应首先推测可能是记账方向发生错误，则可用“二除法”，即用不相符的差数除以 2，如被除尽，得出的商数就是账中记账方向的反方向数字，然后再到账目中去寻找差错的数字就有了一定的目标。例如，其他应收款借贷方相差 1 640 元，会计人员初步推测可能是记账方向错误，则将 1 640 除以 2 得出 820，然后从账簿记录中查找金额为 820 的记录进行核对即可。

（3）九除法。如账簿中反映的错误差额是 9 的倍数，会计人员则推测可能是数字位置颠倒或数字位数移位造成的差错，可用“九除法”，即用不相符的差数除以 9，如被除尽，然后根据得出的商数，检查是否有相同数字移位，如无相同数则考虑为相邻两个数字颠倒。

①数字移位。在查找错误时，如果差错的数额较大，就应该检查一下是否在记账时发生了数字移位。在登记账目时，会计人员有时会把位数看错，把十位数看成百位数，百位数看成了千位数，把小数看大了；也可能把百位数看成十位数，千位数看成百位数，把大数看小了。这种情况下，差错数额一般比较大，可以用除 9 法进行检查。如将 70 元看成了 700 元并登记入账，此时在对账时就会出现余额差 700−70=630（元），用 630 元除以 9，商为 70 元，70 元就是应该记录的正确的数额。又如收入现金 800 元，误记为 80 元，对账结果会出现 800−80=720（元）差值，用 720 元除以 9，商为 80 元，商数即为差错数。

如推测可能是移动两位数字造成的差错，比如将 10 写成了 1000 或者将 1000 写成 10，可用“九九除法”，即以不相符的差数除以 99，如能除尽，然后根据商数去查找。

②相邻数字颠倒。记账时往往会将某一组数字的几个数字颠倒，如将 12 345 误记为 12 354，差额为 9，或将 12 345 误记为 12 435，差额为 90。数字错误的特征是：a. 差数是 9 的倍数；b. 差额数码相加之和是 9；c. 被颠倒的两个数码之差，是差额除以 9 所得商的非零部分数字。如果发现上述情况，说明数字可能颠倒。再根据差额数字分析数字颠倒的可能性，有目的地对某些数字进行重点查对。

6.4.2　错账更正

在记账过程中，可能由于种种原因会使账簿记录发生错误。对于账簿的记录错误，不准涂改、挖补、刮擦或者用药水消除字迹，也不准重新抄写，必须根据错误的具体情况，采用正确的方法予以更正。常用的方法有以下三种。

1. 画线更正法

画线更正法一般适用于记账凭证填制正确，因账簿中文字或者数字的笔误所引起的账簿记录错误。在记账时或结账前，如果发现以上错误，应将错误的文字或者数字画红线注销，但必须使原有字迹仍可辨认；然后将正确的文字或者数字用蓝笔写在画线处的上方，并由记账人员在更正处盖章。对于错误的文字可只注销错误的部分；对于错误的数字，则应当全部注销更正，不得只注销、更正其中的个别数字。例如，把"5 540"错记为"5 450"时，必须将错误的数字"5 450"全部用红线划掉，再在画线上方写上正确的数字"5 540"，不能只画掉其中的"45"再订正为"54"。

2. 红字更正法

红字更正法又叫赤字冲账法，是用红字冲销或冲减原记数，以更正或调整账簿记录的一种方法，一般适用于以下情况。

（1）记账后，发现记账凭证中会计科目使用有误，或借贷方向有误，导致账簿记录错误。对于这种账簿错误，其更正的方法是：先用红字填制一张与原错误记账凭证相同内容、相同金额的记账凭证，在记账凭证摘要栏内注明"注销 × 月 × 日第 × 号凭证"，并据以登记入账，冲销原有账簿的错误记录；然后用蓝字填制一张正确的记账凭证，在摘要栏内注明"订正 × 月 × 日第 × 号凭证"，并据以入账，这样，原有的错误记录便得以更正。

例如：某企业用银行存款 5 000 元支付短期存款利息。企业会计所作记账凭证（以会计分录代替，以下相同）为：

借：管理费用　　5 000

　贷：银行存款　　5 000

以上错误是由于用错会计科目而导致的。为此应先用红字金额填制一张与原错误记账凭证相同的记账凭证，并据以登记入账，以冲销原有错误的账簿记录。冲销分录为：

借：管理费用　　<u>5 000</u>

　贷：银行存款　　<u>5 000</u>

然后再填制一张正确的记账凭证，并据以登记入账。正确的分录为：

借：财务费用　　5 000

　贷：银行存款　　5 000

上述有关账户的更正记录，如图 6-7 所示。

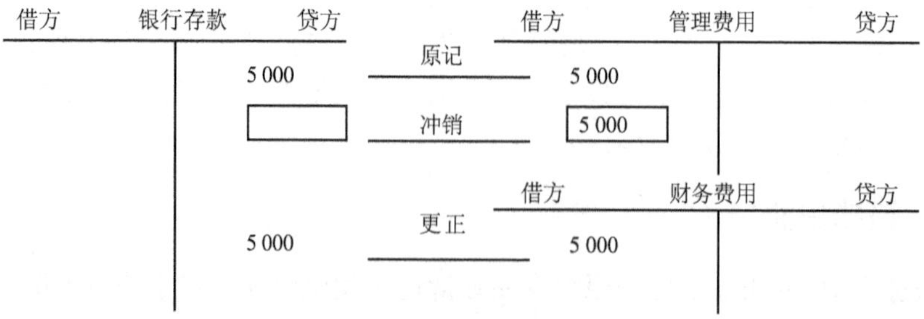

图 6-7　有关账户的更正记录

（2）记账后，发现原记账凭证中应借、应贷的会计科目虽无错误，但记账凭证和账簿记录的金额大于应记金额。这种账簿记录错误的更正方法是：将多记金额用红字填制一张与原错误记账凭证相同的记账凭证，在摘要栏内注明“注销 × 月 × 日第 × 号凭证多记金额”，并据以登记入账，以冲销多记的金额，使错账得以更正。

例如：某企业收到销售收入 90 000 元，填制记账凭证时，单位会计误将金额记为 900 000 元，多记金额 810 000 元，并登记入账。企业会计所作记账凭证为：

借：银行存款　　900 000

　贷：主营业务收入　　900 000

发现上述错误后，将多记金额 810 000 元用红字填制一张记账凭证，并据以登记入账，将

多余金额冲销，使错账得以更正。冲销会计分录为：

借：银行存款　　810 000

　贷：主营业务收入　　810 000

以上账户的更正记录，如图 6-8 所示。

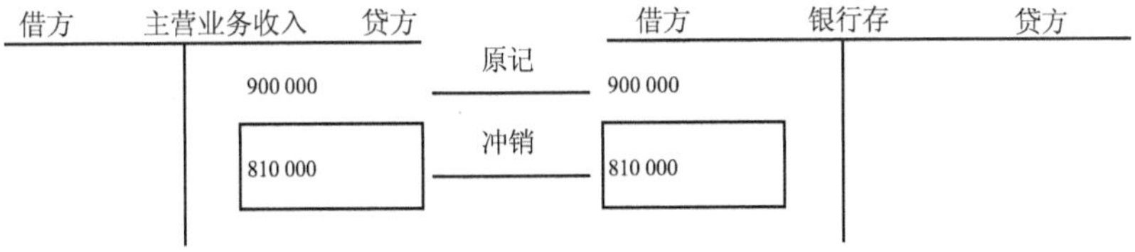

图 6-8　账户的更正记录

3. 补充登记法

记账之后，如果发现记账凭证中应借、应贷的会计科目并无错误，只是记账凭证和账簿记录金额小于应记金额，这种错误应使用补充登记法进行更正。其更正方法是：将少记金额用蓝字填制一张与原错误记账凭证相同的记账凭证，在摘要栏内注明“补充 × 月 × 日第 × 号凭证少记金额”，并据以登记入账，补足原少记金额，使错账得以更正。

例如：某企业回收前期应收货款 10 000 元存入银行，在填制记账凭证时误将金额记为 1 000 元，并登记入账。原会计分录为：

借：银行存款　　1 000

　贷：应收账款——A 企业　　1 000

上述处理会计科目无误，金额少计，应按照少记金额 9 000 元用蓝字填制一张记账凭证，并据以登记入账。补充会计分录为：

借：银行存款　　9 000

　贷：应收账款——A 企业　　9 000

这样，账簿记录的错误就得到了更正，如图 6-9 所示。

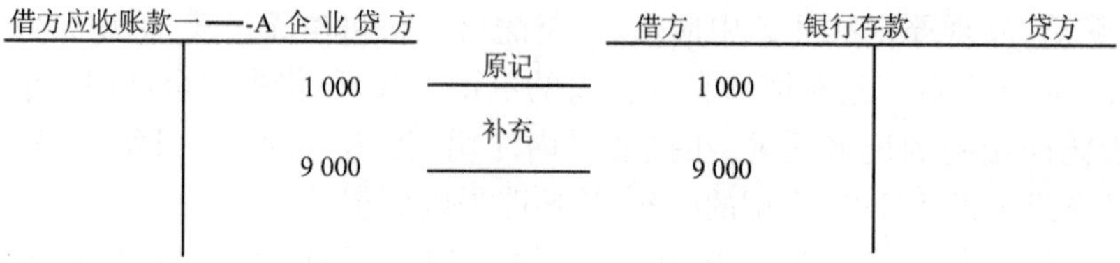

图 6-9 账户为更正记录

红字更正法和补充登记法都是用来更正因记账凭证错误而产生的记账差错。如果记账凭证本身没有错误,只是登记入账时发生错误,应该使用画线更正法。因为记账必须以凭证为依据,如果记账凭证没有错误,仅账簿记录发生错误,只需要对照记账凭证将账簿的错误记录画线订正即可;如果记账凭证出现错误,无论是会计科目的错误,还是金额的错误,都需要重新填制记账凭证,或注销订正,或冲销补充,并需要根据新填制的记账凭证登记入账,才能将原有的错误纠正过来。

错账查找是一项非常复杂和细致的工作,因此在日常工作中,要求会计人员必须有高度的责任感,尽可能地减少差错,同时要熟练掌握会计制度规定,不断提高技术水平和技能,记一笔复核一笔,减少和防止差错发生,提高核算水平。

6.5 对账和结账

1. 对账

对账是指会计核算中对账簿记录所进行的核对工作。账簿记录的正确与真实可靠,不仅取决于账簿本身,还涉及账簿与凭证的关系、账簿记录与实际情况是否相符等,因此要建立定期对账制度,在结账之前和结账过程中,把账簿记录的有关数字与库存实物、货币资金、有价证券、往来单位或者个人等进行相互核对。通过对账可以保证各种账簿记录的真实与完整,有利于做到账证相符、账账相符、账实相符。对账工作每年至少进行一次。对账的主要内容有以下几点。

(1)账证核对。核对账簿记录与原始凭证、记账凭证的时间、凭证号数、内容、金额是否一致,记账方向是否相符。这是保证账账相符、账实相符的基础。账证核对工作平时是通过编制凭证和记账中的“复核”环节进行的,在结账时,如果发现有疑问之处,须追根溯源,进行重点抽查与核对。

(2)账账核对。核对不同会计账簿记录是否相符。主要包括以下几个方面的核对工作。

①总分类账各账户本月借方发生额合计数与贷方发生额合计数是否相等。

②总分类账各账户余额与其所属明细账户余额合计数是否相等。

③现金日记账和银行存款日记账的余额与总分类账该账户余额是否相等。

④会计部门的财产物资明细账与财产物资保管和使用部门的明细账记录是否相等。

(3)账实核对。核对财产物资的账面余额与实际库存数额是否相符。主要包括以下几方面的核对工作。

①现金日记账账面余额与现金实际库存数每日互相核对。

②银行存款日记账账面余额与开户银行对账单相互核对，每月至少核对一次。

③各种材料、物资明细分类账账面余额与材料、物资实存数相核对，至少每年核对一次。

④各种应收、应付款明细分类账账面余额与有关债权、债务单位或者个人的账目定期核对。

2. 结账

结账是指按照规定把一定时期(月份、季度、半年度、年度)内所发生的经济业务在全部登记入账的基础上，将各种账簿结出本月发生额和期末余额，以便根据账簿记录编制会计报表。结账工作主要包括以下内容。

(1)结账前，必须将本期内所发生的各项经济业务全部登记入账，既不能提前结账，也不能将本期发生的经济业务拖延至下期入账。

(2)按照权责发生制原则调整和结转账项。本期内所有转账业务，应编制成记账凭证登记入相关账簿，正确确定本期收入和费用。例如，已销产品的实际成本，应结转记入“主营业务成本”等。

(3)编制记账凭证结转本期各项收入和成本费用。将本期的各项收入和各种成本费用从原来账户转入“本年利润”账户的贷方和借方，以便计算确定本期的财务成果。

(4)结计本期发生额和期末余额。在本期全部经济业务登记入账的基础上，应当结计现金日记账、银行存款日记账、总分类账各账户和各明细分类账账户的本期发生额和期末余额。平时只需要结出当月发生额，应当在摘要栏内注明“本月合计”字样，并在下面画通栏单红线。年末需要结计本年累计发生额，应当在摘要栏内注明“本年累计”字样，并在下面画通栏双红线。实际工作中应注意做好以下几点。

①对不需要按月结计本期发生额的账户，如各项应收款明细账和各项财产物资明细账等，每次记账以后，都要随时结出余额，每月最后一笔余额就是月末余额。月末结账时，只需要在最后一笔经济业务记录之下画一单红线，不需要再结计一次余额。

②现金、银行存款日记账和需要按月结计发生额的收入、费用等明细账，每月结账时，要在最后一笔经济业务记录下面画一单红线，结出本月发生额和余额，在摘要栏内注明“本月合计”字样，在下面再画一通栏单红线。

③需要结计本年累计发生额的某些明细账户，如主营业务收入、成本明细账等，每月结账时，应在“本月合计”下一栏内结计自年初起至本月末止的累计发生额，在摘要栏内注明“本年累计”字样，并在下面再画一通栏单红线。12月末的“本年累计”就是全年累计发生额，全年累计发生额下画通栏双红线。

④总账账户平时只需要结计月末余额。年终结账时，为了全面反映全年各项资产、负债及所有者权益增减变动的全貌，便于核对账目，要将所有总账账户结计全年发生额和年末余额，在摘要栏注明“本年累计”字样，并在累计数下画通栏双红线。

⑤需要结计本月发生额的某些账户，如果本月只发生一笔经济业务，结账时只要在此行记录下画一通栏单红线，表示与下月的发生额分开就可以，不需要另外结出“本月合计”数。

(5)年终要把各账户余额结转到下一会计年度，并在摘要栏注明“结转下年”字样；在下一会计年度新建有关会计账簿的第一行余额栏内填写上年度结转的余额，并在摘要栏注明“上年结转”字样，不需要另外编制记账凭证。

6.6 账簿的更换与保管

6.6.1 账簿的更换

一般来说,库存现金日记账、银行存款日记账、总分类账和大多数明细账应每年更换一次。但有些财产物资明细账和债权、债务明细账、固定资产卡片账等,由于涉及材料品种、规格和往来单位较多,更换新账,重抄一遍工作量较大,或因变化不大,可以跨年度使用,不必每年更换一次,各种备查账簿也可以连续使用。各种需要更换的账簿,在年度终了时,将有余额的账户的余额直接记入新账余额栏内,具体操作是:在本年有余额的账户的年末余额下一行的"摘要"栏内注明"结转下年"字样;在更换新账时,注明各账户的年份,在第一行"日期"栏内写明 1 月 1 日;"记账凭证"栏空置不填,并注明余额的借贷方向。

6.6.2 账簿的保管

各种账簿与会计凭证,都必须按照会计制度统一规定的保存年限妥善保管,不得丢失和随意销毁。保管期满后,还要按规定的审批程序经批准以后,才能销毁。账簿是重要的会计档案。因此,账簿的保管既要安全、完整,又要保证需用时能迅速查到。为此,会计人员必须在年度结束以后,将各种活页式账簿连同账簿启用和经管人员一览表一起装订成册,加上封面,统一编号,与各种订本式账簿一起归档保管。账簿借出时,应当办理有关手续,并如期归还。

【练习题】

一、单向选择题

1. 能够总括反映企业某一类经济业务增减变动的会计账簿是(　　)。

A. 总分类账　　B. 两栏式账　　C. 备查账　　D. 序时账

2. 日记账的最大特点是(　　)。

A. 按现金和银行存款分别设置账户

B. 可以根据现金和银行存款的每日发生额来记录

C. 可以提供现金和银行存款的每日静态、动态资料

D. 逐日逐笔顺序登记并随时结出当日余额

3."应收账款"明细账的格式一般采用(　　)。

A. 数量金额式　　B. 多栏式　　C. 订本式　　D. 三栏式

4. 多栏式明细账格式一般适用于(　　)。

A. 债权、债务类账户　　B. 财产、物资类账户

C. 费用成本类和收入成果类账户　　D. 货币资产类账户

5."原材料"明细账的格式一般采用(　　)。

A. 数量金额式　　B. 订本式　　C. 三栏式　　D. 多栏式

6. 经济业务按发生时间的先后顺序逐日逐笔进行登记的账簿是(　　)。

A. 总分类账簿　B. 序时账簿　C. 备查账簿　D. 明细分类账簿

7. 会计人员在填制记账凭账时,将 650 元错记为 560 元,并且已登记入账,月末结账时发现此笔错账,更正时应采用的便捷方法是(　　)。

A. 画线更正法　B. 红字更正法　C. 补充登记法　D. 核对账目的方法

8. 如果发现记账凭证所用的科目正确,只是所填金额大于应填金额,并已登记入账,应采用(　　)更正。

A. 画线更正法　B. 红字更正法　C. 平行登记法　D. 补充登记法

9. 总分类账通常采用(　　)账簿。

A. 订本式　B. 活页式　C. 多栏式　D. 数量金额式

10. 不可以采用三栏式账页的有(　　)。

A. 总账　B. 应付账款明细账　C. 现金日记账　D. 原材料明细账

11. 记账后,如果发现记账错误是由于记账凭证所列会计科目或金额有错误引起的,可采用(　　)。

A. 红字更正法　B. 画线更正法　C. 补充登记法　D.A、B 均可

12. 用转账支票归还欠 A 公司货款 50 000 元,会计人员编制的记账凭证为:借记应收账款 50 000 元,贷记银行存款 50 000 元,审核并已登记入账,该记账凭证(　　)。

A. 没有错误　B. 有错误,使用画线更正法更正

C. 有错误,使用红字更正法更正　D. 有错误,使用补充登记法更正

13. 下列项目中,(　　)是连接会计凭证和会计报表的中间环节。

A. 复式记账　B. 设置会计科目和账户

C. 设置和登记账簿　D. 编制会计分录

二、多项选择题

1. 对账的内容有(　　)。

A. 账实核对　B. 账证核对　C. 账账核对　D. 表表核对

2. 总分类账与明细分类账的平行登记要点,有(　　)。

A. 依据相同　B. 期间相同　C. 金额相同　D. 方向相同

3. 在会计账簿登记中,可以用红色墨水记账的有(　　)。

A. 更正会计科目和金额同时错误的记账凭证

B. 登记减少数

C. 未印有余额方向的,在余额栏内登记相反方向数额

D. 更正会计科目正确但金额多记的记账凭证

4. 必须采用订本式账簿的有(　　)。

A. 原材料明细账　B. 现金日记账　C. 银行存款日记账　D. 应付账款明细账

E. 总分类账

5. “红字更正法”适用于(　　)。

A. 记账前,发现记账凭证上的文字或数字有误

B. 记账后,发现原记账凭证上应借、应贷科目填错

C. 记账后,发现原记账凭证上所填金额小于应填金额
D. 记账后,发现原记账凭证上所填金额大于应填金额
E. 账簿上数字计算错误
6. 下列错误中,可以通过试算平衡发现的有(　　)。
A. 借方发生额大于贷方发生额　　B. 应借应贷科目颠倒
C. 借方余额小于贷方余额　　D. 漏记一项经济业务
E. 重记一项经济业务
7. 对账的主要内容有(　　)。
A. 账簿资料的内外核实　　B. 账证核实
C. 账账核对　　D. 账实核对
8. 三栏式明细账格式适用于(　　)。
A. "应收账款"明细账　　B. "生产成本"明细账
C. "应付账款"明细账　　D. "制造成本"明细账
9. 下列项目中,可以采用数量金额式格式的是(　　)。
A. 银行存款日记账　　B. 应收账款明细分类账
C. 库存商品明细分类账　　D. 材料明细分类账

三、判断题

1. 现金日记账的借方是根据收款凭证登记的,贷方是根据付款凭证登记的。(　　)
2. 明细分类账一般是根据记账凭证直接登记,但个别明细分类账可以根据原始凭证登记。(　　)
3. 总账只进行金额核算,提供价值标准,不提供实物指标;而明细账有的只提供价值指标,有的既提供价值指标,又提供实物指标。(　　)
4. 多栏式明细账格式适用于有关费用、成本和收入、成果等科目。(　　)
5. 会计人员根据记账凭证登记时,误将2 000元记为200元,更正这种错误应采用红字更正法。(　　)
6. 在会计核算中,红笔一般只在画线、改错,冲账和表示负数金额时使用。(　　)
7. 三栏式账簿一般适用于费用、成本等明细账。(　　)
8. 总分类账必须采用订本式的三栏式账本。(　　)
9. 任何单位,对账工作每年至少进行一次。(　　)
10. 更换新账簿时,如有余额,则在新账簿中的第一行摘要栏内注明"上年结转"。(　　)

【技能训练】

一、训练目的

练习日记账的登记方法。

二、训练资料

瑞发公司 2023 年 1 月份“库存现金”及“银行存款”账户期初余额分别为 1 000 元和 250 000 元，该公司 1 月份发生下列业务。

（1）1 日，以银行存款 10 000 元购进 A 材料，增值税 1 700 元。

（2）5 日，从银行提取现金 5000 元。

（3）8 日，以现金支付王芳预借差旅费 1 000 元。

（4）12 日，以现金 360 元购一批办公用品。

（5）16 日，王芳报销差旅费 900 元，交回多余现金 100 元。

（6）20 日，销售原材料一批收入现金 5 200 元，当日送存银行。

（7）23 日，收到上月 A 公司欠销货款 125 000 元存入银行。

（8）26 日，销售一批产品，销售收入 100 000 元，增值税 17 000 元，款项存入银行。

（9）29 日，以银行存款 200 000 元归还上月欠购货款。

三、训练要求

根据上述经济业务编制收款凭证、付款凭证。

项目七　财产清查

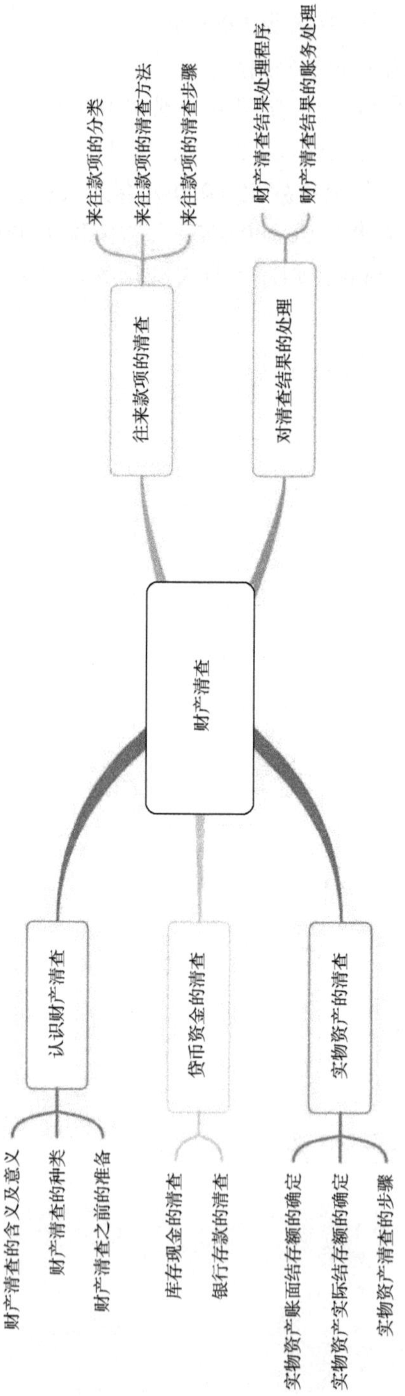

思维导图

7.1 认识财产清查

7.1.1 财产清查的含义及意义

1. 财产清查的含义

会计真实性原则要求,在经济管理工作中会计核算应该严格按照规定的程序记账、算账、报账,客观地反映实际业务的发生情况,真实地记录企业财产物资的增减变动和结余情况,以提供真实可靠的会计资料。但在实际工作中,由于主观和客观等多方面的原因,各项财产物资的账存数额与实存数额会发生差异,从而影响到会计核算工作的质量,导致会计信息失真。解决账实不符问题的关键是要进行财产清查。

所谓财产清查就是指对企业单位的各项财产物资、货币资金以及债权、债务进行盘点和核对,以查明各项财产物资、货币资金及往来款项的实存数,并与账面数进行核对,从而确定账实是否相符的一种专门方法。

2. 财产清查的意义

财产清查是会计核算中必不可少的一个环节,同时它也是财产物资管理制度的一个重要组成部分,在实际工作中具有重要的意义。

(1)保证账实相符和会计信息的真实可靠。通过财产清查,可以确定各项财产物资、货币资金及往来款项的实存数,将实存数与账存数进行对比,找出差异,然后确定盘盈、盘亏并及时调整账簿记录做到账实相符,以保证账簿记录的正确和真实,从而为经济管理提供可靠的数据资料。

(2)保护财产的安全和完整。通过财产清查可以及时查明各项财产物资是否完整无缺,有无毁损、短缺、变质等情况的发生,以及各项物资保管是否妥善安全等,以便能够及时发现问题,研究改进的措施和方法,建立、健全财产物资保管的岗位责任制,消除安全隐患,从而保护财产物资完好无损。

(3)加强资金利用,挖掘财产物资潜力。通过财产清查可以查明各项财产物资盘盈、盘亏的具体原因和相关责任,从而找出财产物资管理过程中存在的问题,以便改善经营管理。同时在财产清查的过程中可以查明各项财产物资的储备、保管和使用情况,查明各项财产物资占用资金的合理程度,以便挖掘各项财产物资的潜力,提高资金使用效率。

(4)完善财产管理制度。通过财产清查,可以及时发现各项财产物资在收入、发出、保管、报废等过程中存在的问题和薄弱环节,有针对性地改进管理办法,完善管理措施,建立健全有关管理制度,提高管理水平。

7.1.2 财产清查的种类

1. 全面清查和局部清查

财产清查按清查对象的范围分为全面清查和局部清查。

全面清查是对全部财产进行盘点和核对。包括库存现金、银行存款等货币资金,房屋与建筑、机器设备、运输设备仪器等固定资产,原材料、在产品、半成品、产成品、商品等流动资产，应收、应付、预收、预付等各项往来款项，委托其他单位加工、保管的材料、商品和物资等。全部清查一般用于以下几种情况。

（1）年终决算前，以确保财务会计报告的真实性。

（2）单位撤销、合并、改变隶属关系或资产重组时，以明确经济责任。

（3）清产核资时，以摸清家底，核准资产，保护财产的安全完整。

局部清查是根据需要对一部分财产物资进行的清查。局部清查范围小，一般适用于以下几种情况。

（1）对于库存现金，每日终了时进行盘点。

（2）对于银行存款，单位至少每月同银行核对一次。

（3）更换单位出纳员或保管员时，需要清查并交接。

（4）对于贵重物资，应经常进行清点。

（5）其他需要局部清查的情况。

2. 定期清查和不定期清查

财产清查按时间分为定期清查和不定期清查。

定期清查是指在规定的时间内对财产进行的清查。它一般是在年末、月末或季末结账前进行。定期清查可以是全面清查，也可以是局部清查。

不定期清查是根据需要所进行的临时性清查。它可以是全面清查，也可以是局部清查，可以有以下几种情况。

（1）单位更换保管员或出纳员时，要对其保管的财产物资或库存现金进行清点，以明确责任。

（2）单位发生意外损失时，要对受损的有关资产进行清查，以查明损失情况。

（3）上级有关部门对本单位进行临时检查时，按检查的要求和范围进行清查，以确保会计资料的真实性。

（4）进行临时性的清产核资、资产评估等情况时，要对本单位的财产进行清查，以摸清家底。

3. 内部清查和外部清查

财产清查按照执行单位不同，可以分为内部清查和外部清查。

内部清查是指由本企业的有关人员组成清查工作组对本企业的财产所进行的清查。这种清查也称为自查，可以是全面清查，也可以是局部清查；可以是定期清查，也可以是不定期清查，应根据实际情况和具体要求加以确定。一般指的财产清查多属于内部清查。

外部清查是指由企业外部的有关部门（例如上级主管部门、审计部门、司法机关、中介机构等）或人员根据国家有关规定和本单位的特殊需要对企业所进行的财产清查。

7.1.3 财产清查之前的准备

财产清查是一项涉及面广、工作量大、细致而又复杂的工作。为保证清查工作顺利完成，在财产清查以前需要做好各项准备工作。

1. 成立清查小组

在进行财产清查时应成立专门的财产清查领导小组，一般由主管领导或总会计师为首，由其他各有关部门一同参加,负责领导和组织财产清查工作。该领导小组的主要任务是:在财产清查前拟定详细的工作计划,确定财产清查的对象和范围等;在财产清查过程中及时掌握工作进度,检查和督促财产清查工作,及时解决财产清查工作中出现的问题;在财产清查工作结束后,写出财产清查工作的总结性书面报告,对财产清查的结果提出处理意见。

2. 进行业务准备

(1)账簿准备。在财产清查之前,要将所有的业务全部登记入账,并结出余额,认真核对账目。在登记账簿的时候应该做到计算正确,内容完整,账证、账账相符,为财产清查提供准确可靠的账存数。

(2)实物准备。清查前,保管人员要整理好财产物资,应将截止到财产清查日为止的各项财产物资的收入与发出办好凭证手续,依据凭证上的记录内容登记有关的账簿,在将全部经济业务登记入账的基础上,结出各科目余额,并与会计部门的有关总分类账、明细分类账核对相符。同时财产物资保管人员应将其所保管的各种财产物资进行整理、排列,堆放整齐,挂上标签,标明品种、规格和结存数量,以便进行实物盘点。

(3)工具准备。财产清查小组的工作人员应组织有关部门准备好各种计量器具,按照国家计量标准准备各种计量工具,减少误差,并印制好各种登记财产清查结果的有关表册。

以上准备工作完成后,就可以着手进行财产清查工作了。

7.2　货币资金的清查

货币资金包括库存现金、银行存款及其他货币资金等。本节对货币资金清查的介绍主要包括库存现金的清查和银行存款的清查两部分。

7.2.1　库存现金的清查

1. 库存现金清查的要求

(1)在库存现金清查前,必须将所有的库存现金业务登记入账,从而使库存现金清查具有准确的依据。

(2)库存现金清查的时间一般以一天业务开始前或一天业务结束后为宜,这样可以方便清查工作,避免由于业务中库存现金的流动为清查带来不便。

(3)库存现金清查方式一般以突击检查为主,从而使清查工作具有一般性,能够及时地发现问题。

(4)库存现金清查必须要有出纳人员在场。出纳人员负责每日清点库存现金实有数额,并与库存现金日记账的余额进行核对。因此,在专门的清查人员进行库存现金清查时,作为相关责任人的出纳人员应该在场。

2. 库存现金清查的程序

对库存现金清查最基本方法是实地盘点法。通过对库存现金的实地盘点,确定库存现金的实有数,与库存现金日记账的余额进行核对,从而查明账实是否相符。具体清查的程序如下。

(1)清查人员要认真审核收付款凭证和账簿记录,检查经济业务是否符合库存现金管理规定，清查人员特别要注意检查企业是否以“白条”或“借据”抵充库存现金。

（2）库存现金盘点结束后，应根据清查人员盘点的结果，填制“库存现金盘点报告表”。“库存现金盘点报告表”是重要的原始凭证，它具有实物财产清查的“盘存单”的作用，又有“实存账存对比表”的作用。“库存现金盘点表”填制完毕，应由盘点人员和出纳员共同签章方能生效。“库存现金盘点表”的具体格式，如表 7-1 所示。

（3）如果清查中出现账实不符的情况，及时找出导致账实不符的原因，并进行相应的会计处理。

表 7-1　库存现金查点报告表

单位名称：　　2023 年 8 月 31 日　　单位：元

实存金额	账存金额	对比结果		备　注
		盘　盈	盘　亏	
1 573	1 600		27	

负责人（签章）：王丽　　盘点人（签章）：李民　　出纳员（签章）：刘峰

7.2.2　银行存款的清查

1. 银行存款清查的要求

（1）在对银行存款清查之前，需要检查与银行存款相关的经济业务是否已全部登记入账。

（2）清查时既要注意对金额的核对，又要注意核对银行结算凭证种类，避免因金额相同而结算凭证不同所导致的对账过程中的错误。

（3）清查时应该注意对未达账项的调整，并编制银行存款余额调节表。

2. 银行存款清查的具体步骤

银行存款的清查应当采用对账单法，就是将企业银行存款日记账同银行送来的对账单逐笔进行核对，以确定双方银行存款账簿收入、支出及其余额记录是否正确。

（1）企业将清查日为止所有银行存款的收、付业务全部登记入账，对发生的错账、漏账应及时查清更正。

（2）清查人员仔细检查、核对银行存款日记账与银行对账单。

（3）确认是否存在未达账项。未达账项是指在企业和银行之间由于会计凭证传递时间的不同，造成双方在记账时间上的不一致，即一方已接到有关结算凭证并已经登记入账，而另一方由于尚未接到有关结算凭证尚未入账的款项。由于未达账项的存在，使得单位银行存款日记账上的余额同银行对账单上的银行存款余额不一致。

未达账项有两大类型：一是企业已经入账而银行尚未入账的款项；二是银行已经入账而企业尚未入账的款项。具体来讲有以下四种情况：一是企业已收款记账，银行未记账的款项；二是企业已付款记账，银行未记账的款项；三是银行已收款记账，企业未记账的款项；四是银行已付款记账，企业未记账的款项。

当产生未达账项时，应该通过编制银行存款余额调节表对未达账项进行调整。银行存款余额调节表是在企业银行存款日记账余额和银行对账单余额的基础上，分别加减未达账项，确定调节后余额。通常调整的方法是企业银行存款日记账余额，加银行已记增加企业未记账事项，减银行已记减少企业未记账事项；银行对账单金额，加企业已记增加银行未记账事项，减企业已记减少银行未记账事项。具体“银行存款余额调节表”的格式，如表 7-2 所示。

表 7-2　银行存款余额调节表

年　　月　　日

项　　目	金　　额	项　　目	金　　额
银行存款日记账余额		银行对账单余额	
加： 银行已记收款，企业未记账 减： 银行已记付款，企业未记账		记： 企业已记收款，银行未记账 减： 企业已记付款，银行未记账	
调节后余额		调节后余额	

如果调节后企业和银行双方余额相符，就说明企业和银行双方记账过程基本正确，不存在账实不符的问题，其调节后余额表示企业可动用的银行存款实际余额。

（4）如果对未达账项调节之后余额仍然不符，那么企业和开户银行双方的记账过程可能存在错误。应该查明错误所在，如果属于开户银行错误，应当由银行核查更正。如果属于企业记账错误，应查明出现错误的原因，并采用正确的方法更正。

【例 7-1】 ××公司 12 月 31 日核对银行存款日记账的余额为 56 000 元，银行对账单的余额为 74 000 元。经逐笔核对发现两者不符的原因是由以下几点造成的。

（1）12 月 28 日企业收销货款 2 000 元，企业已登记入账，而银行未入账。

（2）12 月 29 日企业支付采购原材料的款项 18 000 元，企业已登记入账，银行未入账。

（3）12 月 30 日银行接到甲工厂汇来购货款 10 000 元，银行已入账，企业未接到通知。

（4）12 月 30 日银行代企业支付采购原材料款项 8 000 元，已入账，企业没有入账。

以上情况造成企业银行存款日记账与银行对账单不符，如果要对银行存款进行清查就要先对以上提到的未达账项进行调整，并编制“银行存款余额调节表”，其编制方法如表 7-3 所示。

表 7-3　银行存款余额调节表

20××年 12 月 31 日

项　　目	金　　额	项　　目	金　　额
银行存款日记账余额	56 000	银行对账单余额	74 000
加： 银行已记收款，企业未记账 减： 银行已记付款，企业未记账	 10 000 8 000	记： 企业已记收款，银行未记账 减： 企业已记付款，银行未记账	 2 000 18 000
调节后余额	58 000	调节后余额	58 000

经调整后发现两者余额相符，说明账实相符，企业银行存款日记账记账过程基本正确。如果调整后余额不相同，就需要进一步查明出现差异的原因。

需要指出的是，银行存款余额调解表只起调节作用，不能作为原始凭证调整银行存款日记账，等到有关单据到达企业后，方可进行有关的会计处理。

7.3 实物资产的清查

实物资产是指具有实物形态的各种财产，包括原材料、半成品、在产品、产成品、周转材料和固定资产等。对于实物财产的清查，特别是存货的清查，首先应确定实物资产的账面结存额，再确定实际结存额，然后将两者进行比较，以确定差异并寻找产生差异的原因，最后进行账务处理。

7.3.1 实物资产账面结存额的确定

为了使实物资产的盘点工作能够顺利进行，就要对实物财产的实际数量进行盘点并入账，这就需要建立一定的盘存制度。实物财产的盘存制度一般有两种：永续盘存制和实地盘存制。

1. 永续盘存制

永续盘存制也称账面盘存制，是指会计人员平时根据会计凭证，对各项财产的增加数和减少数在有关账簿记录中进行连续登记，并随时在账簿上结算出各种财产的账面结存数量和结存金额的一种方法。由定义可以看出，采用这种方法，对于存货的增加和减少，平时都要在账簿中连续地进行记录，因而随时可结算出各类存货的账面结存数。尽管如此，由于各种原因，采用这种盘存制度也会使账面结存数与实际结存数之间有不符的可能。因此，采用永续盘存制的方法，每年至少应对存货进行一次全面盘点，对于有些价值较高的物品，记录内容容易发生差错，还需要经常对它们进行实物盘点。

2. 实地盘存制

实地盘存制又称为以存计耗制或以存计销制，是指在会计核算过程中，对于各种存货，平时只登记其收入数，不登记其发出数，会计期末通过实地盘点确定实际盘存数，倒算出本期发出存货数量的一种方法。

因此，采用实地盘存制，只需要将期末存货实地盘存的结果作为计算本期发出存货数量的依据，平时不需要对发出的存货进行登记，核算手续比较简单。特别是在货物品种、规格繁多的情况下，如果对存货实行永续盘存制进行盘存则需要消耗较多的人力、物力，影响正常的生产经营活动，造成一定的浪费。但是，采用这种方法也有其不利的因素，相关人员无法根据账面记录随时了解存货的发出和结存情况，由于是以存计销或以存计耗倒算发出存货成本，必然将非销售或非生产耗用的损耗、短缺或贪污、盗窃造成的损失，全部混进销售或耗用成本之中，这显然是不合理的，也不利于对存货进行日常的管理和控制。

综上所述可以看出，不论是永续盘存制还是实地盘存制，都有其有利和不利的方面，因此在实际工作中，企业应该将两种制度结合起来使用，取长补短，发挥各自的优势。

7.3.2　实物资产实际结存额的确定

实物资产的品种各异，不同品种的实物财产，其实物形态、体积、重量、堆放方式等方面各有不同，因而对其进行清查时所采用的方法也有所不同。注意以下几种常用的实物资产清查的方法。

（1）对于包装完整的成件资产物资可使用实地盘点法来进行清查。也就是通过实际清点货物数目、称量货物的重量、测量货物尺寸大小等方法来确定实物财产的实有数额。同时还应该抽查包装是否完好，有无破损等现象。

（2）对于散装物资的清查可用分批测量的方法。可以将这些散装物资分成几份并将它们转移到其他地方，对它们分别进行称量，最后将各个称量的结果加总获得总体清查数据。

（3）对于一些成堆露天存放的物资可使用技术推算法。企业的一些成堆露天存放的物资，例如大量成堆的化肥、饲料等，对它们的清查可以采取技术推算的方法清查。也就是利用一定的技术方法对财产的实存数进行推算的一种方法。

（4）对于数量多、重量均匀的实物财产可以采用抽样盘点的方法。采用这一方法首先应该从众多资产中随机挑选出一部分进行清查，然后再推算实物资产总体数量，从而确定财产的实有数额。

7.3.3　实物资产清查的步骤

在了解实物资产账面结存额与实物资产实际结存额具体确定方法之后，本节着重介绍对实物资产清查的步骤和相关凭证的运用。

（1）为了进一步明确经济责任，在对实物资产进行清查时，除了清查小组的工作人员以外，相关实物资产的保管人员必须在场，并参加盘点工作。

（2）财产清查人员对各项实物资产盘点结束以后，应该将盘点的结果如实准确地登记在“盘存单”上，同时所有与盘点有关的人员必须同时签章方才生效。“盘存单”的一般格式，如表 7-4 所示。

表 7-4　盘存单

单位名称：　　　　　　　　　　盘点时间：　　　　　　　　　　编号：
财产类别：　　　　　　　　　　存放地点：

序号	名称	规格型号	计量单位	实存数量	单价	金额	备注

盘点人签章：×××　　　　　　　　　　保管人签章：×××

（3）盘点结束后，将“盘存单”中所记录的实存数与账面结存数相核对，对比账面结存数与实存数是否相符。如果发现实物盘点结果与账面结存结果不相符时，应根据“盘存单”和有关账簿记录，填制“实存账存对比表”，以确定实物财产的盘盈数或盘亏数。“实存账存对比表”的格式，如表 7-5 所示。

表 7-5　实存账存对比表

单位名称：　　　　　　　　　　　　　年　　月　　日

类别及名称	计量单位	单价	实存		账存		差异				备注
							盘盈		盘亏		
			数量	金额	数量	金额	数量	金额	数量	金额	
A 材料	千克	200	100		90		10	2 000			
B 材料	千克	400	100		110				10	4 000	
M 设备	台	8 000	10		9		1	8 000			
N 设备	台	6 000	4		5				1	6 000	

7.4 往来款项的清查

7.4.1 来往款项的分类

在商业运营中，往来款项是企业财务管理中不可或缺的一部分，它们构成了企业日常经营活动的血液。往来款项主要涵盖了企业与客户、供应商以及其他业务伙伴之间的债权和债务关系，包括但不限于应收账款、应付账款、预收账款和预付账款等。

应收账款是指企业向客户提供商品或服务后，客户应支付但尚未支付的款项，它是企业销售收入的未实现部分。例如，一家零售商在销售商品后，如果客户选择了赊账购买，那么零售商就产生了应收账款。这部分款项的管理直接影响到企业的现金流状况和财务健康。

应付账款则是企业在采购商品或接受服务后，应支付但尚未支付的款项。它是企业运营成本的延迟支付部分。企业通常会利用应付账款的期限来优化现金流，但过度依赖可能会增加财务风险。

预收账款是指企业尚未提供商品或服务，但已经收到的客户款项。这通常发生在订阅服务或定制产品的情况下，企业需要在完成服务或生产产品前收取部分或全部费用。预收账款在企业的财务报表中表现为负债，因为它代表了企业对客户的未履行义务。

预付账款则是企业在购买商品或接受服务前，预先支付的款项。例如，企业可能会预付租金或原材料采购费用。预付账款是企业的资产，因为它代表了企业对供应商的已支付但尚未消费或使用的权益。

往来款项的管理对于企业的运营效率和财务状况至关重要。有效的管理可以降低坏账风险，优化现金流，提高资金使用效率，从而支持企业的持续发展。因此，企业需要建立完善的应收账款和应付账款管理制度，以及合理的预收账款和预付账款政策，以确保财务的稳健运行。

7.4.2 来往款项的清查方法

各种往来结算款项的清查，也采用核对账目法。但由于结算款项既有对外单位的，又有对企业内部各个部门和个人的，因此，在清查中，应区别情况，采用不同方法核对。

对于外部各单位的应收、应付款项等，企业应在所记账目正确完整的基础上，编制“往来款项对账单”，并送交对方单位进行核对。这种对账单一式二份，一份送交对方留存，一份作为回单，即对方单位核对相符，在对账单上盖章后退回；核对不符，在对账单上注明不符情况或另抄对账单退回本单位。在核对过程中，如发现未达账项，双方都应采用调节账面余额的方法，使往来结算款项相符。

对于内部各部门的往来款项，由各部门的财产清查员、会计员直接根据账簿记录核对。发现不符，则查明原因，进行处理。

对于职工的各种代垫款项和尚未报销的备用金，通常可以抄列清单与本人核对或定期公布，自行核对。

通过往来结算款项的清查，要求及时收回应收款项，及时偿还应付款项。对于双方发生争议的款项，应采取措施解决。对于坏账损失应按坏账准备有关规定处理。

7.4.3　来往款项的清查步骤

企业对各种往来款项的清查，应采取“询证核对法”，即同对方单位核对账目的方法。其具体的清查步骤如下。

（1）清查企业应该核对总分类账与明细分类账的往来账款余额是否相等，保证本企业各种往来款项的记录准确。

（2）清查企业编制“往来款项对账单”，寄发或派人送交对方单位，与债务人或债权人进行核对。“往来款项对账单”的格式和内容，如图 7-1 所示。

（3）待清查企业收到对方回单后，核查账目是否相符。如有应收的款项企业应及时催收，同时企业对呆账要编制“往来账项清查表”。“往来账项清查表”的格式，如表 7-6 所示。

________________单位：

你单位 20××年×月×日购入我单位×产品××台，已付货款×××元，尚有×××元货款未付，请核对后将回单联寄回。

核查单位：(盖章)

20××年×月×日

沿此虚线裁开，将以下回单联寄回！

………………………………………………………………………………

往来款项对账单(回联)

核查单位：

你单位寄来的“往来款项对账单”已经收到，经核对相符无误(或不符，应注明具体内容)。

××单位(盖章)

20××年×月×日

图 7-1　往来款项对账单

表 7-6 往来账项清查表

总分类账户名称： 200× 年 × 月 × 日

明细分类账户		清查结果		核对不符原因分析			备注
名称	账面余额	核对相符金额	核对不符金额	未达账项金额	有争议款项金额	其他	

7.5 对清查结果的处理

对财产清查完毕之后，如果实际与账面相符，说明相关财产管理制度较完善，符合国家的政策法规。但有时财产清查的结果是账实不符，即出现盘盈、盘亏等结果，那么就需要按照有关规定对财产清查的结果进行处理。

7.5.1 财产清查结果处理程序

对财产清查结果的处理应遵循相关规定，及时准确地进行，处理的具体步骤如下。

1. 核准数字，查明原因

在清查中一旦发现盘盈、盘亏等账实不符的情况，应依据清查中所填列的相关表格，例如"实存账存对比表"等进行仔细审查。对凭证中所记录的货币资金、财产物资及往来款项的盈亏数字进行全面的核实，同时对各项差异产生的原因进行分析，从而明确相关责任，并且针对不同的原因提出相应的处理意见。一般来说，对于定额内的损耗，多属于自然原因，而并非人为因素，可以根据有关规定进行处理。对于超过定额的损耗，应认真分析产生的原因，分别进行处理，属于一般性工作失职且金额不大者，应给予严肃的批评教育，或行政处分，或要求作一定的经济赔偿；属于玩忽职守或贪污盗窃者，则应追缴赃款赃物和处以罚金，甚至追究刑事责任。

2. 调整账簿，做到账实相符

当核准数字并查明原因后，就可以在具体的账簿上进行反映，以保证做到账实相符。调整账簿记录的工作一般分为两步：首先，将已查明的盘盈、盘亏和毁损情况，根据清查中的原始凭证（如账存实存对比表等）编制记账凭证；然后再通过记账凭证如实登记在账簿上。登记时要注意以清查的实存数为准，当出现盘盈的情况时，应该根据有关凭证补充账面记录。当出现盘亏的情况时，应该根据有关凭证冲销账面记录，然后按照一定的程序报上级批准。

3. 批准后，进行账务处理

当报送的财产清查结果得到上级批准及相关处理意见后，企业应严格按照上级的指示进行账务处理，并对相关的责任人进行处罚，追回损失。

7.5.2　财产清查结果的账务处理

1. 账户的设置

为了对财产清查的结果进行账务处理，需要设置“待处理财产损益”账户，下设“待处理流动资产损益”和“待处理固定资产损益”两个明细账户。这一账户是用来核算企业在财产清查时所发现的各项财产物资的盘盈、盘亏和毁损数的账户。该账户属于资产类账户，借方登记待处理财产的盘亏或毁损金额，贷方登记待处理财产的盘盈金额。待上级批复意见下达后，盘亏和毁损的金额从该账户的贷方转销，盘盈的金额从该账户的借方转销。期末，清查的结果应全部处理完毕，该账户无余额。

对于“待处理财产损益”这个过渡性账户，需要注意以下两点：一是该账户只适用于单位在清查财产过程中查明的各种财产盘盈、盘亏或毁损的价值，而固定资产的盘盈、债权、债务等往来款项的盈亏余缺不通过该账户核算；二是该账户的具体运用要分批准前和批准后两个步骤进行。

2. 具体核算方法

以上所讲的实物资产的清查、货币资金的清查和往来款项的清查各有其不同的清查方法，同样在对清查结果的处理上也有不同的特点。下面分别介绍它们各自的处理方法。

1）库存现金清查结果的处理

对库存现金的清查可能会出现账实不符的结果，这样的结果分两种情况，一种是库存现金的盘盈也就是我们说的长款，还有一种是库存现金的盘亏即短款。无论是长款还是短款都要经过“待处理财产损益”这个账户进行核算。

上级部门批准前的账务处理：将待处理的库存现金数记入过渡账户“待处理财产损益”，等待上级批准处理。以实际存在的库存现金为准，当库存现金长款时，增加库存现金账户的记录，同时记入“待处理财产损益——待处理流动资产损益”账户；当库存现金短款时，应冲减库存现金账户的记录，同时记入“待处理财产损益——待处理流动资产损益”账户。

上级部门批准后的账务处理：在经过上级批准之后，将记入过渡账户“待处理财产损益”中的金额转出，其转入的账户因造成库存现金长、短款的原因而异。一般来说，对于库存现金长款如果无法查明原因，其批准后的处理是增加营业外收入，如果应付其他单位或个人的长款，应记入“其他应付款——×× 单位或个人”账户。对于库存现金短款，如果是应由责任人赔偿或由保险公司赔偿的，应转记入“其他应收款——×× 赔偿人”或“其他应收款——应收保险赔款”账户；如果是由于经营管理不善、非常损失或无法查明的原因造成的，应增加企业的管理费用，即转入“管理费用”账户。

【例 7-2】 某企业在财产清查中，查明库存现金较账面余额短缺 27 元，如表 7-1 所示。

报经审批前，应根据“库存现金盘点报告表”编制记账凭证，并据以登记入账，调整账面记录，使之账实相符。会计分录如下：

借：待处理财产损益　　27

　贷：库存现金　　27

上述库存现金短款属于无法查明的原因，根据管理权限报经审批后，列作管理费用。应根据批复意见编制会计分录如下：

借：管理费用　　27

　贷：待处理财产损益　　27

2）实物资产清查结果的处理

实物资产种类很多，可以大体分为两大类，即流动资产和固定资产。由于其类别有差异，处理的方法也有所不同。

上级部门批准前的账目处理：在上级部门批准之前，流动资产和固定资产的盘亏或毁损都应记入过渡账户，即“待处理财产损益”账户中，等待上级批准后方才转出；盘盈的固定资产，作为前期会计差错，通过“以前年度损益调整”进行核算。

流动资产的盘亏，在审批之前，借方记入“待处理财产损益”账户，贷方冲减有关的流动资产账户；实物流动资产的盘盈，在审批之前，借方增加有关流动资产账户，贷方记入“待处理财产损益”账户。固定资产的盘亏，在审批之前，借方应按其账面净值记入“待处理财产损益——待处理固定资产损益”账户，同时按其账面已提折旧记入“累计折旧”账户，贷方应按其账面原始价值记入“固定资产”账户。对于固定资产的盘盈，应按同类或类似固定资产的市场价格，减去按该项固定资产新旧程度估计的价值损耗后的余额，借记“固定资产”账户，贷记“以前年度损益调整”账户。

上级部门批准后的账目处理：待上级批准后，按照不同的原因将过渡账户“待处理财产损益”转入不同的账户。对于盘亏或毁损的流动资产来说属于管理不善、收发计量不准确、自然损耗而产生的定额内的损耗，转作管理费用；属于超定额的短缺毁损所造成的损失，应由过失人负责赔偿；属于非常损失造成的短缺毁损，在扣除保险公司的赔偿和残料价值后的净损失，列作营业外支出；对于盘亏的固定资产，一般按净值增加单位的营业外支出。

【例 7-3】 某企业在财产清查中发现 B 种材料盘亏 10 千克，其实际成本为 4 000 元，如表 7-5 所示。

报经审批前，根据“实存账存对比表”编制记账凭证，并据以登记入账，调整账面记录，使之账实相符。会计分录如下：

借：待处理财产损益　　4 000

　贷：原材料——B 材料　　4 000

经查明，属定额内损耗 600 元，管理员过失 2 000 元，自然灾害损失为 1 400 元。报经审批后，根据批复意见，作会计分录如下：

借：管理费用　　600

　　其他应收款　　2 000

　　营业外支出　　1 400

　贷：待处理财产损益　　4 000

【例 7-4】 某企业在财产清查中发现 A 种材料盘盈 10 千克，其实际成本为 2 000 元，如表 7-5 所示。

报经审批前，根据“实存账存对比表”编制记账凭证，并据以登记入账，调整账面记录，使之账实相符。会计分录如下：

借：原材料——A 材料　　2 000

贷：待处理财产损益　2 000

经查明，盘盈A材料系自然损益，报经审批后，根据审批意见作冲减管理费用处理。作会计分录如下：

借：待处理财产损益　2 000

贷：管理费用　2 000

【例7-5】 某企业在财产清查中，查明盘亏N设备一台，其账面原值为6 000元，已提折旧为2 000元，如见表7-5所示。

报经审批前，根据"实存账存对比表"编制记账凭证，并据以登记入账，调整账面记录，使之账实相符。会计分录如下：

借：待处理财产损益　4 000

累计折旧　2 000

贷：固定资产　6 000

报经审批后，根据批复意见，盘亏固定资产列作营业外支出，应根据批复意见编制记账凭证，并据以登记入账。会计分录如下：

借：营业外支出——盘亏损失　4 000

贷：待处理财产损益　4 000

【例7-6】 某企业在财产清查中，查明盘盈M设备一台，同类设备的市场价格为8 000元，根据其新旧程度估计已经损耗价值为3 000元。

盘盈的固定资产，在按管理权限报经批准处理前，应根据"实存账存对比表"编制记账凭证，通过"以前年度损益调整"账户核算，调整账面记录，使之账实相符。会计分录如下：

借：固定资产　5 000

贷：以前年度损益调整　5 000

"以前年度损益调整"属于损益类账户，用来核算企业本年度发生的调整以前年度损益的事项，以及本年度发现的前期差错更正所涉及的调整以前年度损益的事项。调整增加以前年度利润或减少以前年度亏损，以及由于以前年度损益调整减少的所得税费用，记入本账户贷方；调整减少以前年度利润或增加以前年度亏损，以及由于以前年度损益调整增加的所得税费用，记入本账户借方；经上述调整后，应将本账户的余额转入"利润分配"账户，结转后本账户应无余额。

3)往来款项清查结果的处理

往来款项包括的内容较多，这一部分的往来款项清查结果的处理主要介绍应收和应付款项的处理。这一处理的方法有别于前两种清查结果的处理方法。不通过过渡账户"待处理财产损益"进行核算，而是在原来账面记录的基础上，按规定程序报经批准后直接处理。

在企业的往来款项中，有一些应收款项无法收回，通常称其为坏账。经有关部门批准后予以核销，冲减坏账准备金，即借"坏账准备"，贷"应收账款"。

企业可能因种种原因，还存在着应付而无法支付的款项，经批准予以转销。无法支付的款项在批准前不作账务处理，按规定的程序批准后，将应付款项转作"营业外收入"账户，即借方为"应付账款"，贷方为"营业外收入"。

【练习题】

一、单项选择题

1. 对于银行存款的清查应采用(   )方法。

A. 对账单 B. 实地盘点 C. 估算 D. 查询

2. 对各项财产的增减变化,根据会计凭证既计增加数,又计减少数,并随时结出余额的制度是(   )。

A. 永续盘存制 B. 收付实现制 C. 权责发生制 D. 实地盘存制

3. 清查中发现原材料盘盈是由于工作中的收发计量造成,则应记入(   )账户。

A. 营业外支出 B. 制造费用 C. 管理费用 D. 营业外收入

4. 清查中发现固定资产盘亏是由于意外造成,一般应记入(   )账户。

A. 销售费用 B. 管理费用 C. 其他应收款 D. 营业外支出

5. 清查中财产盘亏是由于责任人造成,应记入(   )。

A. 制造费用 B. 管理费用 C. 其他应收款 D. 营业外支出

6. 对原材料、库存商品盘点后应编制(   ),它是据以调整存货账簿记录的原始凭证。

A. 账存实存对比表 B. 盘点表 C. 余额调节表 D. 对账单

7. 企业在改变隶属关系时,对企业的财产物资应进行(   )。

A. 企业自查 B. 定期清查 C. 局部清查 D. 全面清查

8. 在清查中发现盘盈固定资产,应按净值借记“固定资产”科目,贷记(   )科目。

A. 管理费用 B. 待处理财产损益

C. 营业外收入 D. 以前年度损益调整

9. 未达账项是指企业和银行之间由于结算凭证传递时间上的差异而造成的(   )。

A. 双方记账金额不一致 B. 一方重复记账

C. 一方记账,另一方未记账 D. 双方均未记账

10. 对于企业确实无法收回的应收账款,应依据相应权限报批后确认为坏账损失,借记(   )科目,贷记“应收账款”科目。

A. 营业外支出 B. 管理费用 C. 坏账准备 D. 资本公积

11. 对于确实不需支付的应付款项应记入(   )。

A. 管理费用 B. 营业外收入 C. 坏账准备 D. 资本公积

12. 对库存现金的清查,应采用(   )。

A. 技术推算法 B. 核对账目 C. 对账单法 D. 实地盘点法

二、多项选择题

1. 企业银行存款日记账和银行对账单核对不符的原因可能有(   )。

A. 企业记账错误 B. 银行记账错误

C. 存在未达账项 D. 未及时取得银行对账单

2. 以下清查结果不通过“待处理财产损益”账户核算的有(   )。

A. 存货盘盈 B. 存货盘亏 C. 固定资产盘盈 D. 固定资产盘亏

E. 无法支付的应付款项

3. 企业与银行间的未达账项包括的情况是(　　)。

A. 企业已记,银行漏记　B. 企业已付,银行未记

C. 银行已收,企业未记　D. 银行已付,企业未记

E. 企业已收,银行未记

4. 下列哪些情况应进行全面清查(　　)。

A. 更换出纳员　B. 年末　C. 单位合并　D. 清产核资

E. 存货清查

5. 以下属于不定期清查的有(　　)。

A. 年终　B. 单位撤销　C. 更换保管员　D. 存货损失

E. 财产被盗

6. 财产清查时可以采用实地盘点法的有(　　)。

A. 固定资产　B. 库存现金　C. 银行存款　D. 应收账款

E. 应付账款

7. 待处理财产损益的贷方核算的是(　　)。

A. 发生的财产盘亏　B. 发生的财产盘盈　C. 处理的财产盘亏　D. 处理的财产盘盈

E. 发生的财产毁损

8. 对于存货的盘亏,处理时应根据具体情况,可记入(　　)账户。

A. 管理费用　B. 营业外支出　C. 营业外收入　D. 其他应收款

E. 以前年度损益调整

三、判断题

1. 若企业银行日记账与银行对账单核对不符,则说明企业或银行一方存在记账错误。(　　)

2. 更换财产物资保管员或出纳员要进行全面清查,属于不定期清查。(　　)

3. 企业无法支付的应付账款通过待处理财产损益进行核算。(　　)

4. 对于坏账损失及其转销,不通过“待处理财产损益”账户处理。(　　)

5. 对于银行已记账,企业未记账的未达账项,应根据调节表登记银行日记账,以保证账实相符。(　　)

6. 由于实地盘存制下,凡未包含在期末实际结存中的减少数均被视为销售或耗用,从而掩盖了财产物资的非正常损耗,因此不利于财产物资的安全完整。(　　)

7. 未达账项是造成企业银行存款日记账和银行对账单不一致的唯一原因。(　　)

8. 全面清查可以是定期进行的,也可以是不定期进行的。(　　)

9. 永续盘存制是对企业各项财产物资的增减变动,平时只登记增加数,不登记减少数。(　　)

10. 盘点时,发现账面数额小于实存数,即为盘盈。(　　)

【技能训练】

技能训练一

一、训练目的

练习银行存款余额调节表的编制。

二、训练资料

某企业 2023 年 5 月 30 日银行存款日记账余额 243 000 元，银行对账单余额 257 000 元，经逐笔核对，发现有几笔未达账项。

（1）企业偿还 A 公司货款 25 000 元已登记入账，但银行尚未登记入账。

（2）企业收到销售商品款 35 100 元已登记入账，但银行尚未登记入账。

（3）银行已划转电费 4 900 元登记入账，但企业尚未收到付款通知单，未登记入账。

（4）银行已收外地汇入货款 29 000 元登记入账，但企业尚未收到收款通知单，未登记入账。

项目八　财务会计报告

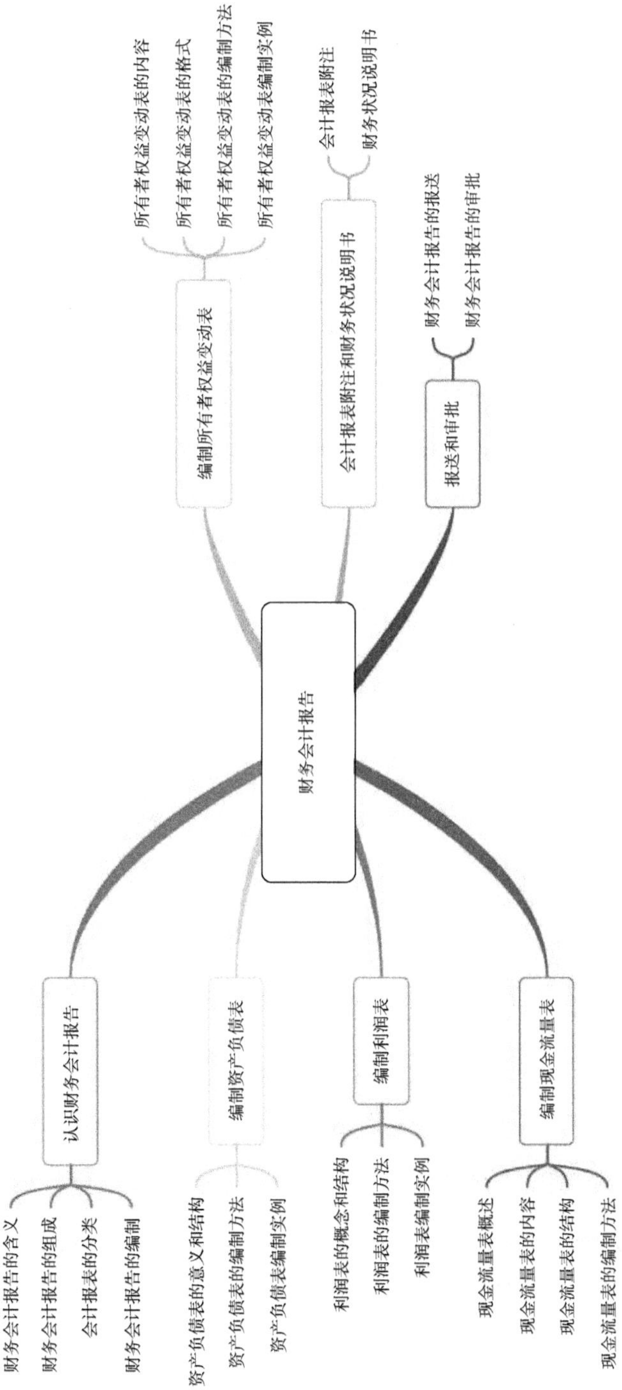

思维导图

8.1 认识财务会计报告

8.1.1 财务会计报告的含义

1. 财务会计报告的概念

财务会计报告是指企业对外提供的，反映企业某一特定日期的财务状况和某一会计期间的经营成果、现金流量等会计信息的书面文件。

2. 财务会计报告的意义

财务会计报告对于企业管理当局和各职能部门、企业主管部门、投资者和潜在的投资者、债权人、政府有关部门、内部职工等都具有重要的意义。

（1）企业管理当局和各职能部门。通过财务报告，企业管理当局和各职能部门可以了解 企业的资产、负债和所有者权益状况、经营过程中各项收支和财务计划的完成情况、现金流量 情况，以便评价和考核企业业绩，加强经营管理，科学地进行经济决策和对经营前景的预测。当期的财务报告也是编制下期财务计划和预算的重要依据。

（2）企业主管部门。通过企业报送的财务报告，企业主管部门可以了解所属企业的财务状况、经营成果和现金流量；通过对财务报告有关指标的分析和与同类企业的对比，可以找出所属企业经营管理上的差距，总结经验，促进所属企业进一步提高经营管理水平；通过对所属企业财务报告的汇总，可以总括反映本系统、本部门的财务状况、经营成果和现金流量，为加强对所属企业的管理提供重要依据。

（3）企业的投资者和潜在的投资者。通过财务报告，企业的投资者和潜在的投资者可以了解企业的财务状况、获利能力、利润分配、现金流量等情况，以此作为对企业是否投资和扩大投资的重要依据。

（4）企业的债权人。通过财务报告，企业的债权人可以了解提供给企业的债权及其利息，是否能够按期如数收回；银行等金融机构作为债权人，通过财务报告还可以检查分析企业对借款的使用情况和借款物资的保证程度，监督企业按规定使用借款，按期偿付借款本息。

（5）政府有关部门，包括财政、税务、审计等部门。通过财务报告，可以分析和检查企业财务状况、经营成果、利润分配、亏损弥补、应交税收的上交情况，以便进一步加强对企业的监督和管理。

（6）企业内部职工。通过财务报告，企业职工可以了解企业稳定性和获利能力的信息，以便评估企业提供劳动报酬、退休福利等的能力。

8.1.2 财务会计报告的组成

《企业会计制度》规定，企业的财务会计报告由会计报表、会计报表附注和财务状况说明书组成（不要求编制和提供财务状况说明书的企业除外）。其中，会计报表是财务会计报告的主体和核心。

1. 会计报表

会计报表是以日常会计核算资料为主要依据，按照一定的格式加以汇总、整理，用来总括地反映企业财务状况、经营成果和现金流量的文件。根据《企业会计准则第 30 号——财务报表列报》的规定，企业应编制和向外提供的财务报表，至少应包括资产负债表、利润表、现金流量表和所有者权益（或股东权益）变动表。

（1）资产负债表。资产负债表是反映企业在某一特定日期的财务状况的会计报表。企业编制资产负债表的目的是通过如实反映企业的资产、负债和所有者权益的金额及其结构情况，从而有助于使用者评价企业资产的质量以及长、短期借款的偿债能力和利润分配能力等。

（2）利润表。利润表是反映企业在一定会计期间的经营成果的会计报表。企业编制利润表的目的是通过如实反映企业实现的收入、发生的费用以及应当记入当期利润的利得和损失金额及其结构等情况，从而有助于使用者分析评价企业的盈利能力与质量等。

（3）现金流量表。现金流量表是反映企业在一定会计期间的现金和现金等价物流入和流出的会计报表。企业编制现金流量表的目的是通过如实反映企业各项活动的现金流入、流出情况，从而有助于使用者评价企业的现金流量和资金周转情况。

（4）所有者权益（或股东权益）变动表。所有者权益（或股东权益）变动表反映构成所有者权益的各组成部分当期的增减变动情况。企业的净利润及其分配情况是所有者权益变动的组成部分，相关信息已经在所有者权益变动表及其附注中反映，企业不需要再单独编制利润分配表。

2. 会计报表附注

会计报表附注是财务报表不可或缺的组成部分，是对在资产负债表、利润表、现金流量表和所有者权益变动表等报表中列示项目的文字描述或明细资料，以及对未能在这些报表中列示项目的说明。企业编制会计报表附注的目的，是通过在财务报表之外披露补充信息，以更加全面、系统地反映企业财务状况、经营成果和现金流量，从而有助于向使用者提供更为有用的信息，便于其更加科学合理地决策。

3. 财务状况说明书

财务状况说明书是对一定会计期间的财务状况，以文字为主，结合数字指标所作的书面分析报告。该说明书能使报表使用者进一步地了解企业的财务状况、经营成果和现金流量，并以此为依据进行正确的决策。企业撰写的财务状况说明书至少应对下列情况做出说明。

（1）企业生产经营的基本情况。

（2）利润实现和分配情况。

（3）资金增减和周转情况。

（4）对企业财务状况、经营成果和现金流量有重大影响的其他事项。为直观起见，将上述企业财务会计报告的组成概括，如图 8-1 所示。

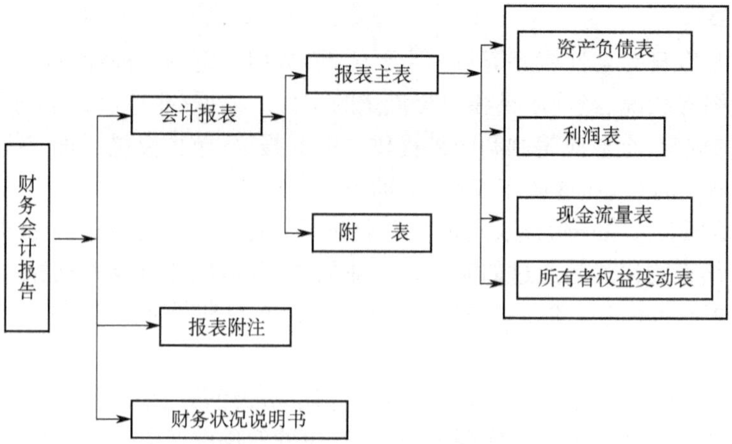

图 8-1　财务会计报告的组成

8.1.3　会计报表的分类

会计报表可以按照不同的标准进行分类。

1. 按会计报表所反映的经济内容分

按照会计报表所反映的经济内容，可分为财务状况报表和经营成果报表。

财务状况报表是用来反映企业财务状况以及资金运用、变动情况的报表，主要包括资产负债表和现金流量表；经营成果报表主要指利润表。

2. 按会计报表所反映的资金运动形态分

按照会计报表所反映的资金运动形态，可分为静态会计报表和动态会计报表。

静态会计报表是反映企业在某一时点资产总额和权益总额的会计报表，如资产负债表；动态会计报表是反映一定时期内资金耗费和资金收回的报表，如利润表和现金流量表。

3. 按会计报表编制时间分

按照会计报表编制时间，可分为中期会计报表和年度会计报表。

中期会计报表是以短于一个完整会计年度的报告期间为基础编制的会计报表，包括月报、季报和半年报等；年度会计报表是在年度终了，按会计年度编制和报送，以全面反映会计主体全年经济活动、财务收支和财务成果的报表。

4. 按会计报表编制主体分

按照会计报表编制主体，可分为个别会计报表和合并会计报表。

个别会计报表是由企业在自身会计核算基础上对账簿记录进行加工而编制的报表，它主要用以反映企业自身的财务状况、经营成果和现金流量情况；合并会计报表是以母公司和子公司组成的企业集团为会计主体，根据母公司和所属子公司的会计报表，由母公司编制的，综合反映企业集团财务状况、经营成果及现金流量的报表。

5. 按会计报表编制单位分

按照会计报表的编制单位，可分为单位报表和汇总报表。

单位报表是指企业在自身会计核算的基础上，对账簿记录进行加工而编制的会计报表，以反映企业本身的财务状况和经营成果；汇总报表是指由企业主管部门或上级机关，根据所属单位报送的会计报表，连同本单位会计报表汇总编制的综合性会计报表。

6. 按会计报表的报送对象分

按照会计报表的报送对象，可分为对内会计报表和对外会计报表。

对内会计报表是指为适应企业内部经营管理需要而编制的不对外公开的会计报表，内部报表一般不需要统一的格式，也没有统一的指标体系，如成本报表就属于对内会计报表。对外会计报表是指企业向外提供的，供外部信息使用者使用的会计报表。如资产负债表、利润表和现金流量表等就属于对外会计报表。

7. 按会计报表的主从关系分

按照会计报表的主从关系，可分为主要报表和附属报表。

主要会计报表也称为主表，是反映企业生产经营活动、财务成果的基本状况和主要情况的会计报表，如资产负债表、利润表、现金流量表；附属会计报表也称附表，是对主要报表的某些内容做出进一步具体和详细揭示的会计报表，如应交增值税明细表、资产减值准备明细表、分部报表等。

8.1.4　财务会计报告的编制

1. 财务会计报告编制前的准备

（1）按期结账。在结账之前，应将所有已经发生的收入、支出、债权、债务，应摊销或预提费用，以及其他已经完成的经济活动和财务收支事项全部登记入账。

（2）对账和财产清查。在编表之前必须认真审查和核对各种账簿、会计凭证、现金、存货、固定资产、债权和债务等，以保证账账相符、账证相符和账实相符。

（3）编制总分类账户本期发生额试算表。在结账、对账和财产清查的基础上，编制总分类账本期发生额试算表，以检查核算资料的正确性和完整性，只有经过核对无误的账簿记录，才能据以编制各种会计报表。

2. 财务会计报告编制的质量要求

会计报表是传递会计信息的主要形式，为了保证会计报表所提供的信息能够及时、准确、完整地反映企业的财务状况和经营成果，满足信息使用者的需要，企业在编制会计报表时，应做到内容完整、数字客观真实、计算准确、指标可比和编报及时。

（1）内容完整。企业在编制会计报表时，必须按照会计制度统一规定的报表种类、格式和内容来填写。凡属会计报表上规定应填列的指标，不论是表内项目，还是补充资料及附注，都要填列齐全，不得漏编、漏报或者任意取舍。

（2）数字真实。企业会计报表所列的数字必须是客观、有根据的，应如实反映企业经济活动的实际情况，不得带有任何个人偏见和主观色彩，不受外界影响。不允许使用估计或推算数字代替实际数字，更不允许以各种方式弄虚作假，隐瞒谎报、篡改数字、人为夸大或缩小经营成果。

（3）计算准确。会计报表各项目的金额数字主要来自日常的账簿记录，但这并不意味着报表上的数字完全是账簿记录的简单转抄。在编制会计报表时，对有关项目的金额，必须采用正确的计算方法加以确定，从而保证会计报表数字的准确性。

（4）指标可比。会计报表提供的信息必须满足企业内部和外部不同使用者的需要，为使用者提供有用的信息资料，并且便于报表使用者在不同企业之间及同一企业不同时期之间进行比较。在编制会计报表时，企业在不同时期的指标和同类型企业之间在计算和填列方法上，应当尽可能口径一致，不得随意变动。如存货的计价方法、固定资产折旧的计提方法等。如果由于客观情况变化而必须变动的，应当在报表附注中加以说明，既要说明变动的原因，又要说明变动后对指标的影响，以便将变动的信息传递给使用者。

（5）编制及时。会计报表提供的资料，具有很强的时效性。只有及时编制和及时报送会计报表，才能为使用者提供决策所需的信息资料。因此，会计报表必须按规定的期限和程序，及时编制，及时报送，以便报表使用者及时了解编报单位的财务状况和经营成果，也便于有关部门和地方财政部门及时进行汇总。

3. 财务会计报告编制的时间要求

《企业账务会计报告条例》规定：企业应当于每年公历 12 月 31 日编制年度财务会计报告。凡是国家会计制度规定应当编制半年度、季度、月度财务会计报告的企业，则该企业应当于每年公历 6 月 30 日、12 月 31 日分别编制半年度财务会计报告；于每年公历的 3 月 31 日、6 月 30 日、9 月 30 日、12 月 31 日分别编制季度财务会计报告；于公历每月的最后一天编制月度财务会计报告。年度结账日为每年公历 12 月 31 日；半年度、季度、月度结账日为公历年度每半年、季度、月度的最后一天。

4. 财务会计报告编制的格式要求

国家统一会计制度对企业财务会计报告的编制格式有统一的规定，企业在编制时不能随意更改。企业对外提供的基本会计报表如资产负债表、利润表、现金流量表、所有者权益变动表都有其具体的格式。企业内部使用的财务会计报表，其格式和要求可由企业自行规定。

8.2 编制资产负债表

8.2.1 资产负债表的意义和结构

资产负债表是企业对外报送的主要报表之一，是依据“资产=负债+所有者权益”这一静态会计等式编制的。企业一般应按月编制资产负债表，它是反映企业在某一特定日期全部资产、负债和所有者权益及其构成情况的会计报表。根据资产负债表所提供的数据，可以使报表使用人了解企业的资产、负债和所有者权益的总额及其构成情况；评价企业的偿债能力和筹资能力；考察企业资本的保全和增值情况；分析企业财务结构的优劣和负债经营的合理程度；预测企业未来的财务状况和财务安全程度等。

资产负债表一般有报告式和账户式两种。我国企业的资产负债表采用账户式结构。账户式资产债表分左右两方，左方为资产项目，大体按资产的流动性大小排列，流动性大的资产如“货币资金”“交易性金融资产”等排在前面，流动性小的资产如“长期股权投资”“固定资产”等排在后面。右方为负债及所有者权益项目，一般按其清偿时间的先后顺序排列，“短期借款”“应付票据”“应付账款”等需要在一年以内或者长于一年的一个正常营业周期内偿还的流动负债排在前面,“长期借款”等在一年以上才需要偿还的非流动负债排在中间,在企业清算之前不需要偿还的所有者权益项目排在后面。左方资产各项目的合计等于右方负债和所有者权益各项目的合计,即左方和右方相等。

我国企业资产负债表格式,如表 8-1 所示。

表 8-1　资产负债表

会小企 01 表

编制单位:　　　　单位:元

资产	行次	年初数	期末数	负债及所有者权益	行次	年初数	期末数
流动资产:				流动负债:			
货币资金	1			短期借款	30		
短期投资	2			应付票据	31		
应收票据	3			应付账款	32		
应收账款	4			预付账款	33		
减:坏账准备	5			其他应付款	34		
应收账款净额	6			应付工资	35		
预付账款	7			应付福利费	36		
应收补贴款	8			未交税金	37		
其他应收款	9			未付利润	38		
存货	10			其他未交款	39		
待摊费用	11			预提费用	40		
待处理流动资产净损失	12			一年到期的长期负债	41		
一年内到期的长期债券投资	13			其他流动负债	42		
其他流动资产	14						
				流动负债合计:	43		
流动资产合计	15			长期负债:			
长期投资:				长期借款	44		
长期投资	16			应付债券	45		
固定资产:				长期应付款	46		
固定资产原价	17			其他长期负债	47		
减:累计折旧	18			其中:住房周转金	48		
固定资产净值	19						
固定资产清理	20			长期负债合计	49		
在建工程	21			递延税项:			
待处理固定资产净损失	22			递延税款贷项	50		

续表

资产	行次	年初数	期末数	负债及所有者权益	行次	年初数	期末数
固定资产合计	23			负债合计	51		
无形资产及递延资产：				所有者权益：			
无形资产	24			实收资本	52		
递延货产	25			资本公税	53		
				盈余公积	54		
无形资产及递延资产合计	26			其中：公益金	55		
其他长期资产：				未分配利润	56		
其他长期资产	27						
递延税项：				所有者权益合计	57		
递延税款借项	28						
资产总计	29			负债及所有者权益总计	58		

单位负责人： 制表：

8.2.2 资产负债表的编制方法

资产负债表各项目均需填列“年初余额”和“期末余额”两栏。其中“年初余额”栏内各项数字，应根据上年末资产负债表“期末余额”栏内所列数字填列。“期末余额”主要有以下几种填列方法。

1. 根据总账科目余额填列

（1）直接根据各总账科目的余额填列。如交易性金融资产、递延所得税资产、短期借款、交易性金融负债、应付票据、应付职工薪酬、应交税费、应付利息、应付股利、其他应付款、递延所得税负债、实收资本、资本公积、库存股、盈余公积等项目，应当根据相关总账科目的余额直接填列。

（2）根据几个总账科目的余额计算填列。如“货币资金”项目，应当根据“库存现金”“银行存款”“其他货币资金”等科目的期末余额的合计数填列；“存货”项目，需根据“材料采购”“原材料”“材料成本差异”“生产成本”“库存商品”“发出商品”“周转材料”等几个总账科目的期末余额合计数减去“存货跌价准备”科目余额后的金额填列；“未分配利润”项目，反映企业年末累计未分配的利润或未弥补的亏损，本项目应根据“本年利润”和“利润分配”总账科目的期末余额计算填列。未弥补的亏损，在本项目内以“-”号反映。

2. 根据有关明细账科目余额计算填列

如“应收账款”项目应根据“应收账款”和“预收账款”两个账户所属明细账的期末借方余额的合计数填列。“应付账款”项目需要根据“应付账款”和“预付账款”两个科目所属明细账的期末贷方余额计算填列。

【例 8-1】 M 公司 2023 年 12 月 31 日结账后有关科目余额,如表 8-2 所示。

表 8-2　科目余额表

单位:元

总分类科目	明细科目	借方余额	贷方余额
应收账款		1 400 000	
	——A 公司	1 800 000	
	——B 公司		400 000
预付账款		520 000	
	——C 公司	600 000	
	——D 公司		80 000
应付账款			1 300 000
	——E 公司	500 000	
	——F 公司		1 800 000
预收账款			1 300 000
	——H 公司	400 000	
	——K 公司		1 700 000

该企业 2023 年 12 月 31 日资产负债表中有关项目的金额为:

“应收账款”项目为 1 800 000+400 000=2 200 000 “预付账款”项目为 600 000+500 000=1 100 000 “应付账款”项目为 1 800 000+80 000=1 880 000 “预收账款”项目为 1 700 000+400 000=2 100 000。

3. 根据总账科目和明细科目余额分析计算填列

如“长期应收款”项目,应当根据“长期应收款”总账科目余额,减去“未实现融资收益”总账科目余额,再减去所属相关明细科目中将于一年内到期的部分填列;“长期应付款”项目,应当根据“长期应付款”总账科目余额,减去“未确认融资费用”总账科目余额,再减去所属相关明细科目中将于一年内到期的部分填列;“长期借款”项目,应当根据“长期借款”总账科目余额扣除“长期借款”科目所属明细科目中将于一年内到期的长期借款部分填列;“应付债券”项目,应当根据“应付债券”总账科目余额扣除“应付债券”科目所属明细科目中将于一年内到期的部分填列。

4. 根据总账科目与其备抵科目抵消后的净额填列

如资产负债表中的“应收账款”“长期股权投资”“在建工程”等项目,应当根据“应收账款”“长期股权投资”“在建工程”等科目的期末余额减去“坏账准备”“长期股权投资减值准备”“在建工程减值准备”等科目余额后的净额填列;“持有至到期投资”项目,应当根据“持有至到期投资”科目期末余额,减去“持有至到期投资减值准备”科目期末余额后的金额填列;“固定资产”项目,应当根据“固定资产”科目期末余额,减去“累计折旧”“固定资产减值准备”等科目期末余额后的金额填列;“无形资产”项目,应当根据“无形资产”科目的期末余额,减去“累计摊销”“无形资产减值准备”备抵科目余额后的净额填列。

【例 8-2】 M 公司 2023 年 12 月 31 日结账后有关账户余额,如表 8-3 所示。

表 8-3 科目余额表

单位:元

账户名称	借方余额	贷方余额
固定资产	1 700 000	
固定资产减值准备		150 000
累计折旧		200 000
无形资产	320 000	
无形资产减值准备		60 000
累计推销		32 000

该企业 2023 年 12 月 31 日资产负债表中有关项目的金额为:

“固定资产”项目为 1 700 000−200 000−150 000=1 350 000

“无形资产”项目为 320 000−60 000−32 000=228 000

8.2.3 资产负债表编制实例

【例 8-3】 ABC 公司 2023 年 12 月 31 日有关总分类科目余额如表 8-4 所示;有关明细科目余额如表 8-5 所示;根据所给资料编制资产负债表,如表 8-6 所示。

表 8-4 总账科目余额表

单位:元

会计科目	借方余额	会计科目	贷方余额
库存现金	538	短期借款	47 600
银行存款	153 796	交易性金额负债	78 334
其他货币资金	4 200	应付票据	54 000
交易性金融资产	150 000	应付账款	43 000
应收票据	40 000	预收账款	13 500
应收账款	37 800	其他应付款	4 200
预付账款	87 600	坏账准备	150
其他应收款	480	累计折旧	40 000
材料采购	48 000	应付职工薪酬	16 500
原材料	67 070	应交税费	30 500
周转材料	57 000	长期借款	160 000
库存商品	76 500	其中:一年内到期的长期负债	

续表

会计科目	借方余额	会计科目	贷方余额
材料成本差异	4 500	长期应付款	200 000
长期股权投资	270 000	实收资本	580 000
固定资产	341 000	盈余公积	62 500
无形资产	25 800	未利润分配	50 000
长期待摊费用	16 000		
合计	1 380 284	合计	1 380 284

表 8-5 有关明细科目余额表

单位:元

总分类项目	明细科目	借方金额	贷方金额
应收账款	洪利公司	25 600	
	大华公司	15 000	
	宏图公司		2 800
预付账款	七彩染织厂	45 000	
	飞宇公司	61 500	
	大山公司		18 900
应付账款	宇天公司		37 000
	昆化公司		6 000
预收账款	金鑫公司		13 500

表 8-6 资产负债表

会企 01 表

编制单位:ABC 公司　　2007 年 12 月 31 日　　单位:元

资产	期末余额	年初余额	负债和所有者权益(或股东权益)	期末余额	年初余额
流动资产:			流动负债:		
货币资金:	158 534	79 326	短期借款	47 600	21 200
交易性金融资产	150 000	150 000	交易性金融负债	78 334	97 000
应收票据	40 000	54 000	应付票据	54 000	30 000
应收账款	40 450	67 250	应付账款	61 900	83 200
预付账款	106 500	106 500	预收账款	16 300	52 600
应收利息			其他应付款	4 200	5 000
应收股利			应交税费	30 500	3 000
其他应收款	480	480	应付利息		
存货	253 070	142 900	应付股利		

续表

资产	期末余额	年初余额	负债和所有者权益(或股东权益)	期末余额	年初余额
一年内到期内的非流动资产			应付职工薪酬	16 500	8 950
其他流动资产			一年内到期的非流动负债		
流动资产合计	749 034	600 456	其他流动负债		
非流动资产:			流动负债合计	309 334	300 950
可供出售金融资产			非流动负债:		
持有至到期投资			长期借款	160 000	90 000
长期应收款		20 000	应付债券		
长期股权投资	270 000	270 000	长期应付款	200 000	2000 000
投资性地产	301 000	400 000	预计负债		
在建工程			递延所得税负债		
工程物资			其他非流动负债		
固定资产清理			非流动负债合计	360 000	290 000
生产性生物资产			负债合计	669 334	590 950
油气资产			所有者权益(或股东权益):		
无形资产	25 800	25 800	实收资本(股本)	580 000	580 000
开发支出			减少:库存股		
商誉			资本公积		
长期待摊费用	16 000	20 000	盈余公积	62 500	50 000
递延所得税资产			未分配利润	50 000	115 306
其他非流动资产			所有者权益(或股东权益)合计	692 500	745 306
非流动资产合计	612 800	735 800			
资产总计	1 361 834	1 336 256	负债和所有者权益(或股东权益)合计	1 361 834	1 336 256

8.3 编制利润表

8.3.1 利润表的概念和结构

与资产负债表一样,利润表也是对外报送的主要报表之一,它是反映企业一定会计期间经营成果的报表,根据“收入-费用=利润”这一动态会计等式编制。通过编制利润表,可以反映企业生产经营的收益情况、成本耗费情况,表明企业生产经营的成果。同时,通过其提供的不同时期的比较数字,还可以帮助报表使用者全面了解企业的经营成果,分析企业的获利能力及盈利增长趋势,从而为经济决策提供依据。

按利润形成的排列格式不同,利润表有单步式和多步式两种。单步式利润表是以所有的收入总额减去所有费用总额而计算出的净利润,如表 8-7 所示。

表 8-7　单步式利润表

会企 02 表

编制单位：　　　　年　　月　　　　单位：元

项目	本期金额	上期金额
一、收入		
营业收入		
营业外收入		
公允价值变动权益		
投资收益		
二、费用		
营业成本		
营业税金及附加		
销售费用		
管理费用		
财务费用		
资产减值损失		
公允价值变动损失		
投资损失		
营业外支出		
所得税费用		
三、净利润		

多步式利润表是按净利润形成的主要环节，将营业利润、利润总额和净利润等分步进行计算，能够分层次地提供利润总额的构成。

我国企业采用多步式利润表格式，其基本格式，如表 8-8 所示。

表 8-8　多步式利润表

会企 02 表

编制单位：　　　　年　　月　　　　单位：元

项　目	本期金额	上期金额
一、营业收入		
减：营业成本		
营业税金及附加		
销售费用		
管理费用		
财务费用		
资产减值损失		
加：公允价值变动收益（损失以“-”号填列）		

投资收益(损失以"-"号填列)		
其中:对联营企业和合营企业的投资收益		
二、营业利润(亏损以"-"号填列)		
加:营业外收入		
减:营业外支出		
其中:非流动资产处置损失		
三、利润总额(亏损总额以"-"号填列)		
减:所得税费用		
四、净利润(净亏损以"-"号填列)		
五、每股收益		
(一)基本每股收益		
(二)稀释每股收益		

8.3.2 利润表的编制方法

1. 利润表中"本期金额"和"上期金额"的填列方法

(1)利润表中的"本期金额"的填列方法。"本期金额"是反映各项目的本期实际发生数,主要依据损益类各账户的本期实际发生额列报。

(2)利润表中的"上期金额"的填列方法。"上期金额"栏内各项数字,应根据上年该期利润表"本期金额"栏内所列数字填列,如果利润表项目的列报有发生变更的,应当对上期比较数据按照当期的列报要求进行调整,并在附注中披露调整的原因和性质,以及调整的各项目金额。

2. 利润表中各项目的填列方法

(1)"营业收入"项目。反映企业销售产品的销售收入和提供劳务等经营业务取得的收入总额。本项目应根据"主营业务收入"账户和"其他业务收入"账户的发生额分析计算填列。

(2)"营业成本"项目。反映企业销售产品和提供劳务等经营业务的实际成本。本项目应根据"主营业务成本"账户和"其他业务成本"账户的发生额分析计算填列。

(3)"营业税金及附加"项目。反映企业因销售产品、提供劳务等业务应负担的消费税、营业税、城市维护建设税、资源税和教育费附加。本项目应根据"营业税金及附加"账户的发生额分析填列。

(4)"管理费用"项目。反映企业发生的管理费用。本项目应根据"管理费用"账户发生额分析填列。

(5)"财务费用"项目。反映企业发生的财务费用。本项目应根据"财务费用"账户借、贷发生额分析填列,若为贷方,以"-"号填列。

(6)"销售费用"项目。反映企业在销售产品和提供劳务等主要经营业务过程中所发生的各项销售费用。本项目应根据"销售费用"账户发生额分析填列。

（7）“资产减值损失”项目。反映企业资产减值发生的损失。本项目应根据“资产减值损失”账户发生额分析填列。

（8）“公允价值变动损益”项目。反映企业采用公允价值模式计量的资产公允价值大于账面价值产生的收益，如为公允价值变动损失，以“-”号填列。

（9）“投资收益”项目。反映企业以各种方式对外投资所取得的收益，其中包括分得的投资利润、债券投资的利息收入、认购的股票应得的股利以及收回投资时发生的收益等。本项目应根据“投资收益”账户发生额分析填列。如为投资损失，以“-”号填列。

（10）“营业外收入”和“营业外支出”项目。反映企业与生产经营无直接关系的收入和支出。这两个项目分别根据“营业外收入”和“营业外支出”账户发生额分析填列。

（11）“利润总额”项目。反映企业实现的利润。如为亏损，以“-”号填列。

（12）“所得税费用”项目。反映企业从当年损益中扣除的所得税额。本项目应根据“所得税费用”账户的发生额分析填列。

（13）“净利润”项目。反映企业交纳所得税后的净利润，如为净亏损以“-”号填列。

（14）“每股收益”项目。普通股或潜在普通股已公开交易的企业，以及正处于公开发行普通股或潜在普通股过程中的企业，应当在利润表中分别列示基本每股收益和稀释每股收益。

8.3.3　利润表编制实例

【**例 8-4**】 W 公司上年利润表的有关数字和 2023 年各损益类科目累计发生额，如表 8-9 所示。

表 8-9　上年利润表金额和本年损益类科目累计发生额　单位：元

会计科目	本年 1—12 月累计发生额		上年利润表金额
	借方发生额	贷方发生额	
主营业务收入		1 970 000	875 400
其他业务收入		89 430	46 732
投资收益		31 000	27 200
营业外收入		16 500	37 000
主营业务成本	1 057 800		504 300
营业税金及附加	243 000		8 756
其他业务成本	57 390		16 395
管理费用	79 835		43 270
财务费用	9 250		8 651
销售费用	28 000		23 449
营业外支出	39 700		34 000
所得税费用	147 988.75		86 877.75

根据表 8-9 所给资料编制 W 公司 2023 年度利润表,如表 8-10 所示。

表 8-10　利润表

会企 02 表

编制单位:W 公司　　2007 年 12 月　　单位:元

项目	本期金额	上期金额
一、营业收入	2 059 430	922 132
减:营业成本	1 115 190	520 695
营业税金及附加	243 000	8 756
销售费用	28 000	23 449
管理费用	78 835	43 270
财务费用	9 250	8 651
资产减值损失		
加:公允价值变动收益(损失以“-”号填列)		
投资收益(损失以“-”号填列)	31 000	27 200
其中:对联营企业和合营企业的投资收益		
二、营业利润(亏损以“-”号填列)	615 155	344 511
加:营业外收入	16 500	37 000
减:营业外支出	39 700	34 000
其中:非流动资产处置损失		
三、利润总额(亏损总额以“-”号填列)	591 955	347 511
减:所得税费用	147 988.75	86 877.75
四、净利润(净亏损以“-”号填列)	443 966.25	260 633.25
五、每股收益	略	略
(一)基本每股收益		
(二)稀释每股收益		

8.4　编制现金流量表

8.4.1　现金流量表概述

现金流量表是与资产负债表、利润表并列的企业必须对外报送的三张主要报表之一。现金流量表是反映企业在一定会计期间现金和现金等价物的流入与流出情况的报表。现金是指企业库存现金以及可以随时用于支付的银行存款和其他货币资金;现金等价物是指企业持有的期限短、流动性强、易于转换为已知金额现金或价值变动风险很小的投资。凡是不能随时支付的定期存款和长期性投资均不能作为现金。企业从银行提取现金、用现金购买短期内到期的国库券以及现金等价物之间的转换等,均不属于现金流量。

8.4.2　现金流量表的内容

现金流量表的结构包括现金流量表正表和现金流量表补充资料。其中现金流量表正表的内容主要包括三个方面。

1. 经营活动产生的现金流量

主要包括销售商品、提供劳务收到的现金，收到的税费返还，收到的其他与经营活动有关的现金；购买商品或接受劳务支付的现金，支付给职工以及为职工支付的现金，支付各项税费的现金，支付其他与经营活动有关的现金。

2. 投资活动产生的现金流量

主要包括收回投资所收到的现金，取得投资收益所收到的现金，处置固定资产、无形资产和其他长期资产而收到的现金净额，收到的其他与投资活动有关的现金；购建固定资产、无形资产和其他长期资产所支付的现金，投资所支付的现金，支付的其他与投资活动有关的现金。

3. 筹资活动产生的现金流量

主要包括发行股票、债券或接受投入资本收到的现金，借款所收到的现金，收到的其他与筹资活动相关的现金；偿还借款、债券本金所支付的现金，分配股利、利润或偿付利息所支付的现金，支付的其他与筹资活动有关的现金；如果有外币货币资金的企业，还包括汇率变动对现金的影响。

现金流量表补充资料包括三部分内容。

(1)将净利润调整为经营活动的现金流量项目。主要包括需要调整的四大类项目：实际没有支付现金的费用，实际没有收到现金的收益，不属于经营活动的损益，经营性应收应付项目的增减变动。

(2)不涉及现金收支的投资和筹资活动。

(3)现金及现金等价物净增加情况。

8.4.3　现金流量表的结构

我国企业现金流量表采用报告式结构，分类反映经营活动所产生的、投资活动所产生的和筹资活动所产生的现金流量，最后汇总反映企业某一期间现金及现金等价物的净增加额。我国企业现金流量表的格式，如表 8-11 所示。

表 8-11　现金流量表

会企 03 表

编制单位：　　　　年　　月　　　　单位：元

项　　目	本期金额	上期金额
一、经营活动产生的现金流量		
销售商品、提供劳务收到的现金		
收到的税费返还		
收到其他与经营活动有关的现金		
经营活动现金流入小计		

续表

项　　目	本期金额	上期金额
购买商品或接受劳务支付的现金		
支付给职工以及为职工支付的现金		
支付各项税费		
支付的其他与经营活动有关的现金		
经营活动现金流出小计		
经营活动产生的现金流量净额		
二、投资活动产生的现金流量		
收回投资所收到的现金		
取得投资收益所收到的现金		
处置固定资产、无形资产和其他长期资产而收到的现金净额		
处置子公司及其他营业单位收到的现金净额		
收到的其他与投资活动有关的现金		
投资活动现金流入小计		
购建固定资产、无形资产和其他长期资产所支付的现金		
投资所支付的现金		
取得子公司及其他营业单位支付的现金净额		
支付的其他与投资活动有关的现金		
投资活动现金流出小计		
投资活动产生的现金流量净额		
三、筹资活动产生的现金流量		
吸收投资收到的现金		
取得借款收到的现金		
收到的其他与筹资活动相关的现金		
筹资活动现金流入小计		
偿还借款、债券本金所支付的现金		
分配股利、利润或偿付利息所支付的现金		
支付的其他与筹资活动有关的现金		
筹资活动现金流出小计		
筹资活动产生的现金流量净额		
四、汇率变动对现金及现金等价物的影响		
五、现金及现金等价物净增加额		
加：期初现金及现金等价物余额		
六、期末现金及现金等价物余额		
1. 将净利润调节为经营活动现金流量		
净利润		

续表

项目	本期金额	上期金额
加:资产减值准备		
固定资产折旧		
无形资产摊销		
长期待摊费用摊销		
待摊费用减少(增加以“-”号填列)		
预提费用增加(减少以“-”号填列)		
处置固定资产、无形资产和其他长期资产的损失(收益以“-”号填列)		
固定资产报废损失		
公允价值变动损失		
财务费用		
投资损失(收益以“-”号填列)		
递延税款贷项(借项以“-”号填列)		
存货的减少(增加以“-”号填列)		
经营性应收项目的减少(增加以“-”号填列)		
经营性应收项目的增加(减少以“-”号填列)		
其他		
经营活动产生的现金流量净额		
2. 不涉及现金收支的投资和筹资活动		
债务转为资本		
一年内到期的可转换公司债券		
融资租入固定资产		
3. 现金及现金等价物净增加情况		
现金的期末余额		
减:现金的期初余额		
加:现金等价物的期末余额		
减:现金等价物的期初余额		
现金及现金等价物净增加额		

8.4.4 现金流量表的编制方法

现金流量表的编制基础是收付实现制。在具体编制现金流量表时,企业可以根据业务量的大小及复杂程度,采用“工作底稿法”“T 型账户法”和“分析填列法”。“工作底稿法”是以工作底稿为手段,以利润表和资产负债表数据为基础,结合有关科目的记录,对现金流量表的每一项进行分析并编制调整分录,从而编制现金流量表的一种方法。“T 型账户法”是以 T 型账户为手段,以利润表和资产负债表为基础,对每一项目进行分析,并编制调整分录,从而编制现金流量表。“分析填列法”是直接根据资产负债表、利润表和有关会计科目的明细资料记录,分析计算出现金流量表各项目的金额,并据以编制现金流量表的一种方法。

经营活动产生的现金流量,在编制现金流量表时通常可以采用直接法和间接法两种方法进行反映。直接法是通过现金收入和现金支出的主要类别反映企业经营活动的现金流量,采用直接法编制现金流量表,一般以利润表中的营业收入为起点,调整与经营活动有关项目增减的变动,计算出经营活动的现金流量;间接法是以本期净利润为起点,调整不涉及现金的收入、费用、营业外收支等有关项目的增减变动,据此计算出经营活动的现金流量。在我国,现金流量表正表采用直接法编制,现金流量表补充资料采用间接法编制。

【例 8-5】 根据下面给出的资料编制 MC 公司 12 月份的现金流量表。

MC 公司 12 月份的损益类的部分账户本年发生额,如表 8-12 所示,该公司现金流量表,如表 8-13 所示。

表 8-12 损益类账户本年发生额

单位:元

账户名称	借方发生额	贷方发生额
营业收入		500 000
营业成本	350 000	
营业税金及附加	50 000	
销售费用	10 000	
管理费用	30 000	
财务费用	2 500	
投资收益		1 000
所得税费用	16 875	

表 8-13 现金流量表

会企 03 表

编制单位:MC 公司　　200× 年 12 月　　单位:元

项　　目	本期金额
一、经营活动产生的现金流量	
销售商品、提供劳务收到的现金	585 000
收到的税费返还	
收到其他与经营活动有关的现金	
经营活动现金流入小计	585 000
购买商品或接受劳务支付的现金	369 000
支付给职工以及为职工支付的现金	35 000
支付各项税费	100 875
支付的其他与经营活动有关的现金	17 000
经营活动现金流出小计	521 875
经营活动产生的现金流量净额	63 125

续表

项　　目	本期金额
二、投资活动产生的现金流量	
收回投资所收到的现金	80 000
取得投资收益所收到的现金	10 000
处置固定资产、无形资产和其他长期资产而收到的现金净额	
处置子公司及其他营业单位收到的现金净额	
收到的其他与投资活动有关的现金	
投资活动现金流入小计	90 000
购建固定资产、无形资产和其他长期资产所支付的现金	
投资所支付的现金	20 000
取得子公司及其他营业单位支付的现金净额	
支付的其他与投资活动有关的现金	
投资活动现金流出小计	20 000
投资活动产生的现金流量净额	70 000
三、筹资活动产生的现金流量	
吸收投资收到的现金	
取得借款收到的现金	100 000
收到的其他与筹资活动相关的现金	
筹资活动现金流入小计	100 000
偿还借款、债券本金所支付的现金	25 000
分配股利、利润或偿付利息所支付的现金	8 000
支付的其他与筹资活动有关的现金	
筹资活动现金流出小计	33 000
筹资活动产生的现金流量净额	67 000
四、汇率变动现金及现金等价物的影响	
五、现金及现金等价物净增加额	
加:期初现金及现金等价物余额	
六、期末现金及现金等价物余额	

其他有关资料如下。

(1)“制造费用”及“生产成本”科目借方发生额含工资及福利费 15 000 元。

(2)“应交税费-应交增值税”科目借方发生额含进项税额 34 000 元、已交税金 31 000 元,贷方发生额为销售商品发生的销项税额 85 000 元。假定“营业税金及附加”和“所得税”均已经支付。

(3)“销售费用”及“管理费用”科目借方发生额含工资及福利费 20 000 元、离退休人员福利费 8 000 元、房产税 3 000 元以及用现金支付的其他费用 9 000 元。

（4）“交易性金融资产”贷方发生额为 80 000 元（出售），借方发生额为支付价款 20 000 元。

（5）“投资收益”贷方发生额为出售股票所获收益 10 000 元。

（6）“长期借款”本期贷方发生额为 100 000 元。

（7）“短期借款”本期借方发生额为 25 000 元。

（8）“应付利息”本期借方发生额为 8 000 元。

8.5 编制所有者权益变动表

8.5.1 所有者权益变动表的内容

所有者权益变动表，反映构成所有者权益的各组成部分当期的增减变动情况。企业的净利润及其分配情况虽然也是所有者权益变动的组成部分，但其相关信息已经在所有者权益变动表及其附注中反映，不需要再单独编制利润分配表。

所有者权益变动表，是指反映构成所有者权益的各组成部分当期增减变动情况的报表。当期损益直接记入所有者权益的利得和损失，与所有者的资本交易导致的所有者权益的变动，应当分别列示。在所有者权益变动表中，企业至少应当单独列示反映下列信息的项目。

（1）净利润。

（2）直接记入所有者权益的利得和损失项目及其总额。

（3）会计政策变更和差错更正的累积影响金额。

（4）所有者投入资本和向所有者分配利润等。

（5）提取的盈余公积。

（6）实收资本或股本、资本公积、盈余公积、未分配利润的期初和期末余额及其调节情况。

8.5.2 所有者权益变动表的格式

所有者权益变动表的格式，如表 8-14 所示。

表 8-14 所有者权益变动表

项　目	本年金额						上年金额					
	实收资本（或股本）	资本公积	减：库存股	盈余公积	未分配利润	所有者权益合计	实收资本（或股本）	资本公积	减：库存股	盈余公积	未分配利润	所有者权益合计
一、上年年末余额												
加：会计政策变更												
前期差错更正												
二、本年年初余额												
三、本年增减变动金额（减少以“-”号填列）												

续表

项　目	本年金额						上年金额					
	实收资本（或股本）	资本公积	减:库存股	盈余公积	未分配利润	所有者权益合计	实收资本（或股本）	资本公积	减:库存股	盈余公积	未分配利润	所有者权益合计
（一）净利润												
（二）直接记入所有者权益的利得和损失												
1. 可供出售金融资产公允价值变动净额												
2. 权益法下被投资单位其他所有者权益变动的影响												
3. 与记入所有者权益项目相关的所得税影响												
4. 其他												
上述（一）和（二）小计												
（三）所有者投入和减少资本												
1. 所有者投入资本												
2. 股份支付记入所有者权益的金额												
3. 其他												
（四）利润分配												
1. 提取盈余公积												
2. 对所有者（或股东）的分配												
3. 其他												
（五）所有者权益内部结转												
1. 资本公积转增资本（或股本）												
2. 盈余公积转增资本（或股本）												
3. 盈余公积弥补亏损												
4. 其他												
四、本科年末余额												

8.5.3 所有者权益变动表的编制方法

1.“上年年末余额”栏

反映企业上年资产负债表中实收资本(或股本)、资本公积、盈余公积、未分配利润的年末余额。根据上年资产负债表中实收资本(股本)、资本公积、盈余公积、未分配利润的年末余额填列。

2.“会计政策变更”和“前期差错更正”栏

反映企业采用追溯调整法处理的会计政策变更的累积影响金额和采用追溯重述法处理的会计差错更正的累积影响金额。

3.“本年增减变动额”栏

相关项目反映如下内容:

(1)“净利润”项目,反映企业当年实现的净利润(或净亏损)金额,根据当年利润表中的净利润(或亏损)金额填列,并对应列在“未分配利润”栏。

(2)直接记入所有者权益的利得和损失。

①“可供出售金融资产公允价值变动净额”项目,反映企业持有的可供出售金融资产当年公允价值变动的金额,并对应列在“资本公积”栏。

②“权益法下被投资单位其他所有者权益变动的影响”项目,反映企业采用权益法核算的长期股权投资,在被投资单位当年除实现的净损益以外其他所有者权益当年变动中应享有的份额,并对应列在“资本公积”栏。

③“与记入所有者权益项目相关的所得税影响”项目,反映企业根据《企业会计准则第18号——所得税》规定应记入所有者权益项目的当年所得税影响金额,并对应列在“资本公积”栏。

④“净利润”项目和“直接记入所有者权益的利得和损失”项目,反映企业当年实现的净利润(或净亏损)金额和当年直接记入所有者权益的利得和损失金额的合计金额。

(3)所有者投入或减少资本。

①“所有者投入资本”项目,反映企业当年所有者投入的资本,包括实收资本和资本溢价,并对应列在“实收资本”和“资本公积”栏。

②“股份支付记入所有者权益的金额”项目,反映企业处于等待期中的权益结算的股份支付当年记入资本公积的金额,并对应列在“资本公积”栏。

(4)“利润分配”下各项目,反映当年对所有者(或股东)分配的利润(或股利)金额和按照规定提取的盈余公积金额,并对应列在“未分配利润”和“盈余公积”栏。

(5)“所有者权益内部结转”下各项目,反映不影响当年所有者权益总额的所有者权益各组成部分之间当年的增减变动,包括资本公积转增资本(或股本)、盈余公积转增资本(或股本)、盈余公积弥补亏损等项金额。

8.5.4 所有者权益变动表编制实例

【例 8-6】 某企业 2023 年度所有者权益变动表各项目的金额分析确定,如表 8-15 所示。

表 8-15 所有者权益(股东权益)变动表

项目	本年金额						上年金额					
	股本	资本公积	库存股（减项）	盈余公积	未分配利润	所有者权益合计	股本	资本公积	库存股（减项）	盈余公积	未分配利润	所有者权益合计
一、上年年末余额	5 000 000	0	0	100 000	50 000	5 150 000						
加:1. 会计政策变更												
2. 前期差错更正												
二、本年年初余额	5 000 000	0	0	100 000	50 000	5 150 000						
三、本年增减变动金额(减少以“-”号填列）												
(一)本年净利润					197 704	197 704						
(二)直接记入所有者权益的利得和损失												
1. 可供出售金融资产公允价值变动净额												
2. 现金流量套期工具公允价值变动净额												
3. 与记入所有者权益项目相关的所得税影响												
4. 其他												
小计												
(三)所有者投入和减少资本												
1. 所有者本期投入资本												
2. 本年购回库存股												
3. 股份支付记入所有者权益												
(四)本年利润分配												

8.6 会计报表附注和财务状况说明书

8.6.1 会计报表附注

会计报表附注是对会计报表的补充说明,是财务会计报告不可缺少的组成部分。主要是对会计报表不能包括的内容,或者披露不详尽的内容作进一步的解释说明。《企业财务会计报告条例》中规定:会计报表附注是为了便于会计报表使用者理解会计报表的内容,而对会计报表的编制基础、编制依据、编制原则和方法及主要项目等所作的解释。会计报表附注至少应包含以下内容。

会计报告的详细注释是理解企业财务状况的关键部分,它提供了对会计原则、估计、事件和交易的深入洞察。以下是这些注释的一些关键方面。

(1)不符合基本会计假设的说明:会计假设是会计理论的基础,包括持续经营、会计分期、货币计量和历史成本等。如果企业的任何活动或决策违反了这些基本假设,必须在报告中详细说明,以防止误导读者对财务状况的理解。

(2)重要会计政策和会计估计的说明:会计政策是企业在处理各种财务交易时遵循的规则和原则。例如,企业可能选择使用先进先出(Frist Input First Output, FIFO)、后进先出(Last In First Out, LIFO)或平均成本法来计算存货价值。会计估计则涉及对不确定结果的预测,如预计负债的计算或固定资产的折旧。这些政策和估计的选择直接影响财务报表的数字。

(3)或有事项的说明:在经营过程中,企业可能会遇到一些不确定性的事件,如未决诉讼、债务担保或产品质量保证。这些或有事项可能在未来产生收益或损失,因此需要在注释中详细披露,以便投资者评估风险。

(4)资产负债表日后事项的说明:资产负债表日后发生的重大事件,如重大资产处置、巨额亏损或修订的财务预测,可能对企业的财务状况产生重大影响。这些事项需要在报告中特别指出,以便反映最新的财务状况。

(5)关联方关系及其交易的说明:关联方可能包括股东、子公司、关键管理人员等,他们之间的交易可能涉及利益冲突。因此,所有与关联方的交易,无论是否有利,都必须在注释中详细披露,以确保透明度。

(6)重要资产转让及其出售说明:企业可能因各种原因转让或出售其重要资产,如固定资产或知识产权。这些交易可能对企业的财务状况和未来盈利能力产生重大影响,因此需要详细解释其原因和影响。

(7)企业合并、分立的说明:企业合并或分立是重大的结构性变化,可能涉及复杂的会计处理和价值评估。这些事件的详细信息,包括交易的性质、价值和后续影响,应在注释中提供。

(8)会计报表主要项目的说明:会计报表中的主要项目,如应收账款、存货、长期投资和非流动资产等,需要进一步的注释,以解释其计算方法、价值评估和潜在的风险。

这些注释提供了对财务报表的深入理解,帮助读者评估企业的财务状况、经营成果和未来前景，对于投资者、分析师和其他利益相关者来说，是做出决策的重要参考。

8.6.2 财务状况说明书

财务状况说明书，作为企业财务会计报告的重要组成部分，旨在为读者提供一个全面、深入的视角，以理解企业在特定会计期间内的经济行为和财务表现。它不仅揭示了企业的经济活动，还涵盖了资金流动、利润分配等关键信息，是投资者、债权人、管理层以及其他利益相关者决策的重要依据。

首先，企业生产经营的基本情况是财务状况说明书的核心内容。这包括企业的生产规模、主要产品或服务、市场地位、销售策略、供应链管理等多方面的信息。例如，如果企业在报告期间推出了新产品或服务，或者改变了主要的销售渠道，这些都可能对企业的经营业绩产生重大影响，需要在说明书中详细阐述。

其次，利润实现和分配情况是评估企业盈利能力的重要指标。这包括企业的总收入、成本结构、毛利润、净利润等财务数据，以及利润分配政策，如股利支付、再投资计划等。通过这些信息，读者可以了解企业的盈利模式是否健康，以及利润是否被有效地再投资以驱动未来的增长。

再者，资金增减和周转情况反映了企业的资金流动性和偿债能力。这包括企业的资产结构、负债水平、现金流状况、应收账款和存货的周转速度等。这些数据可以帮助读者判断企业是否能够满足其短期和长期的财务承诺，以及资金管理是否有效。

最后，财务状况说明书还需要揭示对企业财务状况、经营成果和现金流量有重大影响的其他事项。这可能包括重大的非经常性损益项目、重要的合同条款、重大的诉讼或仲裁、重大的投资或融资活动等。这些事项可能不直接体现在传统的财务报表中，但它们对企业未来的财务表现可能产生深远影响。

总的来说，财务状况说明书是一个全面、深入的财务分析工具，它通过详尽的描述和解释，帮助读者理解企业的经济活动和财务表现，从而做出更为明智的决策。

8.7 报送和审批

8.7.1 财务会计报告的报送

在探讨《企业财务会计报告条例》及其对企业财务透明度的影响时，我们首先需要深入理解这一法规的核心要求与深远意义。该条例明确规定，企业应遵循其章程，向投资者呈递详尽且准确的财务会计报告。这一规定不仅体现了市场经济下信息对称的重要性，也保障了投资者的合法权益，确保他们能够基于充分的信息作出理性的投资决策。

对于国务院直接监管的国有重点大型企业、金融机构，以及地方各级人民政府派出的监事会所监督的国有企业而言，它们肩负着更为重大的责任。这些企业必须严格依照法律规定，定期向监事会提交财务会计报告。这一做法不仅增强了国有企业的监管力度，还促进了企业内部管理的规范化与透明化。同时，国有企业、国有控股或占主导地位的企业还需每年至少一次向职工代表大会公布财务报告，这进一步保障了职工的知情权与监督权，构建了更加和谐的劳资关系。

值得注意的是，当有关部门或机构依据法律、行政法规或国务院规定要求企业提供财务会计报告及其相关数据时，它们必须向企业出示明确的法律依据，并严格遵守会计原则，不得随意要求企业更改报告数据。这一规定有效防止了权力滥用与数据篡改，维护了会计信息的真实性与可靠性。

在财务会计报告的编制与披露方面，《企业会计制度》亦有着明确的时间要求。月度中期财务会计报告需在月度结束后 6 天内公布，季度报告则需在季度末后 15 天内完成披露。对于半年度及年度财务报告，其时间要求更为严格：半年度报告需在年度中期结束后 60 天内（即两个连续的月份内）公布，而年度财务报告则需在年度结束后 4 个月内对外提供。这些时间限制确保了企业财务信息的及时性与时效性，为市场参与者提供了宝贵的决策依据。

此外，我们还应关注到财务会计报告编制过程中的一致性原则。企业向不同对象提供的财务会计报告，其编制基础、依据、原则及方法必须保持一致。这一规定旨在消除信息差异与误导，确保所有利益相关者都能获取到同等质量、同等内容的财务信息。同时，它也强调了会计信息的可比性与可理解性，促进了财务信息的交流与共享。

综上所述，《企业财务会计报告条例》及其配套制度不仅规范了企业财务报告的编制与披露行为，还强化了企业的信息披露义务与责任。它们共同构建了一个公平、透明、高效的财务信息披露体系，为市场经济的健康发展提供了有力保障。未来，随着法规的不断完善与监管力度的持续加强，我们有理由相信企业的财务透明度将得到进一步提升，从而推动整个社会的经济繁荣与进步。

8.7.2 财务会计报告的审批

在企业管理与财务运营的广阔舞台上，上级主管部门、上级公司以及财政、税务、审计和金融等核心监管部门，如同精密的齿轮，共同驱动着企业财务会计报告体系的稳健运行。这一体系不仅关乎企业内部的财务透明度与合规性，更是连接企业与外部经济环境的重要桥梁。因此，对于这些关键部门而言，及时、高效且严谨地组织对财务会计报告的审核与批复工作，显得尤为重要。

首先，让我们深入剖析这一过程中的关键环节——审核。各级主管部门作为企业的直接管理者，需对所属单位上报的财务会计报告进行细致入微的审核。这不仅是对数字的核对，更是对企业经营状况、财务状况及未来发展趋势的一次全面审视。在此过程中，主管部门需充分利用专业知识与经验，结合行业规范与制度要求，对报告的准确性、完整性及合规性进行逐一排查。一旦发现编制错误或不符合制度要求的情况，应立即启动沟通机制，及时通知报送单位进行更正，确保报告的真实性与有效性。

与此同时，财政部门作为宏观经济调控的重要力量，也需对同级各主管部门报送的汇总财务会计报告进行严格的审核与批复。这一层次的审核更加注重于宏观视角的把握，旨在通过汇总分析各单位的财务数据，洞察经济运行的总体态势与潜在风险。财政部门在审核过程中，同样需保持高度的敏锐性与责任感，对任何可能的违规行为或潜在风险点进行深入挖掘与剖析。

在审核与批复的过程中，若发现违反财经法规的情况，相关部门需立即采取行动。这包括但不限于查明违规原因、制定纠正措施、实施严厉处罚等。通过这些举措，不仅能够维护财经秩序的严肃性，还能够起到警示作用，促使各企业严格遵守财经法规，确保财务会计报告的真实、准确与合规。

此外，有关部门在审核完毕后，还需及时提出批复意见。这些意见应基于充分的审核与分析之上，既要对报告中的亮点给予肯定与鼓励，又要对存在的问题提出具体的改进建议。报送财务会计报告的单位在接到审批意见后，应认真对待并深入研究执行。对于发现的错误与不足之处，应迅速组织力量进行更正与完善，以不断提升企业的财务管理水平与财务报告质量。

总之，上级主管部门、上级公司以及财政、税务、审计和金融等监管部门对财务会计报告的审核与批复工作，是维护企业健康发展、保障经济秩序稳定的重要一环。通过这一过程的严谨实施与持续优化，我们有望构建一个更加透明、合规与高效的财务环境，为企业的可持续发展与经济的繁荣稳定提供有力支撑。

【练习题】

一、单项选择题

1. 资产负债表的编制基础是(　　)。

A. 试算平衡　　B. 记账规则

C. 收入-费用=利润　　D. 资产=负债+所有者权益

2. 资产负债表左、右两方各项目的前后顺序是按(　　)排列的。

A. 重要性　　B. 流动性　　C. 有用性　　D. 随意性

3. 下列项目中，不能根据总账余额直接填列的是(　　)。

A. 交易性金融资产　　B. 货币资金　　C. 盈余公积　　D. 短期借款

4. 下列项目中，根据总账余额直接填列的是(　　)。

A. 实收资本　　B. 未分配利润　　C. 应收账款　　D. 存货

5. 利润表中各项目的“本期数”应根据各有关会计科目的(　　)直接填列。

A. 期末余额　　B. 本期发生额　　C. 累计发生额　　D. 结转数额

6. 财务报表是对会计主体财务状况、经营成果和现金流量的结构性表述，是由(　　)组成。

A. 资产负债表和利润表

B. 资产负债表、利润表和现金流量表

C. 资产负债表、利润表和现金流量表、所有者权益变动表以及附注

D. 资产负债表和现金流量表

7. 在下列各项财务报表中，属于反映企业财务状况的对外报表是(　　)。

A. 资产负债表　　B. 利润表　　C. 所有者权益变动表 D. 现金流量表

8. 财务报表项目中的数字其直接来源是(　　)。

A. 原始凭证　　B. 记账凭证　　C. 日记账　　D. 账簿记录

9. 资产负债表中的报表项目(　　)。

A. 都是根据账户余额填列

B. 都是根据发生额填列

C. 根据上述 A、B 填列

D. 大多数项目可以直接根据账户余额填列，少数项目要根据有关账户余额分析计算后才能填列

10. 某企业应收账款明细账余额为：甲工厂借方余额为 1 000 元，乙工厂贷方余额为 500 元，丙工厂借方余额为 1 520 元，根据以上数据计算的反映在资产负债表上的应收账款项目的数额为（ ）。

A.3 020 B.2 020 C.500 D.2 520

二、多项选择题

1. 企业净利润的分配渠道有（ ）。

A. 应付股利 B. 所得税

C. 盈余公积补亏 D. 提取法定盈余公积金

2. 会计报表可以为（ ）提供信息资料。

A. 投资者 B. 债权人

C. 单位内部的经营者 D. 财政、工商、税务

3. 资产负债表中“存货”项目应根据（ ）总账科目的期末余额之和填列。

A. 原材料 B. 生产成本 C. 交易性金融资产 D. 库存商品

4. 编制资产负债表时，根据若干总账科目的期末余额计算填列的项目有（ ）。

A. 货币资金 B. 存货 C. 预付账款 D. 交易性金额资产

5.“预付账款”项目应根据（ ）总账科目所属明细科目的期末借方余额之和填列。

A. 应付账款 B. 应收账款 C. 预付账款 D. 预收账款

6. 企业对外报送的财务报表包括（ ）。

A. 资产负债表 B. 利润表 C. 现金流量表 D. 成本报表

7. 财务报表的编制必须做到（ ）。

A. 数字真实 B. 计算准确 C. 编报及时 D. 内容完整

8. 反映企业财务状况及现金流量的报表有（ ）。

A. 资产负债表 B. 利润表 C. 现金流量表 D. 成本费用明细表

9. 按财务报表编报的单位分，有（ ）。

A. 单位财务报表 B. 汇总财务报表 C. 资金平衡表 D. 内部报表

10. 下列报表属于附属报表的有（ ）。

A. 资产减值准备明细表 B. 分部报表

C. 现金流量表 D. 财务状况说明书

三、判断题

1. 资产负债表是反映企业特定期间静态财务状况的报表。（ ）

2. 现金流量表是反映企业在一定日期现金以及现金等价物流入流出情况的会计报表。（ ）

3. 利润表是反映企业一定日期经营成果的动态报表。（ ）

4. 财务状况说明书是企业对外财务会计报告的组成部分。（ ）

5. 利润表结构的理论基础是“利润=收入-费用”会计等式。 (　　)
6. 会计报表各项目的数据均是根据报告期有关账户的期末余额分析、计算填列的。 (　　)
7. 企业编报的财务会计报告应当以人民币反映。 (　　)
8. 资产负债表左右两栏的项目，都是根据有关总账或明细账的期末余额直接填列的。 (　　)

【技能训练】

一、训练目的

练习编制资产负债表的。

二、训练资料

M 公司 2023 年 12 月 31 日有关总账科目、明细科目余额，如表 8-16 所示。

表 8-16　M 公司有关总账科目、明细科目余额表　　单位：元

总账科目	明细科目	借　方	贷　方	总账科目	明细科目	借　方	贷　方
库存现金		3 700		短期借款			85 000
银行存款		135 700		应付票据			78 000
其他货币资金		5 200		应付账款			35 000
应收票据		35 000			X 公司	15 000	
应收账款		50 000			Y 公司		50 000
	A 公司	45 000		其他应付款			5 600
	B 公司	20 000		应付职工薪酬			25 000
	C 公司		15 000	应交税费			25 600
坏账准备			3 000	长期借款			100 000
预付账款		7 000		实收资本			500 000
	W 公司	10 000		盈余公积			45 000
	Z 公司		3 000	利润分配			78 000
其他应收款		400					
材料采购		7 800					
周转材料		9 670					
库存商品		12 000					
长期股权投资		56 000					
固定资产		655 230					
累计折旧			2.000				
无形资产		4 500					

项目九　会计核算

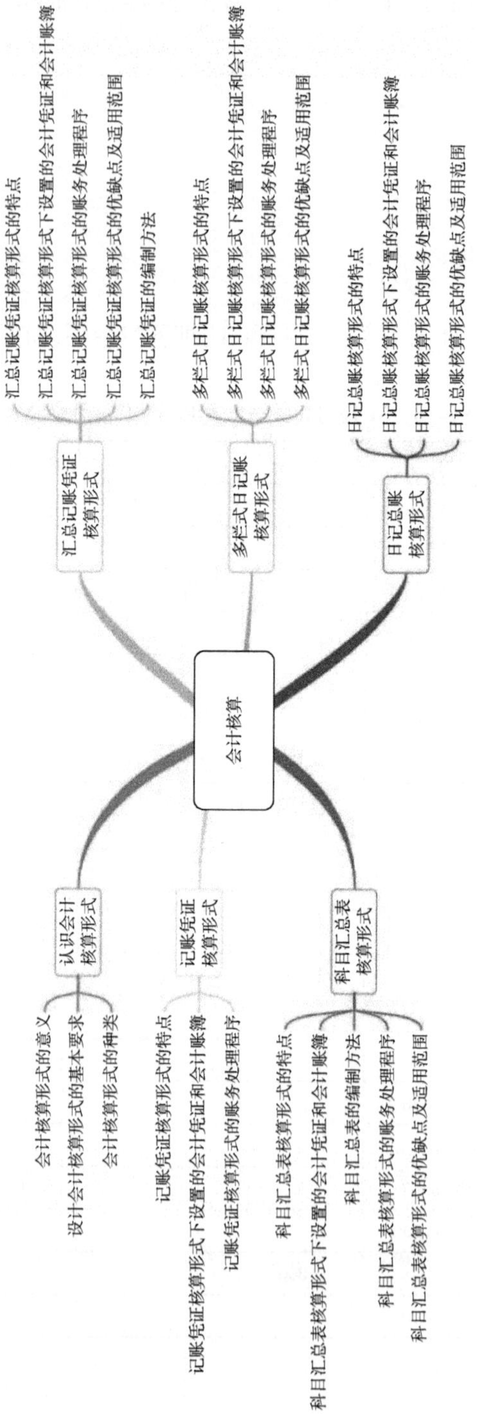

思维导图

9.1　认识会计核算形式

9.1.1　会计核算形式的意义

会计,作为一种信息管理系统,至关重要,因为它能及时地提供准确且全面的会计信息,以此支持企业做出明智的决策。企业必须遵循以实际发生的经济活动,进行会计核算,包括编制和审核会计凭证、登记账簿,以及制定财务会计报告。这三个核心环节在会计核算过程中相互交织,紧密协作,并通过特定的组织流程融为一体,形成一个健全的会计工作体系,即会计核算模式。

会计核算模式,又可称为会计核算组织程序或账务处理系统,是指会计凭证、账簿结构和财务会计报告的整合方式。它涵盖了会计凭证和账簿的类型与格式,以及从原始凭证到记账凭证的转化,再到明细分类账和总分类账的登记,最后生成财务会计报告的工作流程和策略。

科学合理地设计会计核算形式具有重要意义。

(1)有利于保证会计信息质量。合理的会计核算形式,能准确地记录和反映经济业务,对经济业务进行有效监督,从而保证会计信息质量的真实性和公允性。

(2)有利于规范会计基础工作,保证会计工作有序进行。按照合理的会计核算形式从事会计核算工作,能够在内容和形式上规范会计工作,保证会计核算有条理、有秩序地进行。

(3)有利于提高会计核算工作的效率。科学、合理的会计核算形式,可以使凭证在部门之间合理传递,做到资料共享;还可以减少账簿在财会人员之间重复抄写,减少不必要的环节,节约人力、物力的支出,提高工作效率,节约费用。

9.1.2　设计会计核算形式的基本要求

会计核算形式的设计是企业财务管理中的关键环节,它直接关系到会计信息的准确性和决策的科学性。因此,为了确保会计核算的科学性和合理性,设计过程应遵循一系列基本原则,以适应企业内外部环境的变化,满足各方需求。

首先,设计会计核算形式必须立足于企业的实际情况,充分考虑企业的特性和需求。每个企业都有其独特的运营模式、业务流程和管理特点,这决定了其会计核算方式的特殊性。例如,制造业企业可能需要更关注成本计算和库存管理,而服务业企业可能更注重收入确认和费用分配。因此,设计时应深入理解企业的业务流程,确保会计核算形式能够准确反映企业的经济活动。

其次,会计核算的目的是提供决策所需的信息,因此,设计的会计核算形式应能提供及时、准确且全面的会计信息。这不仅包括满足企业内部管理的需要,如成本控制、绩效评估等,还包括满足外部利益相关者的需求,如投资者、债权人、监管机构等。例如,通过采用先进的信息技术,可以实现会计信息的实时更新和快速报告,提高信息的时效性。

最后,会计核算的效率和成本也是设计时不可忽视的因素。在保证会计核算质量的前提下,应尽可能简化核算流程,减少不必要的操作步骤,以节省人力、物力和时间成本。同时,高效的会计核算也能提高工作效率,使企业能够更快地获取和处理会计信息,从而更好地支持决策。

总体来说,设计会计核算形式是一个综合考虑企业特性、信息需求、效率和成本的复杂过程。只有充分理解和应用这些原则,才能构建出既科学又合理的会计核算体系,为企业管理和决策提供有力的支持。

9.1.3 会计核算形式的种类

当前的会计核算体系因其记录基础和手段的多样性,呈现出丰富多样的形态。大致可划分为两大类别,一类为逐笔记账方法,包括了以记账凭证为基础的核算方式以及采用日记总账核算的形式;另一大类则为汇总记账型核算,它涵盖了凭证汇总核算和账簿汇总核算。在凭证汇总核算中,常见的有科目汇总表核算形式和汇总记账凭证核算形式两种选择;而账簿汇总核算则主要表现为多栏式日记账核算和凭单日记账核算这两种主要形式。如图 9-1 所示,展示了会计核算形式的详细分类。

在会计核算的各类方法中,记账凭证核算体系被视为最基本的形式,它构成了其他核算方法的基石。在实际操作中,鉴于科目汇总表核算方式和汇总记账凭证核算方式能够显著降低总账登记的烦琐程度,同时便于对财务状况进行深入分析和有效检查,这两种方法在运营规模宏大、经济活动复杂的大型及中型企业中得到了广泛应用。本章将详细阐述记账凭证核算形式,以及科目汇总表核算形式和汇总记账凭证核算形式的运作机制。

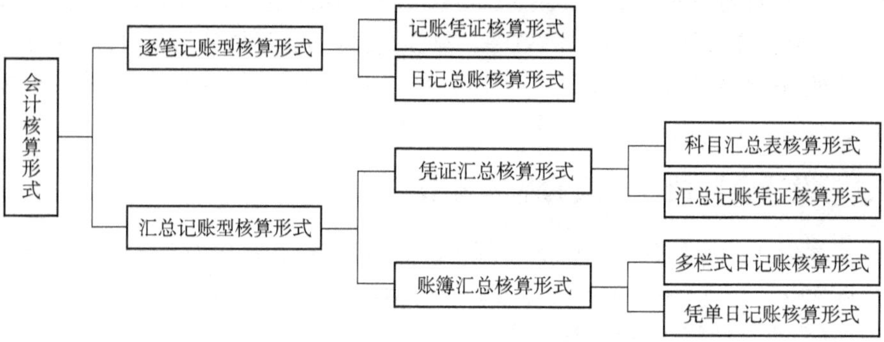

图 9-1 会计核算形式的种类

9.2 记账凭证核算形式

9.2.1 记账凭证核算形式的特点

记账凭证核算形式,作为会计学中的一个核心概念,其主要特征在于其直接性和逐笔性。这种核算方式要求会计人员严格依据记账凭证,一笔一笔地在总分类账中进行记录,确保每一笔经济交易的精确反映。这种核算形式的基石地位不言而喻,它是会计核算体系的最原始、最基础的组成部分,其他所有复杂的会计核算方法都是以此为基础,根据实际的经济管理需求逐步演变和扩展而来的。

记账凭证核算形式的重要性在于其能够保证会计信息的完整性和准确性。每一笔经济交易的发生，都会生成相应的记账凭证，这些凭证详细记录了交易的日期、金额、性质等关键信息。会计人员根据这些凭证进行逐笔登记，使得总分类账中的信息与实际交易完全对应，避免了信息的遗漏或错误。

此外，这种核算形式的直接性也使得审计工作更为便捷。由于所有的会计信息都直接来源于记账凭证，审计人员可以直接追溯到交易的源头，进行逐项核对，大大提高了审计的效率和可信度。

然而，随着经济活动的复杂化和企业管理需求的多样化，单纯的记账凭证核算形式已经不能满足所有需求。因此，衍生出了如科目汇总表核算、日记账核算等多种核算形式，它们在保持基础核算方式的同时，增加了数据的汇总、分类、分析等功能，以更好地服务于决策制定和管理控制。

总体来说，记账凭证核算形式是会计核算的基石，它为会计信息的准确记录和有效利用提供了基本框架。同时，它也是会计学理论和实践发展的重要推动力，不断适应并推动着经济管理的进步。

9.2.2　记账凭证核算形式下设置的会计凭证和会计账簿

在记账凭证核算形式下，记账凭证可以采用通用记账凭证格式，也可采用收款凭证、付款凭证和转账凭证等专用记账凭证格式。

在记账凭证核算形式下，需要设置库存现金日记账（如图 9-2 所示）、银行存款日记账（如图 9-3 所示）、总分类账（如图 9-4 所示）和明细分类账（如图 9-5 所示）。

现金日记账

单位名称：　[001]鹿鹤村　　　　打印日期：2019年03月13日　单位：元

2019年 月	日	单据号	用途或来源	收入（亿千百十万千百十元角分）	支出（亿千百十万千百十元角分）	借或贷	余额（亿千百十万千百十元角分）
1	29	0007	取现	4583960		借	4583960
1	31	0023	鹿鹤村交彭州市红十字会会费及征订《博爱》杂志费		17200	借	4566760
1	31	0023	鹿鹤村2018年"八一"建军节，现役军人慰问金		20000	借	4546760
1	31	0023	鹿鹤村2018年度夏秋季征兵体检人员误工补贴		140000	借	4406760
1	31	0023	鹿鹤村2018年度监事会、理财小组成员误工补贴		360000	借	4046760
1	31	0024	鹿鹤村党群服务中心购电电费		75251	借	3971509
1	31	0024	鹿鹤村党群服务中心用电购电费		55679	借	3915830
1	31	0024	鹿鹤村2018年夏、秋、季稻秆禁烧巡查（加班参加人员补贴）		600000	借	3315830
1	31	0024	鹿鹤村2018年度杨寿康养殖场占地租金		1462150	借	1853680
1	31	0026	鹿鹤村2018年度正常离任干部生活补贴		1277000	借	576680
1	31	0026	鹿鹤村2018年菜博会期间整治汉彭路环境参加人员务工补贴		200000	借	376680
1	31	0026	鹿鹤村党代表、人大代表外出考察补贴		330000	借	46680
1	31	0026	鹿鹤村征订2019年（1-12月）《中国妇女报》《分忧》《家庭教育》费		46680	平	
			本月合计	4583960	4583960		
			累　计	4583960	4583960		

图 9-2　现金日记账

银行存款日记账

单位：元

年 月	年 日	凭证号	结算方式	摘要	借方金额（亿千百十万千百十元角分）	核对号	贷方金额（亿千百十万千百十元角分）	余额（亿千百十万千百十元角分）

图 9-3　银行存款日记账

总分类账　　第 1 页

GENERAL LEDGER

会计科目及编号

ACCOUNT NO. 库存现金 1001

×年 月	×年 日	凭证字号	摘要	借方（亿千百十万千百十元角分）	贷方（亿千百十万千百十元角分）	借或贷	余额（亿千百十万千百十元角分）	✓
12	1		期初余额			借	414000	
	4	记02	支付职工生活补助		218600	借	195400	
	4	记03	提现	500000		借	695400	
	9	记09	购买零星办公用品		88500	借	606900	
	21	记18	行政李群借差旅费		500000	借	106900	
	29	记24	行政李群报差旅费		50000	借	56900	

图 9-4　总分类账

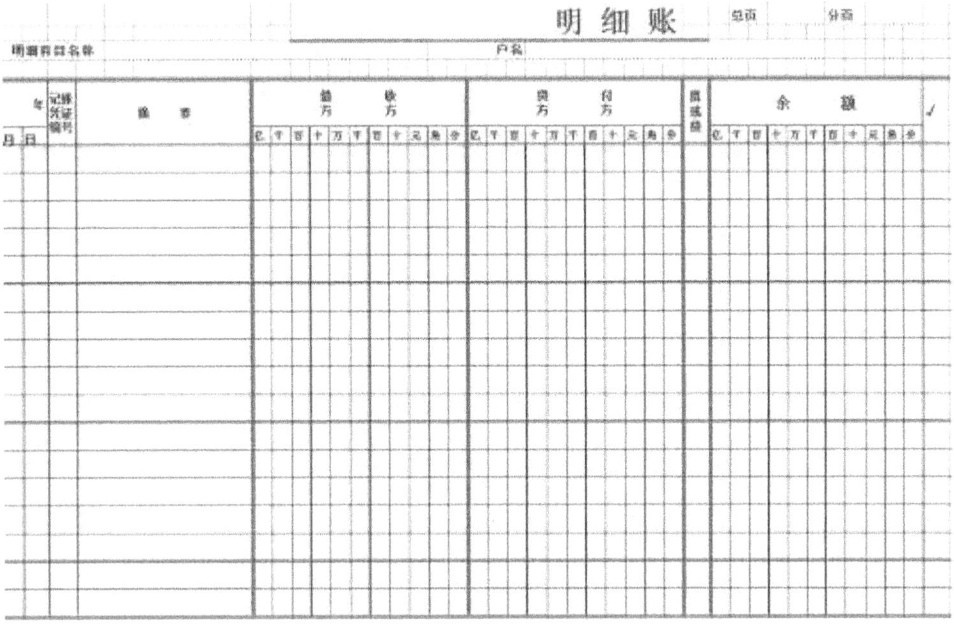

图 9-5　明细分类账

库存现金日记账、银行存款日记账、总分类账一般均采用三栏式账页，明细分类账则可以根据管理的需要分别采用三栏式、数量金额式和多栏式账页。

9.2.3　记账凭证核算形式的账务处理程序

记账凭证核算形式的账务处理程序，是会计工作中不可或缺的基础环节，它确保了财务信息的准确性和完整性。以下是这一程序的详细步骤。

第一，会计人员需要根据原始凭证或汇总原始凭证来编制记账凭证。原始凭证是企业经济活动的第一手资料，如发票、收据等，它们详细记录了每一笔交易的发生情况。汇总原始凭证则是对一定时期内同类经济业务的原始凭证进行汇总，以简化记账工作。

第二，根据收款凭证和付款凭证，会计人员需要登记库存现金日记账和银行存款日记账。库存现金日记账反映了企业现金的流入和流出，银行存款日记账则记录了银行账户的增减变动，这两者都是企业现金流量的重要反映。

第三，需要根据原始凭证、汇总原始凭证、记账凭证登记各种明细账。明细账是总分类账的细化，它按照会计科目的明细项目分别记录，如应收账款、应付账款等，以便更详细地反映企业的财务状况。

第四，根据所有记账凭证逐笔登记总分类账。总分类账是企业会计核算的核心，它汇总了所有经济业务，反映了企业资产、负债、所有者权益等会计要素的增减变动。

在会计期末，需要进行余额核对。将库存现金日记账、银行存款日记账的余额及各种明细分类账的余额合计数分别与总分类账中有关账户的余额核对相符，以确保账账相符，账实相符。

第五，基于核对无误的总分类账和明细分类账的记录，会计人员将编制会计报表，如资产负债表、利润表等，这些报表是企业对外披露财务信息、进行决策分析的重要依据。

总体来说，记账凭证核算形式的账务处理程序是一个严谨、系统的过程，它确保了会计信息的准确性和可靠性，为企业的经营管理提供了有力的数据支持。

记账凭证核算形式的账务处理程序如图 9-6 所示。

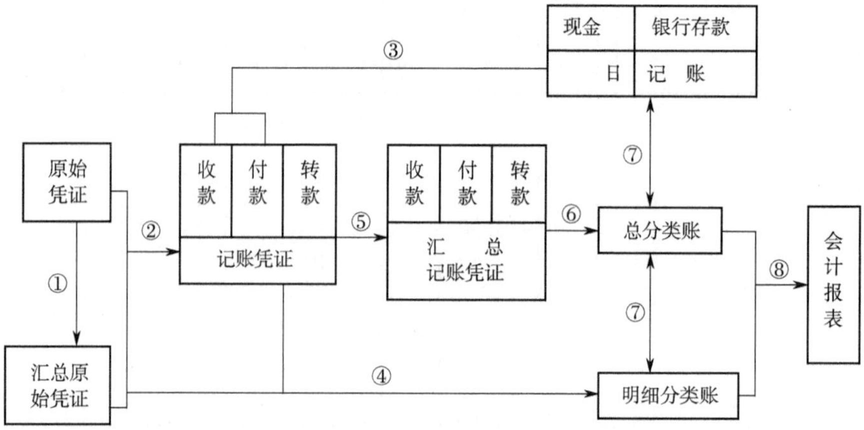

图 9-6 记账凭证核算形式的账务处理程序图

9.2.4 记账凭证核算形式的优缺点及适用范围

记账凭证核算形式，作为一种常见的会计处理方式，其特点和适用范围具有鲜明的特性。首先，其显著的优点在于其简洁明了的账务处理流程。这种核算形式将会计业务以记账凭证的形式逐一记录，然后直接将这些凭证的信息汇总到总分类账中，使得整个会计流程清晰易懂。对于初学者或者新员工来说，这种直观的处理方式更易于理解和掌握，大大降低了理解和操作的难度。

此外，记账凭证核算形式的另一个优势在于其高效便捷的查账机制。由于操作环节相对较少，每一步都直接与原始凭证对应，一旦需要核对某项交易，可以直接追溯到原始凭证，大大提高了查账的效率和准确性。这对于维护会计信息的完整性和真实性，以及防止可能的错误或欺诈行为，具有重要的意义。

然而，尽管记账凭证核算形式有其独特的优点，但其在实际应用中也存在不容忽视的局限性。主要的问题在于，随着企业规模的扩大和经济业务的复杂化，需要处理的会计凭证数量会大幅度增加。如果仍然采取逐笔登记总分类账的方式，将会产生巨大的工作量，不仅消耗大量的人力和时间，也可能因为频繁的重复操作而增加出错的风险。

因此，这种核算形式通常更适合于规模较小、经济业务简单、业务量不大和会计凭证数量有限的单位，如小型企业、非营利组织等。对于大型企业或业务频繁的机构，更倾向于采用科目汇总表或汇总记账凭证等更为高效复杂的核算形式，以适应其复杂的业务需求和大规模的会计处理工作。

总的来说，记账凭证核算形式是一种既具有优势又存在局限性的会计方法，其适用性需要根据企业的具体情况进行评估和选择。在实际操作中，应结合企业的规模、业务特点、资源条件等因素，灵活选择和优化会计核算方式，以实现会计信息的准确、及时和有效的处理。

9.3 科目汇总表核算形式

9.3.1 科目汇总表核算形式的特点

科目汇总表核算形式，作为企业会计核算中的一种重要方法，其特点在于分步骤、系统化的处理流程。首先，企业日常的经济业务发生后，会计人员会根据这些业务编制记账凭证，这是会计核算的第一步，也是最基础的工作。记账凭证详细记录了每笔经济业务的性质、金额以及对应会计科目的信息，是后续核算的依据。

接下来，企业会定期（如每日、每周或每月）将这些记账凭证进行汇总，编制成科目汇总表。这个过程实际上是将相同或相似会计科目的经济业务进行归类和整合，以简化和加速总分类账的登记工作。科目汇总表不仅列示了各会计科目的借方和贷方发生额，还计算出各科目的本期发生净额，便于快速了解企业的财务状况。

由于科目汇总表是基于记账凭证进行编制的，因此，这种核算形式也被称为“记账凭证汇总表核算形式”。这种形式的优势在于，它可以有效减少登记总分类账的工作量，提高会计核算的效率，同时也有利于检查记账凭证的编制是否准确，防止会计错误的累积。

此外，科目汇总表核算形式还有助于企业进行财务分析和决策。由于科目汇总表提供了各会计科目的汇总信息，企业可以快速获取关键财务指标，如收入、成本、利润等，以便进行财务分析和预测，为企业的经营决策提供支持。

总体来说，科目汇总表核算形式是一种科学、规范的会计核算方法，它通过有序的步骤和汇总处理，实现了会计信息的高效、准确处理，对于企业的财务管理具有重要的实践意义。

9.3.2 科目汇总表核算形式下设置的会计凭证和会计账簿

在科目汇总表的核算模式中，记账凭证可采取通用的格式，或者选择更为专门的收款凭证、付款凭证及转账凭证等形式。此外，此种核算方式要求设立库存现金日记账、银行存款日记账、总分类账以及详细分类账等会计科目。库存现金日记账、银行存款日记账通常使用三栏式账页以简洁呈现，而总分类账则依据管理需求，也可采用三栏式设计。至于明细分类账，其账页格式则更为灵活，可选择三栏式、数量金额式或多栏式，以满足不同管理信息的详细需求。

9.3.3 科目汇总表的编制方法

科目汇总表，也称科目发生额及余额汇总表，是会计工作中一种重要的财务报表编制方法。它的主要目的是简化会计核算过程，提高工作效率，同时也能有效防止会计错误，确保财务信息的准确性。以下是科目汇总表的详细编制步骤和解释。

第一，需要定期收集一定时间范围内的所有记账凭证。这些凭证是企业日常经济活动的记录,包括采购、销售、支付、收款等各种交易。时间范围通常根据企业的业务量和管理需要来确定,可能是每日、每周或每月。

第二,对收集到的记账凭证进行会计科目的分类。会计科目是企业会计核算的基础,如“应收账款”“应付账款”“库存商品”等,它们对应着企业的不同资产、负债、权益、收入和费用。

第三,对每个会计科目进行汇总计算,分别计算出借方发生额和贷方发生额的合计数。在会计原则中,借方表示资产的增加或负债的减少,贷方则表示资产的减少或负债的增加。借方和贷方的发生额相等,体现了会计的平衡原则。

第四,将这些数据填入科目汇总表的相关栏内。科目汇总表通常会列出所有总账科目,每个科目下分别列出借方发生额和贷方发生额。同时,表中还会计算出每个科目的借方本期发生额合计数和贷方本期发生额合计数。

第五,科目汇总表的编制结果可以用来编制总分类账,以反映企业的财务状况和经营成果。同时,通过比较科目汇总表的数据,可以发现会计处理中的错误或遗漏,及时进行调整,保证会计信息的可靠性。

总体来说,科目汇总表的编制是会计工作中的重要环节,它不仅简化了会计核算,提高了工作效率,而且通过数据的汇总和比较,有助于企业发现和纠正会计错误,确保财务信息的准确性和完整性。

在实际工作中,科目汇总表可以根据需要设计,采用不同的格式,但是所有格式的科目汇总表只反映各总账科目借、贷方本期发生额,不反映各个总账科目的对应关系。科目汇总表可以每月汇总一次,也可以每旬汇总一次。科目汇总表常用的格式如表9-1、表9-2所示。

表9-1 科目汇总表(一)

会计科目	记账	本期发生额		记账凭证起讫号
		借方	贷方	
库存现金		90 200	90 000	
银行存款		220 000	135 300	
其他应收款			1 000	
原材料		100 000		
固定资产		30 400		
短期借款			20 000	
应付账款		13 400	117 000	
应交税费		17 000		
应付职工薪酬		90 000		
实收资本			200 000	
管理费用		2 300		
合计		563 300	563 300	

表 9-2 科目汇总表(二)

会计科目	记 账	本期发生额		记账凭证起讫号
		借方	贷方	
库存现金			240	
银行存款			17 300	
应收账款		354 510		
原材料			62 000	
库存商品		88 377	240 000	
制造费用		20 580	20 580	
生产成本		136 580	88 377	
累计折旧			7 080	
应交税费			51 510	
应付职工薪酬			90 000	
主营业务收入		300 000	300 000	
其他业务收入		3 000	3 000	
主营业务成本		240 000	240 000	
其他业务成本		2 000	2 000	
销售费用		15 000	15 000	
管理费用		23 040	25 340	
本年利润		303 000	303 000	
本分配利润			20 660	
合计		1 486 087	1 486 087	

由于借贷记账法的记账规则是"有借必有贷,借贷必相等",因此编制的科目汇总表内的全部借方发生额合计数一定与全部贷方发生额合计数相等。

9.3.4 科目汇总表核算形式的账务处理程序

科目汇总表核算形式的账务处理程序,是会计工作中不可或缺的一环,它确保了财务信息的准确性和完整性。以下是这一程序的详细步骤。

第一,会计人员需要根据日常业务中产生的原始凭证,或是对大量原始凭证进行汇总后的汇总原始凭证,来编制记账凭证。这个过程是会计信息录入的起点,每一张记账凭证都应详细记录交易的日期、金额、科目和交易性质等信息。

第二,针对涉及现金和银行存款的交易,会计人员需要根据收款凭证和付款凭证,逐笔登记库存现金日记账和银行存款日记账。这些日记账是现金和银行存款流动的详细记录,有助于实时监控企业的现金流状况。

第三,会计人员需要根据原始凭证、汇总原始凭证,以及之前编制的记账凭证,登记各种明细分类账。这些明细账涵盖了企业的各项资产、负债、所有者权益、收入和费用等会计科目，为后续的分析和决策提供详细的数据支持。

第四，在上述步骤完成后，会计人员会定期（如每日、每周或每月）编制科目汇总表。科目汇总表是根据记账凭证汇总各个会计科目的借贷发生额，以反映企业在一定期间内的财务状况和经营成果。

第五，会计人员根据科目汇总表来登记总分类账。总分类账是企业会计信息的总括性记录，它汇总了所有会计科目的借贷发生额，用于反映企业整体的财务状况。

在会计期末，会计人员需要进行账项核对，即将库存现金日记账、银行存款日记账的余额和各种明细分类账的余额合计数，与总分类账中相应的账户余额进行核对，以确保账账相符，无误无漏。

第六，会计人员根据总分类账和相关明细分类账的记录，编制会计报表，如资产负债表、利润表和现金流量表等。这些报表是对外报告企业财务状况和经营成果的主要工具，也是内部管理决策的重要依据。

总体来说，科目汇总表核算形式的账务处理程序是一个严谨、系统的过程，它确保了会计信息的准确性和可靠性，为企业管理和决策提供了有力的数据支持。

科目汇总表核算形式的账务处理程序如图 9-7 所示。

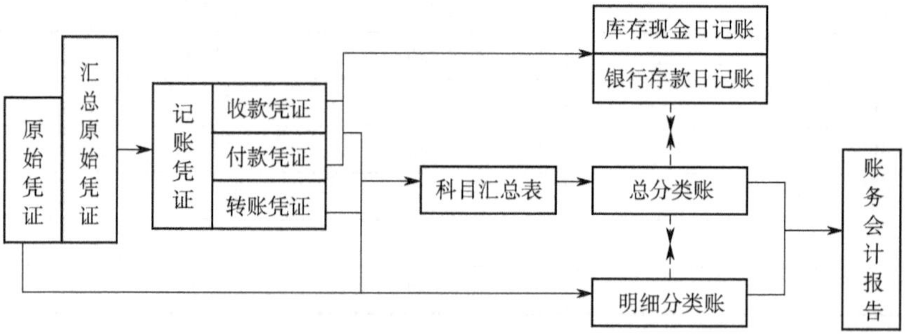

图 9-7 科目汇总表核算形式的账户处理程序图

9.3.5 科目汇总表核算形式的优缺点及适用范围

科目汇总表核算形式，作为一种常见的会计处理方法，其优势在实际操作中得到了广泛的认可。首先，其试算平衡的功能是其主要优点之一。在会计处理过程中，通过编制科目汇总表，可以将一定时期内的所有会计科目及其发生额进行汇总，以此检查借贷双方的平衡关系。如果发现不平衡的情况，就能及时发现并纠正会计账簿记录的错误，从而避免错误信息的传递，保证记账工作的准确性和可靠性，这对于企业财务管理的高效运行至关重要。

其次，科目汇总表在减轻总分类账登记工作量方面也表现出色。传统的会计工作中，逐笔登记总分类账的工作量大且烦琐，而科目汇总表则可以将多笔业务合并处理，只需根据汇总数据直接登记总账，大大提高了会计工作效率，尤其对于业务量繁重的大中型企业，这种优势更为明显。

然而，尽管科目汇总表核算形式有其独特的优势，但也不能忽视其存在的局限性。其中，不能反映账户之间的对应关系是一个显著的缺点。在会计核算中，账户之间的对应关系是理解经济业务实质的重要线索，如果仅依赖科目汇总表，可能会导致会计信息的解读困难，对审计和内部管理带来不便。此外，由于缺乏详细的业务信息，对于业务内容的了解和问题的追溯也会受到限制，这在一定程度上影响了会计信息的使用效果。

总体来说，科目汇总表核算形式是一种适用于大规模、高业务量企业的会计处理方法，它在提高工作效率和保证数据准确性方面具有显著优势，但同时也需要结合其他会计工具和方法，以弥补其在反映账户关系和业务内容理解方面的不足。因此，企业在选择核算形式时，应根据自身的实际情况和需求进行综合考虑。

9.4　汇总记账凭证核算形式

9.4.1　汇总记账凭证核算形式的特点

汇总记账凭证核算体系是一种会计处理方式，它涉及定期将单个记账凭证整合为汇总凭证，随后以此为基础登记总分类账。该方法的特点在于，它要求会计人员根据收款、付款和转账凭证，定期编制汇总收款凭证、付款凭证和转账凭证，以此作为登记总账的依据。

在采用汇总记账凭证的核算模式下，尽管凭证和账簿的设立与记账凭证核算流程大体相似，但需要额外进行定期汇总，以编制上述的汇总凭证。汇总的频率通常依据企业的业务量，可能每5天或10天进行一次，而每月则需编制一张总汇总。

汇总收款凭证的编制过程如下：按库存现金和银行存款的借方科目分别设置，然后对贷方科目进行分类和汇总，每月编制一张，最终得出的合计数据用于登记总分类账。

汇总付款凭证的编制步骤与之类似，但需按库存现金和银行存款的贷方科目设置，定期按借方科目归类汇总，同样每月编制一张，以供登记总分类账。

汇总转账凭证的编制方法则是在每个贷方科目下进行，根据转账凭证的借方科目进行分类和汇总。每月结束时，计算出的合计数据用于登记总分类账。这种按贷方科目设置的方法简化了汇总过程，允许所有转账凭证采用“一借一贷”或“一贷多借”的会计分录。如果遇到“一借多贷”或“多借多贷”的分录，需先分解为简单的分录再进行汇总。

9.4.2　汇总记账凭证核算形式下设置的会计凭证和会计账簿

在采用汇总记账凭证的核算体系中，除了设立基础的收款凭证、付款凭证和转账凭证之外，还需增设汇总收款凭证、汇总付款凭证及汇总转账凭证，以作为编制总分类账的可靠依据。

在该核算模式下，通常会设立库存现金日记账、银行存款日记账、总分类账以及各个明细分类账。库存现金日记账、银行存款日记账和总分类账通常采用结构简洁的三栏式账页设计，而明细分类账则会依据实际管理需求，灵活选用三栏式、数量金额式或更为详细的多栏式账页格式。

通过这样的设置，不仅确保了会计信息的完整性，还提高了账务处理的效率和灵活性。

9.4.3 汇总记账凭证核算形式的账务处理程序

汇总记账凭证核算形式是企业会计核算中的一种重要方法，它通过一系列严谨的步骤，确保会计信息的准确性和完整性。以下是这种核算形式的详细内容和步骤。

第一，企业需要根据日常业务中产生的各种原始凭证，如发票、收据等，或者汇总原始凭证，来编制记账凭证。记账凭证是会计核算的基础，它详细记录了经济业务的性质、金额以及涉及的会计科目。通常，我们会将这些凭证分为收款凭证、付款凭证和转账凭证三类，以反映不同的经济活动。

第二，企业需要根据收款凭证和付款凭证，逐笔登记库存现金日记账和银行存款日记账。这些日记账是企业现金流量的重要记录，能够实时反映企业的资金状况。

第三，企业需要根据记账凭证及所附的原始凭证和汇总原始凭证，逐笔登记各种明细分类账。明细分类账是总分类账的详细分解，它按照会计科目的细分项目，详细记录了每一笔经济业务，为企业提供了详细的数据支持。

第四，在上述步骤完成后，企业需要编制汇总记账凭证。这是将记账凭证中的信息进行整合，以简化总分类账的登记工作。汇总记账凭证能够清晰地反映出各个会计科目在一定期间内的增减变动情况。

第五，根据各种汇总记账凭证，企业将登记总分类账。总分类账是企业会计核算的核心，它汇总了所有会计科目的信息，为企业提供了一个全面的财务视角。

在月终，企业会进行余额核对。将库存现金日记账、银行存款日记账的余额，以及各种明细分类账的余额合计数，分别与总分类账中有关科目的余额进行核对，以确保账账相符，账实相符。

第六，企业会根据核对无误的总分类账和明细分类账的记录，编制财务会计报告，如资产负债表、利润表等。这些报告是企业对外披露财务状况、经营成果和现金流量的重要工具，也是决策者进行决策的重要依据。

总体来说，汇总记账凭证核算形式是一种系统化、规范化的会计处理流程，它确保了会计信息的准确性和可靠性，为企业管理和决策提供了有力的支持。

汇总记账凭证核算形式的基本步骤，如图 9-8 所示。

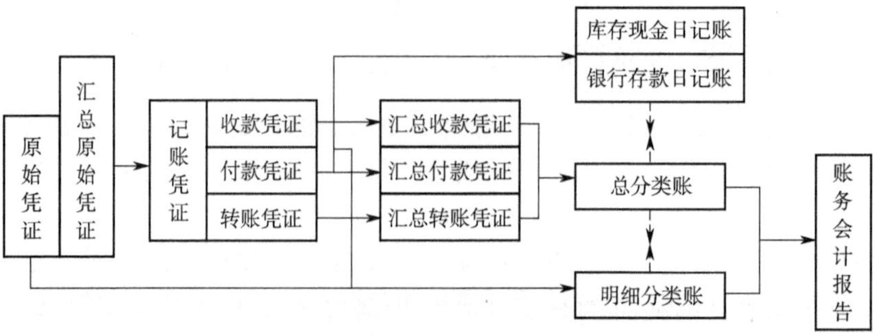

图 9-8 汇总记账凭证核算形式的流程图

9.4.4　汇总记账凭证核算形式的优缺点及适用范围

汇总记账凭证核算形式，作为一种常见的会计处理方式，具有显著的优势和一定的局限性。首先，其主要优点体现在对总分类账登记工作的简化上。通过将记账凭证进行汇总，再以此为基础登记总分类账，这一过程大大降低了会计人员的工作负担，提高了工作效率。同时，汇总记账凭证的设计，按照会计科目的对应关系进行，使得账户之间的对应关系一目了然，有助于深入理解经济业务的运行逻辑，对于追踪和分析企业经济活动的来龙去脉具有重要作用。

然而，这种核算形式的缺点也不容忽视。主要问题在于，它可能对会计核算的日常分工造成困扰。通常，会计工作会根据不同的会计科目进行分工处理，但每一份贷方科目都需要编制汇总记账凭证，这在一定程度上打破了原有的工作流程，可能影响团队协作的效率。特别是在那些转账凭证频繁的企业中，编制汇总转账凭证的工作量会显著增加，可能对会计人员的工作压力造成较大影响。

因此，汇总记账凭证核算形式的应用需要根据企业的具体情况进行选择。对于那些经营规模庞大、经济业务繁多的企业，尤其是收、付款业务频繁而转账业务相对较少的企业，这种核算形式能够有效地平衡工作量和管理需求，是较为理想的会计处理方式。然而，对于转账业务频繁的企业，可能需要寻找其他更适应其业务特点的会计核算方法，以应对可能产生的工作量挑战。

9.4.5　汇总记账凭证的编制方法

汇总记账凭证分为汇总收款凭证、汇总付款凭证和汇总转账凭证三种，分别根据收款凭证、付款凭证和转账凭证定期汇总编制而成。具体编制方法述如下：

1. 汇总收款凭证的编制方法

汇总收款凭证是按“库存现金”或“银行存款”科目的借方分别设置的一种汇总记账凭证，它汇总了一定时期内库存现金和银行存款的收款业务。其格式如表 9-3 所示。

表 9-3　汇总收款凭证

借方账户：银行存款　　　　××××年 5 月　　　　汇收字：××号

贷方账户	金额				总账页数	
	1—10 日收款凭证	11—20 日收款凭证	21—31 日收款凭证	合计	借方	贷方
主营业务收入	2 000			2 000	下略	下略
应交税金	500			500		
应收账款	200			200		
合计	2 700			2 700		

汇总收款凭证的编制方法是将需要进行汇总的收款凭证按其对应的贷方科目进行归类，计算出每一个贷方科目发生额合计数，填入汇总收款凭证中，一般可 5 天或 10 天汇总一

次，每月编制一张。月末计算出每个贷方科目发生额合计数，据以登记总分类账。

2. 汇总付款凭证的编制方法

汇总付款凭证是按“库存现金”或“银行存款”科目的贷方分别设置的一种汇总记账凭证，它汇总了一定时期内库存现金和银行存款的付款业务。其格式如表 9-4 所示。

表 9-4 汇总付款凭证

贷方科目：银行存款　　××××年3月31日　　汇付第1号

借方科目	金额				总账页数	
	1—10 日凭证付 1 号至付 2 号	11—20 日凭证付 3 号至 7 号	21—31 日凭证付 8 号	合计	借方	贷方
库存现金		90 000		90 000		
固定资产	30 400			30 400		
应付账款	13 400			13 400		
销售费用		15 000		15 000		
管理费用		15 000	2 300	3 800		
合计	43 800	106 500	2 300	152 600		

汇总付款凭证的编制方法是将需要进行汇总的付款凭证按其对应的借方科目进行归类，计算出每一个借方科目发生额合计数，填入汇总付款凭证中，一般可 5 天或 10 天汇总一次，每月编制一张。月末计算出每个借方科目发生额合计数，据以登记总分类账。

3. 汇总转账凭证的编制方法

汇总转账凭证是按每一贷方科目分别设置的，用来汇总一定时期内转账业务的一种汇总记账凭证。其格式如表 9-5 所示。

表 9-5 汇总转账凭证

贷方科目：原材料　　××××年3月31日　　汇转第1号

借方科目	金　额				总账页数	
	1—10 日凭证号至　号	11—20 日凭证号至　号	21—31 日凭证转 4 号至转 9 号	合计	借方	贷方
生产生成			55 000	55 000		
制造费用			3 200	3 200		
管理费用			1 800	1 800		
其他业务成本			2 000	2 000		
合计			62 000	62 000		

采用的汇总转账凭证编制流程包括将待汇总的转账凭证依据对应的借方科目进行系统性归类。接着，我们需要计算每个借方科目的总发生额，并将这些数据精确地录入汇总转账

凭证。通常,此过程可每 5 天或 10 天进行一次整合,确保每月能生成一份完整的汇总表。在月末,进一步计算每个借方科目的总发生额,以此作为总分类账登记的依据。

鉴于汇总转账凭证中的科目关系表现为一个贷方科目对应一个或多个借方科目,因此在日常操作中,我们强调所有转账凭证应遵循相同的对应规则,即一个贷方科目对应一个或多个借方科目,而避免编制那种一个借方科目对应多个贷方科目的转账凭证,以确保编制工作的高效性和准确性。

9.5　多栏式日记账核算形式

9.5.1　多栏式日记账核算形式的特点

多栏式日记账核算形式,作为一种常见的会计核算方法,其独特性和效率在财务领域得到了广泛的认可。这种核算形式的核心在于其多栏式的设计,旨在提高会计信息的详细度和准确性,同时优化了总账的登记流程。

首先,多栏式库存现金日记账和银行存款日记账的设置是这一核算形式的基础。每一栏都对应着不同的会计科目,如收入、支出、利息收入、手续费等,使得每一笔现金或银行存款的进出都能详细地反映其性质和来源。例如,当企业收到一笔销售款时,不仅会在“现金收入”或“银行存款”栏中记录,还会在“销售收入”栏中体现,这样可以清晰地追踪每一笔资金的流动情况。

其次,多栏式日记账的使用使得期末总账的登记更为便捷。会计人员无需逐笔查阅原始凭证,而是可以直接根据多栏式日记账的汇总数据进行总账的登记,大大节省了时间,提高了工作效率。同时,这种汇总方式也减少了人为错误的可能性,提高了会计信息的可靠性。

对于转账业务,多栏式日记账核算形式提供了两种处理方式。一种是根据转账凭证逐笔登记总账,这种方式适合业务量较小,对每一笔转账都需要详细记录的情况。另一种是定期编制转账凭证汇总表,根据汇总表登记总账,这种方式在业务量大,需要快速处理的情况下更为适用。

总体来说,多栏式日记账核算形式以其详尽的记录、高效的总账登记和灵活的转账处理方式,为企业的财务管理提供了有力的支持。它不仅能够满足会计信息的详细性和准确性要求,还能够适应不同规模和业务复杂度的企业,是现代会计实践中不可或缺的一部分。

9.5.2　多栏式日记账核算形式下设置的会计凭证和会计账簿

在多栏式日记账核算形式下,需要设置收款凭证、付款凭证和转账凭证。

在汇总记账凭证核算形式下,需要设置库存现金日记账、银行存款日记账、总分类账和明细分类账。

库存现金日记账、银行存款日记账均采用多栏式账页(其格式如表 9-6 所示);总分类账一般采用三栏式账页;明细分类账则可以根据管理的需要分别采用三栏式、数量金额式和多栏式账页。

表 9-6　多栏式库存现金（银行存款）日记账

20×× 年		凭证		摘要	收入					支出					结余
月	日	收款	付款		现金	应收账款	实收资本	是否正确	合计	现金	材料采购	应付账款	是否正确	合计	
8	1			月初余额											30 000.00
	2		银付 1 号	提现备用						400					29 600.00
	5	现收 1 号		收回货款		20 000									49 600.00
	15		银付 1 号	付素华公司货款								32 000			17 600.00

在这种会计核算形式下，由于库存现金日记账和银行存款日记账都按对应账户设置专栏，具备了库存现金和银行存款科目汇总表的作用，月终可根据这些日记账的本月收方、付方发生额和对应账户的发生额登记总分类账。登记时，根据多栏式日记账借方合计栏的本月发生额，记入总分类账库存现金和银行存款账户的借方，并根据收入栏对应贷方科目的本月发生额，记入总分类账各有关账户的贷方；根据多栏式日记账贷方合计栏本月发生额，记入总分类账现金和银行存款账户的贷方，并根据支出栏对应借方科目的发生额，记入总分类账各有关账户的借方。对于转账业务，则根据转账凭证或转账凭证汇总表登记总账。

9.5.3　多栏式日记账核算形式的账务处理程序

多栏式日记账核算形式，是会计工作中一种常见的账务处理流程，它以清晰、详细的方式记录和追踪企业的经济活动。以下是这种核算形式的具体步骤。

首先，会计人员需要根据日常的经济业务，收集和整理原始凭证，这些凭证可能是发票、收据或其他财务单据。然后，他们会将这些原始凭证或其汇总表作为依据，编制记账凭证。记账凭证是会计核算的基础，它详细列明了经济业务的性质、金额以及应记入的会计科目。

其次，会计人员会根据收、付款凭证，分别登记多栏式库存现金日记账和多栏式银行存款日记账。多栏式日记账的优点在于，它能详细展示每笔交易的来龙去脉，包括收入的来源、支出的去向以及余额的变化情况，有助于实时监控企业的现金流。

同时，原始凭证、汇总原始凭证和记账凭证也是登记各种明细分类账的依据。例如，销售业务会记入销售明细账，采购业务会记入采购明细账等。这样，企业的各项经济活动都能在相应的明细账中得到反映，便于进行深入的分析和管理。

在会计期末，多栏式库存现金日记账和多栏式银行存款日记账的余额会被用来登记总分类账。此外，对于那些没有直接反映在日记账中的转账业务，会计人员会根据转账凭证直接登记总分类账，以确保总账的完整性。

再次，会计人员会进行一项重要的核对工作，即核对各种明细分类账的余额合计数与总分类账中相关科目的余额是否相符。这是确保会计信息准确无误的关键步骤，被称为“账账核对”。

最后，当所有的账目都经过仔细核对，确认无误后，会计人员就可以根据核对无误的总分类账和明细分类账的记录，编制会计报表，如资产负债表、利润表等。这些报表是企业经营状况的直观反映，对于决策者来说具有极高的参考价值。

总体来说，多栏式日记账核算形式是一种严谨、系统的会计处理方法，它确保了会计信息的准确性和完整性，为企业管理和决策提供了有力的支持。

多栏式日记账核算形式的账务处理程序，如图 9-9 所示。

9.5.4　多栏式日记账核算形式的优缺点及适用范围

多栏式日记账核算形式，作为一种常见的会计处理方式，其优势在于其对财务信息的精细化管理。首先，这种核算形式显著简化了总分类账的登记过程。在企业运营中，尤其是对于那些收付款业务频繁的企业，如零售业、服务业等，每一笔交易都需要在日记账中详细记录，然后汇总到总分类账。多栏式日记账将这些交易按照收入、支出、税项等不同的分类直接在日记账中体现，减少了将分录转记到总账的工作量，极大地提高了会计工作效率。

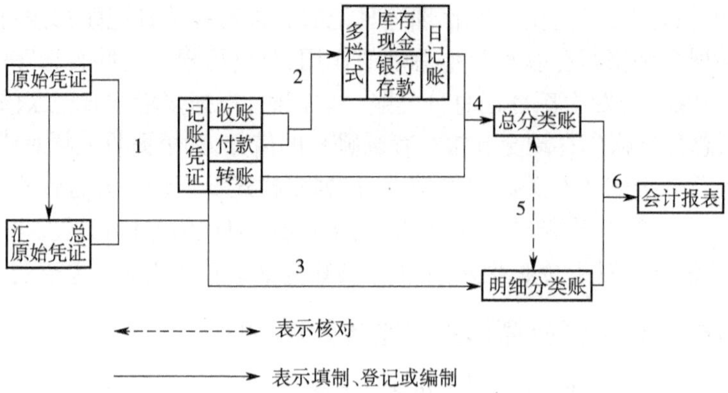

图 9-9　多栏式日记账核算形式的账务处理示意图

其次，多栏式日记账的结构设计有助于追溯经济业务的全貌。每一栏都对应着一个特定的会计科目，使得会计人员可以清晰地看到资金流动的路径，了解每一笔交易的前因后果，这对于企业的财务分析、决策支持以及内部审计都具有重要的价值。同时，当需要核对账目时，多栏式的设计使得核对工作更为直观和便捷，减少了因信息不全或误解导致的错误。

然而，多栏式日记账并非适用于所有情况。其设置和登记的复杂性是其主要的局限性。在经济业务繁多的企业中，可能需要设立几十甚至上百个会计科目，相应的日记账栏次也会大幅度增加，这不仅增加了记账的难度，也加大了账页的管理负担，可能导致账页过长，查找特定信息变得困难。此外，过多的栏次还可能增加出错的风险，对会计人员的专业知识和技能要求更高。

因此，企业在选择日记账核算形式时，应根据自身的业务规模、业务类型以及会计管理需求来决定。对于收付款业务频繁，但会计科目较少，业务量相对较小的单位，如小型零售店、咨询服务公司等，多栏式日记账无疑是一个理想的选择。而对于大型企业或复杂业务环境，可能需要采用更高级的会计信息系统，以实现更高效、更精确的财务核算。

9.6　日记总账核算形式

9.6.1　日记总账核算形式的特点

在会计学中，日记总账核算形式是一种常见的会计记录方式，其特点鲜明，对于企业的财务管理和审计具有重要的作用。这种核算形式的核心在于设置日记总账，并对所有的经济业务进行详尽无遗的记录。

首先，日记总账是这种核算形式的基础。它是一个综合性的账簿，汇集了企业所有的经济活动，包括但不限于采购、销售、投资、费用支出等。每发生一笔经济业务，会计人员都需要根据预先编制的记账凭证，将相关信息准确无误地录入日记总账。这种全面、连续的记录方式，确保了财务信息的完整性，为后续的财务分析和决策提供了可靠的数据支持。

其次，逐笔登记的原则是日记总账核算形式的关键。这意味着每一笔经济业务，无论金额大小，都会在日记总账中留下独立的记录。这种做法避免了信息的遗漏或混淆，提高了会计信息的准确性。同时,逐笔登记也有利于追溯和检查,对于防止和发现会计错误、欺诈等行为具有积极的防范作用。

此外,这种核算形式还强调了凭证的支持。记账凭证是记录经济业务的原始证据,它包含了交易的所有重要细节,如交易日期、金额、交易对方等。只有经过严格审核的记账凭证,才能作为登记日记总账的依据。这一步骤保证了会计信息的合法性和可靠性,是企业内部控制的重要环节。

在实际操作中,日记总账核算形式通常与科目汇总表、总分类账等其他会计工具结合使用,以实现财务信息的多层次、多角度分析。例如,通过科目汇总表可以快速了解各会计科目的发生情况,而总分类账则能提供更详细的账户余额信息,从而为企业提供全面的财务状况视图。

总体来说,日记总账核算形式以其严谨、全面的特性,为企业财务管理提供了有力的工具,同时也为外部审计提供了重要的参考依据。然而,这种核算形式也对会计人员的专业技能和工作量提出了较高的要求,因此,企业在采用时需要根据自身的实际情况进行合理配置和优化。

所谓日记总账,是指日记账和分类账结合在一起的联合账簿,它是将全部科目都集中设置在一张账页上,以记账凭证为依据,对所发生的全部经济业务进行序时登记,月末将每个科目借、贷方登记的数字分别合计,并计算出每个科目的月末余额。日记总账的格式,如表9-7所示。

表9-7　日记总账

××年		凭证		摘要	发生额	××科目		××科目		××科目		××科目	
月	日	字	号			借方	贷方	借方	贷方	借方	贷方	借方	贷方

采用的日记总账登记程序如下:针对每项收款、付款及转账业务,应逐日、逐项依据相应的收款凭单、付款凭单及转账凭单在日记总账中详细记录。对于每一笔经济交易涉及的各个会计科目,无论是借方发生额还是贷方发生额,都需在各自科目的借方或贷方栏内分别列出,并将借贷总额标注在“发生额”栏。每月结束时,需分别计算各栏次的总计,以确定各科目的月末借方余额或贷方余额,并进行账簿记录的核对流程。核对内容包括“发生额”栏的本月总计是否与所有科目的借方或贷方总计相匹配,以及各科目日的借方余额合计与贷方余额合计是否平衡。

9.6.2　日记总账核算形式下设置的会计凭证和会计账簿

在日记总账核算形式下,要设置收款凭证、付款凭证和转账凭证等记账凭证。

在日记总账核算形式下,除需特别开设日记总账外,还要设置库存现金日记账、银行存款日记账和各种明细分类账。库存现金日记账、银行存款日记账一般采用三栏式账页;设置的各种明细分类账,根据需要可采用三栏式、数量金额式或多栏式等不同的账页。

9.6.3 日记总账核算形式的账务处理程序

在会计学中,日记总账核算形式是一种常见的账务处理程序,它遵循严谨的步骤,以确保财务信息的准确性和完整性。以下是这种核算形式的详细步骤。

第一,会计人员需要根据原始凭证或汇总的原始凭证来编制记账凭证。原始凭证是企业经济活动的直接记录,如发票、收据等,它们详细列明了交易的日期、金额和性质。汇总原始凭证则是对一系列相关交易的汇总,以简化记账过程。

第二,根据收款凭证和付款凭证,会计人员需要逐笔登记库存现金日记账和银行存款日记账。这些日记账是企业现金流动的详细记录,对于监控现金流和防止错误或欺诈至关重要。

第三,会计人员将根据记账凭证和所附的原始凭证或汇总原始凭证,登记各种明细分类账。这些明细账可能包括应收账款、应付账款、存货等,它们提供了对特定资产、负债或所有者权益的详细视图。

第四,会计人员需要根据收款凭证、付款凭证和转账凭证,逐日、逐笔登记日记总账。日记总账是所有交易的总括记录,它汇总了所有账户的增减变动,为企业提供了全面的财务状况概览。

在会计期末,一个关键的核对步骤是将库存现金日记账、银行存款日记账的余额以及各种明细分类账的余额合计数,分别与日记总账中有关科目的余额进行核对。这个过程称为试算平衡,旨在确保所有账户的记录都准确无误。

第五,基于核对无误的日记总账和各种明细分类账的记录,会计人员将编制会计报表,包括资产负债表、利润表和现金流量表等。这些报表是对外报告企业财务状况、经营成果和现金流动情况的主要工具,对于决策者、投资者和监管机构来说至关重要。

总体来说,日记总账核算形式是一种系统化、规范化的会计处理方法,它确保了财务信息的准确性和一致性,为企业的经营管理提供了可靠的数据支持。

日记总账核算形式的账务处理,如图 9-10 所示。

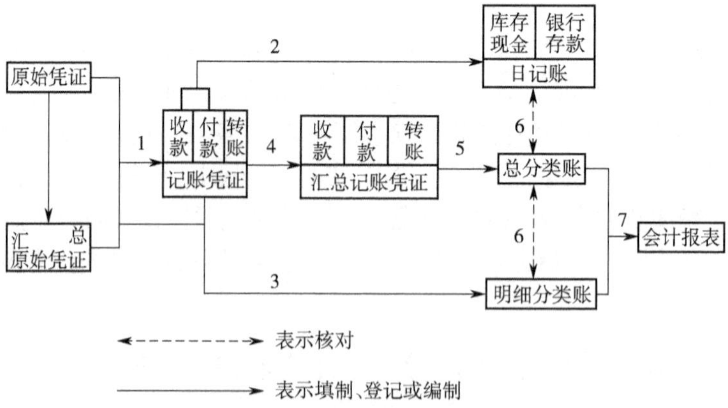

图 9-10 日记总账核算形式的账务处理示意图

9.6.4 日记总账核算形式的优缺点及适用范围

在会计学中,日记总账核算形式是一种常见的账簿组织方式,其特点是将所有的会计账户集中在一个统一的账页上，以实现对经济活动的全面记录。这种核算方法因其简洁性和直观性，对于理解企业的整体运营状况具有显著的优势。

首先，日记总账核算形式的简便性体现在其记账和查阅的便捷性上。由于所有账户都在同一账页上，会计人员可以快速地找到所需的信息，大大提高了工作效率。同时，对于企业管理者来说，只需查看一张账页，就能全面了解企业在一定会计期间内的所有经济活动，这对于决策制定和业务分析非常有利。

其次，这种核算形式在编制会计报表时也表现出高效性。由于所有账户的数据都集中在一起，会计人员在编制财务报表时，可以直接从日记总账中提取数据，减少了数据收集和整理的时间，提高了会计信息的及时性。

然而，尽管有这些优点，日记总账核算形式也存在一些局限性，主要体现在其对大规模企业运营的适应性上。随着企业规模的扩大和经济业务的复杂化，账页可能会变得过于冗长，这不仅增加了记账的难度，也使得会计人员的分工协作变得困难。在实际操作中，频繁的翻页和查找可能会导致错误的增加，影响会计信息的准确性。此外，如果每个会计人员都需要处理大量的账户，那么这种核算形式反而会增加额外的工作量，降低了核算效率。

因此，日记总账核算形式更适合于那些规模较小、经济业务简单、账户使用数量有限的单位。对于大型企业，更推荐采用更复杂的账簿组织形式，如分类账或子分类账，以更好地适应复杂的业务环境和管理需求。

总体来说，日记总账核算形式是一种双刃剑，既具有操作简便、信息整合的优势，又存在处理大规模数据时的局限性。企业在选择核算形式时，应根据自身的实际情况和未来的发展规划，做出最适合自己的决策。

【练习题】

一、单项选择题

1. 各种账务处理程序最主要的区别是(　　)。

A. 账簿组织不同　　B. 记账程序不同

C. 登记总账的依据不同　　D. 记账方法不同

2. 记账凭证核算形式登记总分类账的依据是(　　)。

A. 汇总记账凭证　　B. 记账凭证　　C. 栏式日记账　　D. 科目汇总表

3. 直接根据记账凭证逐笔登记总分类账的会计核算形式是(　　)。

A. 科目汇总表核算形式　　B. 日记总账核算形式

C. 汇总记账凭证核算形式　　D. 记账凭证核算形式

4. 会计核算形式中最基本的形式是(　　)。

A. 记账凭证核算形式　　B. 科目汇总表核算形式

C. 汇总记账凭证核算形式　　D. 多栏日记账核算形式

5.(　　)会计核算形式适用于经济规模较小、经济业务比较简单、业务量较少的企业。

A. 记账凭证核算形式　　B. 科目汇总表核算形式

C. 汇总记账凭证核算形式　　D. 日记总账核算形式

6. 科目汇总表核算形式登记总分类账的依据是(　　)。

A. 汇总记账凭证　　B. 记账凭证　　C. 多栏式日记账　　D. 科目汇总表

7. 科目汇总表核算形式的缺点是(　　)。

A. 登记总分类账的工作量较大

B. 不能明确反映对应关系,不便于查对账目

C. 大大减轻了总分类账的登记工作

D. 当转账凭证较多时,编制汇总转账凭证的工作量较大

8. 根据一定时期内全部记账凭证,按总账科目进行汇总,据以计算出每一总账科目的本期借方发生额和贷方发生额的单据是(　　)。

A. 汇总收款凭证　　B. 汇总付款凭证　　C. 汇总转账凭证　　D. 科目汇总表

9. 汇总记账凭证核算形式登记总分类账的依据是(　　)。

A. 记账凭证　　B. 汇总记账凭证　　C. 科目汇总表　　D. 多栏式日记账

10. 分别按库存现金、银行存款的借方设置,定期按贷方科目分别归类、汇总,一个月编制一张,月终结出合计数据的汇总记账凭证是(　　)。

A. 汇总收款凭证　　B. 汇总付款凭证　　C. 汇总转账凭证　　D. 科目汇总表

二、多项选择题

1. 我国会计工作中采用的核算形式有(　　)。

A. 记账凭证核算形式　　B. 科目汇总表核算形式

C. 汇总记账凭证核算形式　　D. 日记总账核算形式

E. 多栏式日记账核算形式

2. 以下会计核算形式属于汇总记账型核算形式的有(　　)。

A. 科目汇总表核算形式　　B. 汇总记账凭证核算形式

C. 多栏式日记账核算形式　　D. 记账凭证核算形式

E. 凭单日记账核算形

3. 科目汇总表(　　)。

A. 按总账科目汇总编制　　B. 根据原始凭证归类编制

C. 起到试算平衡的作用　　D. 可作为登记总账的依据

E. 根据一定时期内全部记账凭证编制

4. 汇总记账凭证核算形式的优点是(　　)。

A. 反映科目的对应关系　　B. 有利于会计核算工作的分工

C. 减少了登记总账的工作量　　D. 编制汇总转账凭证的工作量较小

E. 可以了解经济业务的来龙去脉

【技能训练】

一、训练目的

练习科目汇总表的编制。

二、训练资料

同泰企业为增值税一般纳税人,适用增值税税率为 17%，20× × 年 7 月上旬发生如下经济业务:

（1）1 日,企业收到 B 公司投资 100 000 元,存入银行;

（2）5 日,企业用银行存款偿还前欠 A 公司货款 13 400 元;

（3）6 日,企业向银行借款 20 000 元,期限六个月,款项存入银行;

（4）7 日,企业以现金 60 元购买一批办公用品;

（5）9 日,业务员报销差旅费 1 500 元;

（6）9 日,企业用银行存款购买设备一台,价款 210 000 元;

（7）10 日,基本生产车间领用甲材料 40 千克,每千克 100 元;

（8）10 日,用银行存款 10 000 元,支付广告费。

三、训练要求

编制该企业 7 月上旬的科目汇总表。

技能训练二

一、训练目的

练习汇总收款凭证、汇总付款凭证的编制。

二、训练资料

× × 公司为增值税一般纳税人,适用增值税税率为 17%，20× × 年 6 月份发生如下经济业务:

（1）5 日,企业开出转账支票支付广告费 6 500 元;

（2）10 日,企业从银行提取现金 50 000 元,备发工资;

（3）12 日,企业收到利华公司偿还的货款 80 000 元,存入银行存款户;

（4）20 日,企业销售 A 产品 100 件,价款 10 000 元,增值税 1 700 元,产品已发出,款收存银行;

（5）25 日,企业签发转账支票预付红星工厂购料款 10 000 元;

（6）31 日,收到银行通告,本月存款利息 417 元入账。

三、训练要求

1. 编制该企业 6 月份银行存款汇总收款凭证。

2. 编制该企业 6 月份银行存款汇总付款凭证。

技能训练三

一、训练目的

练习汇总转账记账凭证的编制。

二、训练要求

编制企业 3 月份应付账款、应付职工薪酬、应交税费的汇总转账凭证。

项目十　会计工作组织

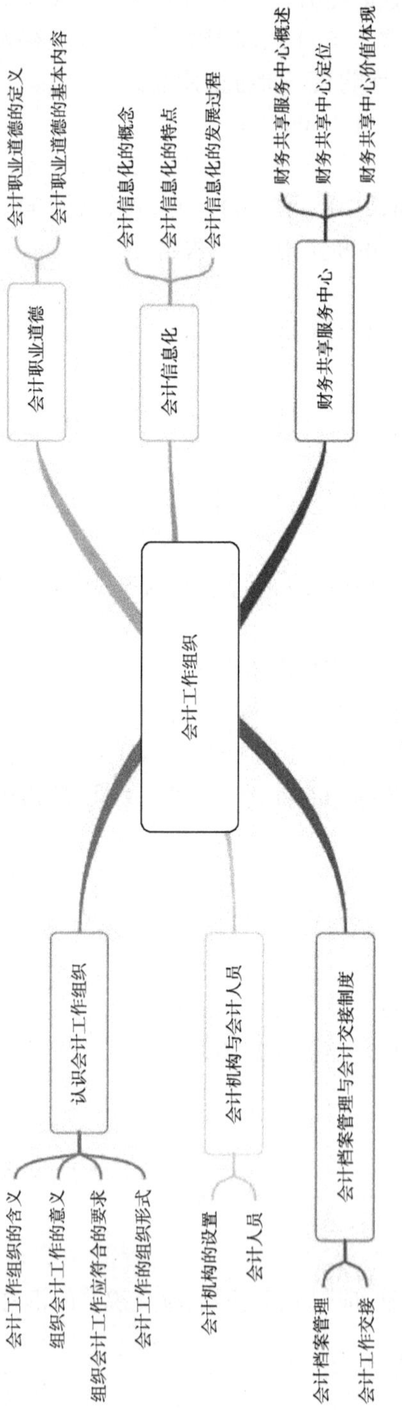

思维导图

10.1　认识会计工作组织

10.1.1　会计工作组织的含义

会计工作是指运用一系列会计专门方法,对会计事项进行处理的活动。会计是通过会计工作对各个单位日常活动实施管理的,会计是经济管理的一个重要组成部分,会计具有管理的职能。会计管理是指会计机构和会计人员按照一定的目标,为满足国家宏观调控、企业所有权人以及企业管理当局的需要,对企事业单位的资金运动过程及结果进行控制、决策、计划、考核和分析等的总称。在不同的社会历史时期,由于所处的社会经济环境不同,导致了作为核算和管理社会经济运行过程的会计的内容也有所不同,而且是随着社会经济的发展而发展,经历了从简单到复杂、从低级到高级的演变过程。

会计工作是一项综合性的管理工作,各单位所发生的各项经济业务,都要通过会计加以反映和监督管理,因而会计工作就与其他经营管理工作有着密切的联系;会计工作也是一项政策性很强的工作,必须按照有关的财经政策、法规、制度的要求办理业务;会计工作还是一项严密细致的工作,会计所产生的数据信息要经过一连串的记录、计算、分类、汇总和分析等处理程序。因此,要做好会计工作,就必须建立专门的会计机构,要有专职的工作人员,并按照规定的会计制度开展日常的会计工作。

会计管理职能作用的发挥离不开会计工作组织的存在及其正常运行。所谓会计工作组织就是为了适应会计工作的综合性、政策性、相关性和严密细致性的特点,对会计机构的设置、会计人员的配备、会计制度的制定与执行等工作所作的统筹安排。

会计工作既然是一项复杂而细致的管理工作,而且又与其他管理工作诸如统计、审计等密切相关,为了做好会计工作,协调好会计工作与其他经济管理工作之间的关系,就要科学、合理地组织会计工作,以便具体实施对会计工作的有效管理。

10.1.2　组织会计工作的意义

会计既是一项复杂、细致的综合性经济管理活动,又是一项系统的工作。科学地组织好会计工作,对于顺利完成会计的各项任务,保证实现会计目标,充分发挥会计的职能作用,促进国民经济健康、有序发展等方面都具有十分重要的意义。

(1)科学地组织会计工作,有利于保证会计工作的质量,提高会计工作的效率。

会计通过对社会再生产过程中的经济活动和财务收支情况进行反映和监督,为管理者以及社会各界提供准确、可靠的会计信息。具体来说,对于各项经济活动及财务收支,会计是通过从凭证到账簿,从账簿到报表,进行连续的记录、计算、分类、汇总并进一步分析检查的。全部过程包括了一系列的程序,需要履行各种手续,各程序及手续之间环环相扣、紧密相连。在任何环节上出现了差错,都必然造成整个核算结果不正确或不能及时完成,进而影响整个会计核算工作的质量和效率。因此必须要结合会计工作的特点,科学地设置会机构并配备高素质的会计人员,认真制定并严格执行会计法规和会计制度,只有这样,才能保证会计工作正常、高效地运行,圆满完成会计的各项任务。

（2）科学地组织会计工作，有利于加强同其他经济管理工作的协调一致，提高企业整体管理水平。

会计工作是经济管理工作的一个重要组成部分，它不但与宏观经济如国家财政、税收、金融等密切相关，而且与各单位内部的计划、统计等工作密切相关。会计工作一方面能够促进其他经济管理工作，另一方面也需要其他经济管理工作的配合。正确地组织会计工作，可以使会计工作同其他经济管理工作更好地分工协作，相互配合，充分发挥会计工作的作用，共同完成经济管理的任务。

（3）科学地组织会计工作，有利于加强企业单位的内部经济责任制。

经济责任制是各经营单位实行内部控制和管理的重要手段，会计是经济管理的重要组成部分，必须在贯彻经济责任制方面发挥重要作用，实行内部经济责任制离不开会计，科学正确地组织会计工作，可以促进会计单位内部各部门更好地履行自己的经济责任，管好和用好资金，厉行节约，提高经济管理水平和经济效益。

（4）组织好会计工作，有利于维护好财经法纪，贯彻经济工作的方针政策。

会计工作是一项错综复杂的系统工作，政策性很强，必须通过核算如实地反映各单位的经济活动和财务收支，通过监督来贯彻执行国家的有关政策、方针、法令和制度。因此，科学地组织好会计工作，可以促使各单位更好地贯彻实施各项方针政策，维护好财经纪律，为建立良好的社会经济秩序打下基础。

10.1.3 组织会计工作应符合的要求

对会计工作进行组织和管理要遵循一定的要求，或者说要遵循一定的原则。组织会计工作应符合的要求，是指组织好会计工作、提高会计工作质量和效率所应遵循的一些基本规律。它是组织好会计工作的基本保证。要保证科学、有效地组织和管理会计工作，必须遵循以下四项要求：

1. 统一性要求

统一性要求，是指组织会计工作必须按照《会计法》和《企业会计准则》以及其他相关会计法规制度对会计工作的统一要求，贯彻执行国家规定的法令制度，进行会计核算，实行会计监督，以便更好地发挥会计工作在维护社会主义市场经济秩序，加强经济管理，提高经济效益中的应有作用。

2. 适应性要求

适应性要求，是指组织会计工作必须适应本单位经营管理的特点。各单位应在遵守国家法规和准则的前提下，根据自身管理特点及规模大小等情况制定出相应的具体办法，采用不同的账簿组织、记账方法和程序处理相应的经济业务，以适应企业自身发展的需要。

3. 效益性要求

效益性要求，是指组织会计工作时，在保证会计工作质量的前提下，应讲求效益，节约人力和物力。会计工作十分繁杂，如果组织不好，就会造成重复劳动、浪费人力和物力。因此对会计管理程序的规定，会计凭证、账簿、报表的设计，会计机构的设置以及会计人员的配备等，都应避免烦琐，力求精简，应防止机构过于庞大、重叠，人浮于事和形式主义。

4. 内部控制及责任制要求

内部控制及责任制要求，是指在组织会计工作时，要遵循内部制的原则，在保证贯彻整个单位责任制的同时，建立和完善会计工作自身的责任制，从现金出纳、财产物资进出以及各项费用的开支等方面形成彼此相互牵制的机制，防止工作中的失误和弊端。内部控制及责任制要求对会计工作进行合理分工，不同岗位上的会计人员各司其职，使得会计处理手续和会计工作程序达到规范化、条理化。

10.1.4　会计工作的组织形式

企业会计部门承担哪些会计工作，与企业的其他职能部门、车间、仓库等部门之间如何分工，这些都与会计工作的组织形式有关。为了科学地组织会计工作，就必须根据企业规模的大小、业务的繁简以及企业内部其他各组织机构的设置情况，确定企业会计工作组织形式。一个独立核算的企业会计工作组织形式一般包括集中核算和非集中核算两种。

1. 集中核算形式

集中核算就是在企业设置专业的会计部门，企业的主要会计核算工作都集中在会计部门，各部门一般不单独核算，只是对发生的经济业务进行原始记录，编制原始凭证并进行适当汇总，定期把原始凭证和汇总原始凭证送到会计部门，由会计部门进行总分类核算和明细分类核算。采用集中核算形式，由于核算工作集中在会计部门进行，便于会计人员进行合理的分工，并采用科学的凭证整理程序，在核算过程中运用现代化手段，可以简化和加速核算工作，提高核算效率、节约核算费用，并可根据会计部门的记录随时了解企业内部各部门的生产经营活动情况。只是各部门领导不便于利用核算资料检查和控制本部门的工作。

2. 非集中核算形式

非集中核算又称分散核算，是指企业单位内部各部门核算本身发生的经济业务，包括凭证的整理、明细账的登记、成本的核算、有关会计报表特别是内部报表的编制和分析等工作，而会计部门只是根据企业内部各部门报来的资料进行总分类核算、编报全厂综合性会计报表，并负责指导、检查和监督企业内部各部门的核算工作。采用非集中核算形式，可以使企业内部各部门随时利用有关核算资料检查本部门工作，随时发现问题、解决问题，但这种核算组织形式对企业会计部门而言，不便于采用最合理的凭证整理办法，会计人员的合理分工会受到一定的限制。就整个企业本看，核算的工作总量有所增加，核算人员的编制加大，因而相应的核算费用也会增多。

对于一个企业单位而言，采用集中核算组织形式还是非集中核算组织形式并不是绝对的，可以单一地选用集中核算或非集中核算形式，也可以二者兼而有之，即对某些业务采用集中核算而对另外的业务采用非集中核算形式。但是，无论是采取哪两种组织形式，企业采购材料、销售商品、结算债权债务、现金往来等对外业务都应由厂部会计部门办理。企业单位在确定应采用的会计工作组织形式时，既要考虑能正确、及时地反映企业单位的经济活动情况，又要注意简化核算手续，提高工作效率。

10.2 会计机构与会计人员

建立健全各单位的会计机构,配备与工作要求相适应的、具有一定素质和数量的会计人员,是在空间上保证会计工作正常进行,充分发挥会计管理职能作用的重要条件。《会计法》《会计基础工作规范》等会计法律规范对会计机构设置和会计人员配备的相关要求做了具体的规定。

10.2.1 会计机构的设置

所谓会计机构(Accounting Offices),是指由专职会计人员组成,负责组织领导和直接从事会计工作的职能部门。建立和健全会计机构是保证会计工作正常进行,充分发挥会计核算和监督职能作用的重要条件。

《会计法》中关于会计机构的要求我国基层企事业单位的会计工作,受财政部门和单位主管部门的双重领导。在每个基层单位内部,一般都需要设置从事会计工作的职能部门,以完成本单位的会计工作。《会计法》第36条规定,各单位应当根据会计业务的需要,设置会计机构,或者在有关机构中配备会计人员并指定会计主管人员;不具备设置条件的,可以委托经批准设立从事会计代理记账业务的中介机构代理记账。《会计法》的这一规定是对会计机构设置所作出的具体要求,这里包含两层含义。

(1)基层企事业单位一般应设置会计处、科、股等会计机构,在厂长、经理或单位行政领导人的直接领导下,负责组织、领导和从事会计工作。规模太小或业务量过少的单位可以不单独设置会计机构,但要配备专职会计工作人员或指定专人负责会计工作。大中型企业要设置总会计师主管本单位的经济核算和经营管理工作,直接领导本单位的财务会计工作,并且直接对厂长、经理负责。此外,单位的仓库等部门,也要根据工作的需要,设置专职的核算人员或指定专人负责业务核算工作。各部门的会计核算人员,在业务上都要接受总会计师或会计部门负责人的指导和监督。一个单位是否单独设置会计机构,往往取决于以下几个因素:一是单位规模的大小。二是经济业务和财务收支的繁简。三是经营管理的要求。

(2)是对于不具备设置会计机构条件的单位,应由代理记账业务的机构完成其会计工作,根据《代理记账管理暂行办法》的规定,在我国从事代理记账业务的机构,要有专职的符合条件的会计人员,同时聘用一定数量相同条件的兼职从业人员。主管代理记账业务的负责人必须具有会计师以上专业技术资格。代理记账机构要有健全的代理记账业务规范和财务会计管理制度。代理记账业务的机构,除会计师事务所外,必须申请代理记账资格并经过县级以上财政部门审查批准,并领取由财政部统一印制的《代理记账许可证书》,才能从事代理记账业务。

10.2.2 会计人员

设置了会计机构,还必须配备相应的会计人员。会计人员通常是指在国家机关、社会团体、公司、企业、事业单位和其他组织中从事财务会计工作的人员,会计人员按职权划分主要有总会计师、会计机构负责人、会计主管人员、一般会计;按照专业技术职务划分为研究员级高级会计师、高级会计师、中级会计师、初级会计师。合理配备会计人员，提高会计人员的综合素质，是每个单位做好会计工作的前提，对会计核算管理系统的运行起着关键的作用。可以说提高会计人员的素质是发展知识经济的需要，更是企业单位自身发展的需要。

《会计法》规定，从事会计工作的人员应该具备从事会计工作所需要的专业能力，担任会计机构负责人的应当具备会计师以上专业技术职务资格或者从事会计工作三年以上经历。会计人员应当具备必要的专业知识和专业技能，熟悉国家有关法律、法规、规章和会计准则，遵守职业道德。对会计人员专业能力的评价，可以以是否拥有会计的职称证书，是否通过了注册会计师考试，是不是大学会计专业毕业或系统学习过会计专业的主干课程等。

为了充分发挥会计人员积极性，使会计人员在工作时有明确的方向和办事准则，以便更好地完成会计的各项工作任务，还应当明确会计人员的职责、权限和任免的各项规定。

1. 会计人员的主要职责

会计人员的职责也是会计机构的职责，具体包括以下几项内容。

（1）进行会计核算。会计人员应按照会计制度的规定，切实做好记账、算账、报账工作。各单位必须根据实际发生的经济业务事项进行会计核算，要认真填制和审核原始凭证，编制记账凭证，登记会计账簿，正确计算各项收入、支出、成本、费用、财务成果。按期结算、核对账目，进行财产清查，在保证账证相符、账账相符、账实相符的基础上，按照手续完备、数字真实、内容完整的要求编制和报出财务会计报告。

（2）实行会计监督。实行会计监督，即通过会计工作，对本单位的各项经济业务和会计手续的合法性、合理性进行监督。对不真实、不合法的原始凭证不予受理；对账簿记录与实物、款项不符的问题，应按有关规定进行处理或及时向本单位领导人报告；对违反国家统一的财政制度、财务规定的收支不予受理。此外，各单位必须依照法律和国家有关规定，接受财政、审计、税务机关的监督，如实提供会计凭证、会计账簿、会计报表和其他会计资料以及有关情况。建立健全本单位内部会计监督制度。

（3）编制业务计划及财务预算，并考核、分析其执行情况。会计人员应根据会计资料并结合其他资料，按照国家各项政策和制度规定，认真编制并严格执行财务计划、预算，遵照经济核算原则，定期检查和分析财务计划、预算的执行情况，遵守各项收支制度、费用开支范围和开支标准，合理使用资金，考核资金使用效果等。

（4）制定本单位办理会计事项的具体办法。会计主管人员应根据国家的有关会计法规、准则及其他相关规定结合本单位具体情况，制定本单位办理会计事项的具体办法，包括会计人员岗位责任制度、钱账分管制度、内部稽核制度、财产清查制度、成本计算办法、会计政策的选择以及会计档案的保管制度等。

2. 会计人员的主要权限

为了保障会计人员更好地履行其职责，《会计法》及其他相关法规在明确了会计人员职责的同时，也赋予了会计人员相应的权限，具体有以下三个方面的权限：

（1）会计人员有权要求本单位各有关部门及相关人员认真执行国家、上级主管部门批准的计划和预算。严格遵守国家财经纪律、会计准则和相应会计制度。如果发现有违反上述规定的，会计人员有权拒绝付款、拒绝报销或拒绝执行，对属于会计人员职权范围内的违规行为，在自己的职权范围内予以纠正，超出其职权范围的应及时向有关部门及领导汇报，请求依法处理。

(2)会计人员有权履行其管理职能,也就是有权参与本单位编制计划、制定定额、签订合同、参加有关的生产、经营管理会议和业务会议,并以会计人员特有的专业地位就有关事项提出自己的建议和意见。

(3)会计人员有权监督、检查本单位内部各部门的财务收支、资金使用和财产保管、收发、计量、检验等情况,各部门应该大力支持和协助会计人员工作。会计人员在正常工作过程中的权限是受法律保护的,《会计法》第46条规定,单位负责人对依法履行职责、抵制违反本法规定行为的会计人员以降级、撤职、调离工作岗位、解聘或者开除等方式实行打击报复,构成犯罪的,依法追究刑事责任;尚不构成犯罪的,由其所在单位或者有关单位依法给予行政处分。对受打击报复的会计人员,应当恢复其名誉和原有职务、级别。由此可见,任何人干扰、阻碍会计人员依法行使其正当权利,都会受到法律的追究乃至制裁。

3. 总会计师制度

我国在20世纪60年代初期开始在规模较大的企业中试行总会计师制度,而真正确立这项制度是在70年代末期,即1978年,国务院颁发施行了《会计人员职权条例》,其中就规定了企业应建立总会计师经济责任制,1984年10月中共十二届三中全会通过的《关于经济体制改革若干问题的决定》中再一次强调了企业应设置总工程师、总经济师和总会计师,并对其职责也作了相应的规定,1990年国务院发布的《总会计师条例》进一步明确了总会计师制度的相关内容,全民所有制大中型企业设置总会计师,事业单位和业务主管部门根据需要,经批准可以设置总会计师。《会计法》第36条第二款规定,国有的和国有资产占控股地位或者主导的大中型企业必须设置总会计师。总会计师的任职资格、任免程序、职责权限由国务院规定。为了更好地领导和组织企业的各项会计工作,大中型企业应设置总会计师职务,小型企业应指定一名副厂长(或相应级别)行使总会计师的职权。总会计师是企业厂级行政领导人员,《总会计师条例》规定总会计师的主要职责如下。

(1)负责组织本单位的下列工作:编制和组织预算、财务收支计划、信贷计划,拟订资金筹措和使用方案,开辟财源,有效地使用资金进行成本费用预测、计划、控制、预算、分析和考核,督促本单位有关部门降低消耗、节约费用、提高经济效益建立健全经济核算制度,承办单位主要领导人交办的其他工作。

(2)负责对本单位财会机构的设置和会计人员的配备、会计专业职务的设置和聘用提出方案;组织会计人员的业务培训和考核,支持会计人员依法行使职权。

(3)领导企业财务与会计工作,组织资金、成本、利润等的归口分级管理,对企业财务负责审查和监督企业各项计划及经济合同的签订和执行情况。

(4)协同单位的主要行政领导人制定企业生产经营的方针、战略目标和有关决策,提高企业的经济效益;参与新产品开发、技术改造、科技研究、商品(劳务)价格和工资奖金等方案的制定等。一般来说,总会计师应由具有会计师、高级会计师技术职称的人员担任。

4. 会计人员的任免

会计工作者既要为本单位经营管理服务,维护本单位的合法经济利益,又要执行国家的财政、财务制度和财经纪律,维护国家的整体利益,同各种本位主义行为、违法乱纪行为做斗争。针对会计的这一工作特点,国家对会计人员,特别是对会计机构负责人和会计主管人员的任免，在《会计法》和其他相关法规中做了若干特殊的规定。

（1）在我国，国有经济占主导地位，为了保证国有经济健康有序发展，在国有企、事业单位中任用会计人员应实行回避制度，就是说，单位领导人的直系亲属不得在本单位担任会计机构负责人，同时，会计机构负责人的直系亲属也不得在本单位的会计机构中担任出纳工作。

（2）企业单位的会计机构负责人、会计主管人员的任免，应当经过上级主管单位同意，不得任意调动或撤换。也就是说，各单位应该按照干部管理权限任命会计机构负责人和会计主管人员，在任命这些人员时应先由本单位行政领导人提名并上报主管单位，上级主管单位的人事和会计部门对提名进行协商、考核，并经行政领导人同意后，即可通知上报单位按规定程序任免。

（3）会计人员在工作过程中忠于职守、坚持原则，如果受到错误处理的，上级主管单位应当责成所在单位予以纠正。会计人员在工作过程中玩忽职守、丧失原则，不宜担任会计工作的，上级主管单位应责成所在单位予以撤换。对于认真执行《会计法》以及其他相关会计法规，忠于职守，做出显著成绩的会计人员，应给予精神的或物质的奖励。

10.3　会计档案管理与会计交接制度

10.3.1　会计档案管理

1. 会计档案的定义

会计档案是指单位在进行会计核算等过程中接收或形成的，记录和反映单位经济业务事项的，具有保存价值的文字、图表等各种形式的会计资料，包括通过计算机等电子设备形成、传输和存储的电子会计档案。如图 10-1 所示。

图 10-1　会计档案

会计档案是国家经济档案的重要组成部分，是企业单位日常发生的各项经济活动的历史记录，是总结经营管理经验、进行决策所需的主要资料，也是检查各种责任事故的重要依据。各单位的会计部门对会计档案必须高度重视、严加保管。大中型企业应建立会计档案室，小型企业应有会计档案柜并指定专人负责。对会计档案应建立严密的保管制度，妥善管理，不得丢失、损坏、抽换或任意销毁。

2. 会计档案的具体内容

（1）按照《会计档案管理办法》的规定，企业单位的会计档案包括以下具体内容（如表10-1所示）。

①会计凭证，包括原始凭证、记账凭证。

②会计账簿，包括总账、明细账、日记账、固定资产卡片及其他辅助性账簿。

③财务会计报告，包括月度、季度、半年度、年度财务会计报告。

④其他会计资料，包括银行存款余额调节表、银行对账单、纳税申报表、会计档案移交清册、会计档案保管清册、会计档案销毁清册、会计档案鉴定意见书及其他具有保存价值的会计资料。

（2）单位内部形成的属于归档范围的电子会计资料可仅以电子形式保存，形成电子会计档案。

①形成的电子会计资料来源真实有效，由计算机等电子设备形成和传输。

②使用的会计核算系统能够准确、完整、有效接收和读取电子会计资料，能够输出符合国家标准归档格式的会计凭证、会计账簿、财务会计报表等会计资料，设定了经办、审核、审批等必要的审签程序。

③使用的电子档案管理系统能够有效接收、管理、利用电子会计档案，符合电子档案的长期保管要求，并建立了电子会计档案与相关联的其他纸质会计档案的检索关系。

④采取有效措施，防止电子会计档案被篡改。

表10-1 会计档案的具体内容

分类	具体内容
会计凭证	原始凭证、记账凭证
会计账簿	总账、明细账、日记账、固定资产卡片及其他辅助性账簿
财务会计报告	月度、季度、半年度、年度财务会计报告
其他会计资料	银行存款余额调节表、银行对账单、纳税申报表、会计档案移交清册、会计档案保管清册、会计档案销毁清册、会计档案鉴定意见书及其他具有保存价值的会计资料
注意：预算、计划、制度等文件材料属于文本书档案，不属于会计档案	

⑤建立电子会计档案备份制度，能够有效防范自然灾害、意外事故和人为破坏的影响。

⑥形成的电子会计资料不属于具有永久保存价值或者其他重要保存价值的会计档案。

单位从外部接收的电子会计资料附有符合《中华人民共和国电子签名法》规定的电子签名的，可仅以电子形式归档保存，形成电子会计档案。

3. 会计档案管理的基本内容

为了加强会计档案管理，有效保护和利用会计档案，根据《会计法》《中华人民共和国档案法》等有关法律和行政法规，制定《会计档案管理办法》，统一规定了单位应当加强会计档案管理工作，建立和完善会计档案的收集、整理、保管、利用和鉴定销毁等管理制度，采取可靠的安全防护技术和措施，保证会计档案的真实、完整、可用、安全。

（1）单位的档案机构或者档案工作人员所属机构负责管理本单位的会计档案。单位也可以委托具备档案管理条件的机构代为管理会计档案。单位可以利用计算机、网络通信等信息技术手段管理会计档案。

（2）单位的会计机构或会计人员所属机构按照归档范围和归档要求，负责定期将应当归档的会计资料整理立卷，编制会计档案保管清册。当年形成的会计档案，在会计年度终了后，可由单位会计管理机构临时保管一年，再移交单位档案管理机构保管。因工作需要确需推迟移交的，应当经单位档案管理机构同意。单位会计管理机构临时保管会计档案最长不超过三年。临时保管期间，会计档案的保管应当符合国家档案管理的有关规定，且出纳人员不得兼管会计档案。单位会计管理机构在办理会计档案移交时，应当编制会计档案移交清册，并按照国家档案管理的有关规定办理移交手续。纸质会计档案移交时应当保持原卷的封装。电子会计档案移交时应当将电子会计档案及其元数据一并移交，且文件格式应当符合国家档案管理的有关规定。特殊格式的电子会计档案应当与其读取平台一并移交。单位档案管理机构接收电子会计档案时，应当对电子会计档案的准确性、完整性、可用性、安全性进行检测，符合要求的才能接收。

（3）单位应当严格按照相关制度利用会计档案，在进行会计档案查阅、复制、借出时履行登记手续，严禁篡改和损坏。单位保存的会计档案一般不得对外借出。确因工作需要且根据国家有关规定必须借出的，应当严格按照规定办理相关手续。会计档案借用单位应当妥善保管和利用借入的会计档案，确保借入会计档案的安全完整，并在规定时间内归还。

（4）会计档案的保管期限分为永久、定期两类。定期保管期限一般分为 10 年和 30 年。会计档案的保管期限，从会计年度终了后的第一天算起。

（5）单位应当定期对已到保管期限的会计档案进行鉴定，并形成会计档案鉴定意见书。经鉴定，仍需继续保存的会计档案，应当重新划定保管期限；对保管期满，确无保存价值的会计档案，可以销毁。会计档案鉴定工作应当由单位档案管理机构牵头，组织单位会计、审计、纪检监察等机构或人员共同进行。

（6）单位因撤销、解散、破产或其他原因而终止的，在终止或办理注销登记手续之前形成的会计档案，按照国家档案管理的有关规定处置。单位分立后原单位存续的，其会计档案应当由分立后的存续方统一保管，其他方可以查阅、复制与其业务相关的会计档案。单位分立后原单位解散的，其会计档案应当经各方协商后由其中一方代管或按照国家档案管理的有关规定处置，各方可以查阅、复制与其业务相关的会计档案。单位分立中未结清的会计事项所涉及的会计凭证，应当单独抽出，由业务相关方保存，并按照规定办理交接手续。单位因业务移交其他单位办理所涉及的会计档案，应当由原单位保管，承接业务单位可以查阅、复制与其业务相关的会计档案。对其中未结清的会计事项所涉及的会计凭证，应当单独抽出，由承接业务单位保存，并按照规定办理交接手续。单位合并后原各单位解散或者一方存续,其他方解散的,原各单位的会计档案应当由合并后的单位统一保管。单位合并后原各单位仍存续的,其会计档案仍应当由原各单位保管。

(7)单位之间交接会计档案时,交接双方应当办理会计档案交接手续。移交会计档案的单位,应当编制会计档案移交清册,列明应当移交的会计档案名称、卷号、册数、起止年度、档案编号、应保管期限和已保管期限等内容。交接会计档案时,交接双方应当按照会计档案移交清册所列内容逐项交接,并由交接双方的单位有关负责人负责监督。交接完毕后,交接双方经办人和监督人应当在会计档案移交清册上签名或盖章。

(8)单位的会计档案及其复制件需要携带、寄运或者传输至境外的,应当按照国家有关规定执行。单位委托中介机构代理记账的,应当在签订的书面委托合同中,明确会计档案的管理要求及相应责任。

10.3.2 会计工作交接

会计工作交接,是会计工作中的一项重要内容,做好会计工作交接,有利于保持会计工作的连续性,有利于明确各自的责任。会计人员调动工作或者离职时,与接替人员办清交接手续,可以使会计工作前后紧密衔接,保证会计工作连续进行,防止因会计人员的更换而出现会计核算混乱的现象,同时可以分清移交人员和接替人员的责任。关于会计工作交接问题,有关的会计法规都做了明确的规定。《会计法》第 41 条规定,会计人员调动工作或者离职,必须与接替人员办清交接手续,《会计基础工作规范》也有相关的规定。

(一)会计工作交接的要求

《会计工作基础规范》对会计工作交接做了比较具体的规定,其内容包括:

(1)会计人员工作调动或因故离职,必须与接替人员办理交接手续,并将本人所经管的会计工作,在规定期限内移交清楚。会计人员临时离职或因事、因病不能到职工作的,会计机构负责人、会计主管人员或单位领导必须指定人员接替或代理。没有办清交接手续的,不得调动或者离职。

(2)接替人员应认真接管移交的工作,并继续办理移交的未了事项。移交后,如果发现原经管的会计业务有违反财会制度和财经纪律等问题,仍由原移交人负责。接替的会计人员应继续使用移交的账簿,不得自行另立新账,以保持会计记录的连续性。

(3)交接完毕后,交接双方和监交人要在移交清册上签名或者盖章,并应在移交清册上注明单位名称、交接日期、交接双方以及监交人的职务和姓名,移交清册页数,以及需要说明的问题和意见等。移交清册一般应填制一式三份,交接双方各执一份,存档一份。

(4)单位撤销时,必须留有必要的会计人员,会同有关人员办理清理工作,编制决算,未移交前,不得离职。接收单位和移交日期由主管部门确定。

(二)会计工作交接的程序

1. 移交前的准备工作

会计人员办理移交手续前,必须做好以下各项准备工作。

(1)对已经受理的经济业务,应全部填制会计凭证。

(2)尚未登记的账目,应登记完毕,并在最后一笔余额后加盖经办人员印章。

(3)整理应移交的各项资料,对未了事项写出书面材料。

（4）编制移交清册，列明移交的凭证、账表、公章、库存现金、有价证券、支票簿、发票、文件、其他会计资料和物品等内容。

2. 移交

移交人员按移交清册逐项移交，接替人员逐项核对点收，具体内容包括以下几点。

（1）库存现金、有价证券等要根据账簿余额进行点交。库存现金、有价证券必须与账簿余额一致；不一致时，移交人应在规定期限内负责查清处理。

（2）会计凭证、账簿、报表和其他会计资料必须完整无缺，不得遗漏如果有短缺，要查明原因，并在移交清册中注明，由移交人负责。银行存款账户余额要与银行对账单核对相符；各种财产和债权、债务的明细账余额，要与总账有关账户的余额核对相符。必要时，可抽查个别账户余额，与实物核对相符或与往来单位、个人核对清楚。

（3）移交人经管的公章和其他实物，也必须交接清楚。

（4）会计机构负责人、会计主管人员移交时，除按移交清册逐项移交外，还应将全部财务会计工作、重大的财务收支和会计人员的情况等向接管人员详细介绍，并对需要移交的遗留问题写出书面材料。

3. 监交

会计人员办理交接手续，必须有监交人负责监交。其中，一般会计人员办理交接手续，由会计机构负责人（会计主管人员）监交；会计机构负责人（会计主管人员）办理交接手续，由单位负责人监交，必要时主管单位可以派人会同监交。通过监交，保证双方都按照国家有关规定认真办理交接手续，防止流于形式，保证会计工作不因人员变动而受影响，保证交接双方处在平等的法律地位上享有权利和承担义务，不允许任何一方以大压小、以强凌弱，或采取不正当乃至非法手段进行威胁。移交清册应当经过监交人员审查和签名、盖章，作为交接双方明确责任的证据。交接工作完成后，移交人员应当对所移交的会计资料的真实性、完整性负责。各种会计档案保管期限，如表 10-2、表 10-3 所示。

表 10-2　企业和其他组织会计档案保管期限表

序号	档案名称	保管期限	备注
一	会计凭证		
1	原始凭证	30 年	
2	记账凭证	30 年	
二	会计账簿		
3	总账	30 年	
4	明细账	30 年	
5	日记账	30 年	
6	固定资产卡片		固定资产报废清理后保管 5 年
7	其他辅助性账簿	30 年	
三	财务会计报告		
8	月度、季度、半年度财务会计报告	10 年	

续表

序号	档案名称	保管期限	备注
9	年度财务会计报告	永久	
四	其他会计资料		
10	银行存款余额调节表	10年	
11	银行对账单	10年	
12	纳税申报表	10年	
13	会计档案移交清册	30年	
14	会计档案保管清册	永久	
15	会计档案销毁清册	永久	
16	会计档案鉴定意见书	永久	

表 10-3 财政总预算、行政单位、事业单位和税收会计档案保管期限表

序号	档案名称	保管期限			备注
		财政总预算	行政单位事业单位	税收会计	
一	会计凭证				
1	国家金库编送的各种报表及缴库退库凭证	10年		10年	
2	各收入机关编送的报表	10年			
3	行政单位和事业单位的各种会计凭证		30年		包括：原始凭证、记账凭证和传票汇总表
4	财政总预算拨款凭证和其他会计凭证	30年			包括：拨款凭证和其他会计凭证
二	会计账簿				
5	日记账		30年	30年	
6	总账	30年	30年	30年	
7	税收日记账（总账）			30年	
8	明细分类、分户账或登记簿	30年	30年	30年	
9	行政单位和事业单位固定资产卡片				固定资产报废清理后保管5年
三	财务会计报告				
10	政府综合财务报告	永久			下级财政、本级部门和单位报送的保管2年
11	部门财政报告		永久		所属单位报送的保管2年
12	财政总决算	永久			下级财政、本级部门和单位报送的保管2年

续表

13	部门决算		永久		所属单位报送的保管2年
14	税收年报（决算）			永久	
15	国家金库年报（决算）	10年			
16	基本建设拨、贷款年报（决算）	10年			
17	行政单位和事业单位会计月、季度报表		10年		所属单位报送的保管2年
18	税收会计报表			10年	所属税务机关报送的保管2年
四	其他会计资料				
19	银行存款余额调节表	10年	10年		

10.4　会计职业道德

会计人员在提供信息或鉴证服务的过程中，除了必须将本职工作置于法律、法规的约束和规范之下外，还必须具备与其职能相适应的职业道德水准。广泛开展会计职业道德宣传教育，全面提高会计职业素养和执业质量是新时代依法治国、创建人民美好生活和促进经济发展的需要。

10.4.1　会计职业道德的定义

道德是社会调节人际关系的行为规范的总和。职业道德是指人们在职业生活中应遵循的基本道德，即一般社会道德在职业生活中的具体体现，是职业品德、职业纪律、专业建任能力以及职业责任等的总称，属于自律范畴，它通过公约、守则等对职业生活中的某些方面加以规范。会计职业道德是指会计人员在从事会计职业活动中应遵循的、体现会计职业特征的、调整会计职业关系的职业行为标准和规范。社会的经济发展水平，决定着人们的行为方式、生产方式和消费方式，也影响着人们的职业道德观念。社会生产力的不断发展，丰富了会计职业活动的内容，使会计职业关系日趋复杂，人们对会计职业行为的要求也不断更新，从而推动着会计职业道德的不断发展和完善。

10.4.2　会计职业道德的基本内容

会计职业道德规范是指在一定的社会经济条件下，对会计职业行为及职业活动的系统要求和明文规定，它是社会道德体系的一个重要组成部分，是职业道德在会计职业行为和会计职业活动中的具体体现。根据我国会计工作和会计人员的实际情况，结合国际上对会计职业道德的一般要求，我国会计人员职业道德的内容可以概括为爱岗敬业、诚实守信、廉洁自律、客观公正、坚持准则、提高技能、参与管理和强化服务。

会计职业道德的有关内容其含义和基本要求如下。

1. 爱岗敬业

爱岗就是热爱自己的工作岗位，热爱本职工作，是对人们工作态度的一种普遍要求。敬业就是用一种严肃的态度对待自己的工作，勤勤恳恳、兢兢业业，忠于职守，尽职尽责。爱岗与敬业的精神是相通的，是相互联系在一起的。爱岗是敬业的基础，敬业是爱岗的具体表现。

基本要求：热爱会计工作，敬重会计职业；严肃认真，一丝不苟；忠于职守，尽职尽责。

2. 诚实守信

诚实，就是忠诚老实，不讲假话。守信，就是信守诺言，说话算数，讲信誉，重信用，履行自己应承担的义务。诚实和守信两者意思是相通的，是互相联系在一起的。诚实是守信的基础，守信是诚实的具体表现，不诚实很难做到守信，不守信很难说是真正的诚实。

基本要求：做老实人，说老实话，办老实事，不弄虚作假；保密守信，不为利益所诱惑；执业谨慎，信誉至上。

3. 廉洁自律

廉洁是指不收受贿赂、不贪污钱财。自律是指自律主体按照一定的标准，自己约束自己、自己控制自己的言行和思想的过程。

基本要求：树立正确的人生观和价值观；公私分明，不贪不占；遵纪守法，尽职尽责。

4. 客观公正

客观是指按照事物的本来面目去反映，不掺杂个人的主观意愿，也不为他人意见所左右，既不夸大，也不缩小。公正就是公平正直，没有偏失，但不是中庸。

基本要求：态度端正；依法办事；实事求是，不偏不倚；保持独立性。

5. 坚持准则

坚持准则是指会计人员在处理业务过程中，应严格按照会计法律制度办事，不为主观或他人意志左右。这里所说的准则，不仅是指会计准则，而且包括会计法律、国家统一的会计制度以及与会计工作相关的法律制度。

基本要求：熟悉准则；遵循准则；坚持准则。

6. 提高技能

提高技能是指会计人员通过学习、培训和实践等途径，持续提高职业技能，以达到和维持足够的专业胜任能力。

基本要求：具有不断提高会计专业技能的意识和愿望；具有勤学苦练的精神和科学的学习方法。

7. 参与管理

参与管理就是间接参加管理活动，为管理者当参谋，为管理活动服务。

基本要求：努力钻研业务，熟悉财经法规和相关制度，提高业务能力，为参与管理打下坚实的基础；熟悉服务对象的经营活动和业务流程，使参与管理的决策更具针对性和有效性。

8. 强化服务

强化服务是指会计人员具有文明的服务态度、强烈的服务意识和优良的服务质量。

基本要求：强化服务意识；提高服务质量。

10.5 会计信息化

10.5.1 会计信息化的概念

在当今这个日新月异的数字化时代，会计信息化已不再是一个遥远的概念，而是深深植根于企业运营与国民经济发展的每一个角落。它不仅仅是技术的革新，更是对传统会计工作模式的一次深刻重构与升级。会计信息化，顾名思义，是利用计算机、网络、通信等现代信息技术，对传统会计流程进行智能化、自动化改造，旨在构建一个高度融合会计知识与现代技术的开放、现代会计信息系统。

随着全球经济的快速融合与信息技术的飞速发展，企业面临的竞争环境日益复杂多变。传统的会计工作模式，依赖手工记账、纸质凭证，不仅效率低下，而且难以应对海量数据的处理需求。会计信息化应运而生，它如同一股清新的风，吹散了传统会计领域的迷雾，为企业提供了更为高效、精准、实时的财务管理手段。

会计信息化的实施，涉及多个层面的变革。首先，在数据采集与处理方面，现代会计信息系统能够自动从各业务系统中抓取数据，实现数据的实时传输与集中处理。例如，企业销售系统、采购系统、库存系统产生的数据，可以无缝对接到会计信息系统中，避免了数据重复录入与人为错误，大大提高了工作效率。

其次，在财务报告编制方面，会计信息化系统能够自动生成各类财务报表，如资产负债表、利润表、现金流量表等，且支持多维度、多层次的数据分析。这不仅降低了财务报告编制的成本与时间，还使得管理层能够更快地获取决策所需的信息，提高了企业的市场响应速度与竞争力。

最后，会计信息化还促进了会计信息的深度开发与利用。通过数据挖掘、大数据分析等技术手段，企业可以深入挖掘会计数据背后的价值，发现潜在的市场趋势与风险点，为企业的战略决策提供有力支持。例如，通过分析销售数据与客户行为数据，企业可以制定更加精准的营销策略；通过分析供应链数据与生产数据，企业可以优化库存管理与生产计划，降低成本提高效益。

根据国内外多项实证研究结果显示，实施会计信息化的企业普遍在财务管理效率、决策支持能力、市场竞争力等方面表现出显著优势。据统计，某大型制造企业在实施会计信息化后，财务报表编制时间缩短了 30%，数据错误率降低了 80%，同时企业利润率提升了 5 个百分点。这些实实在在的数据证明了会计信息化在推动企业发展与社会进步方面的巨大潜力。

会计信息化不仅仅是技术层面的革新，更是管理理念与方法的转变。它要求企业从传统的“事后核算”向“事前预测、事中控制、事后分析”的全方位管理模式转变。通过会计信息化系统的实时监控与数据分析功能企业可以及时发现并解决经营过程中存在的问题与风险；同时利用系统提供的预测与分析工具企业可以更加科学地制定战略规划与经营决策，从而实现企业的可持续发展。

会计信息化是现代企业不可或缺的重要组成部分也是推动国民经济发展的重要力量。

它不仅提高了会计信息的可靠性与有用性，还为企业的发展注入了新的活力与动能。随着信息技术的不断进步与普及，我们有理由相信会计信息化将在未来的发展中发挥更加重要的作用，为企业与社会的繁荣发展贡献更多的力量。

10.5.2 会计信息化的特点

在21世纪的今天，信息技术的普遍应用已经渗透到社会的各个角落，会计领域也不例外。会计信息化，这一概念的提出，标志着会计行业与现代科技的深度融合，它在会计理论、会计管理、会计工作、会计教育等多个层面都发挥着至关重要的作用。尽管会计信息化在这些领域的应用起步相对较晚，但其发展速度之快，成效之显著，令人瞩目。

首先，从会计管理的角度看，信息化技术的应用极大地提高了会计信息的处理效率和准确性。传统的会计管理中，大量的数据计算和分析工作需要人工操作，不仅耗时耗力，而且容易出错。然而，随着计算机技术的发展，会计系统可以自动完成数据的录入、计算、分析和报告，大大节省了人力和时间，同时也降低了错误率，提高了决策的科学性和时效性。

其次，会计工作也因信息化的引入而发生了革命性的变化。现代会计信息系统能够实时生成和更新财务数据，为管理层和投资者提供最新的财务状况。此外，通过网络技术，会计信息可以跨越地域限制，实现远程共享，极大地提升了信息的透明度和使用效率。据统计，会计信息化的应用使得会计工作的效率提高了30%以上，数据处理的准确率也提升了近50%。

最后，会计教育也受益于信息化的普及。在教学过程中，教师可以利用会计软件进行模拟操作，让学生更直观地理解会计原理和操作流程。同时，丰富的在线资源和远程教育平台也打破了时间和空间的限制，为学生提供了更广阔的学习空间。据一项调查，使用会计信息化教学的学校，学生的实践操作能力和问题解决能力提高了约40%。

总体来说，会计信息化虽然起步较晚，但其在会计管理、会计工作、会计教育中的应用已经取得了显著的成效。随着技术的不断进步，会计信息化的潜力还将进一步释放，对推动会计行业的现代化和全球化具有深远影响。

2. 集成性

会计信息化是把传统的业务处理流程和会计组织进行改革，来支持“数据银行”和“虚拟企业”等新的管理模式和组织形式。而会计信息化的目的就是会计信息的集成和共享，关于会计信息化的集成性主要体现在三个方面：

（1）企业会计可分为财务会计与管理会计两个大类，要实现企业会计信息的集成就要实现管理会计和财务会计之间的信息的集成。

（2）除了财务信息之外，企业的业务信息也是不能忽视的，业务信息与财务信息之间是相互影响的，因此要做到会计信息的集成就要把企业的财务信息与业务信息相关联，会计信息化就是要做到财务信息与业务信息的无缝连接——业财融合。

（3）要构建与企业外部人员间的关系网（例如客户、银行、供应商、税务、审计、财政等）之间的信息化网络，实现企业内外部之间的信息集成。信息集成化就是为了实现信息共享，企业内外部相关原始数据只需要一次性录入，就可以供企业内外部各个部门多次利用，信息共享不仅减少了各部门重复输入原始数据的工作量，也有效地保证了原始数据的一致性，可以使得各个部门后续工作中得出的数据都是来源于同一个原始数据，这就好似信息共享的优点。21 世纪的会计信息系统是建立在会计信息化的基础上的，是与企业整个组织的内外部信息有机整合的，是高度数字化、实时化、多元化、个性化和动态化的信息系统，其具有非常强的适应能力。

3. 实时性

在信息化时代的背景下，实时性作为一个至关重要的特性，已经渗透到各行各业，会计信息化领域也不例外。实时性，也常被称作同步性或动态性，是指系统能够即时处理和反馈信息的能力，不依赖于时间的延迟。在会计信息化的语境中，实时性特点的体现主要在于数据采集和数据处理的实时性。

传统的会计系统往往采用周期性的数据录入和处理方式，例如每月或每季度进行一次财务数据的汇总和分析。然而，这种模式在面对快速变化的商业环境和决策需求时，往往显得滞后且效率低下。相反，会计信息化的实时性则能够打破这种时间束缚，实现数据的即时获取和处理。

具体来说，通过集成的会计信息系统，企业可以实时收集来自各个业务环节的数据，如销售订单、采购发票、库存变动等。这些数据在生成的瞬间就会被系统捕获，并立即进行计算和分析，生成最新的财务报表和关键绩效指标。例如，当一笔销售交易发生时，系统会实时更新收入账户，同时考虑到库存减少，调整相应的成本账户，从而实时反映出企业的经营状况。

实时性不仅提高了会计信息的时效性，也极大地增强了其决策支持功能。管理者无需等待月度或季度的财务报告，就能随时获取到最新的财务数据，快速做出反应和决策。根据 IBM 的一项研究，实时财务分析可以帮助企业将决策速度提高 50%，并减少 10%的决策错误。

此外，实时性还有助于企业更好地应对风险和挑战。例如，当发现库存积压或现金流紧张的迹象时，管理者可以立即采取措施，如调整生产计划、优化资金调度等，从而避免可能的损失。

总体来说，会计信息化的实时性特点，通过提供即时、准确的财务信息，极大地提升了企业的运营效率和决策质量，对于企业在现代商业环境中的竞争和生存具有重大意义。

4. 渐进性

传统会计模式到会计信息化是一个渐进的过程，这个转变不是一蹴而就的，它的渐进性应分为三个转变步骤。

（1）在传统会计模式中加入一些会计信息化的技术，使用计算机对原始数据进行处理，计算机代替手工记账、算账和报账的过程，初步完成会计信息化。

（2）传统会计模式与会计信息化之间相互适应、相互融合，使得传统会计模式为了会计信息化的发展而进行局部的改变，开始将网络应用到会计领域，实现信息化的会计管理。

（3）充分发挥现代信息技术的优势，对传统会计模式进行重构，形成现代化的会计信息系统，除了在会计中加入计算机与网络的使用，更多人开始应用云技术，使得会计信息可以实现共享，从而建立完整的会计信息化体系。

10.5.3 会计信息化的发展过程

会计信息化的发展历程可以追溯到20世纪中叶，至今已历经了三个主要阶段，每个阶段都伴随着信息技术的革新，逐步提升了会计工作的效率和深度。

首先，会计电算化阶段是20世纪60年代至90年代的主流。在这个阶段，计算机技术的引入主要为了解决会计信息处理的烦琐和低效问题。通过使用专门的会计软件，会计工作从手工记账转变为电子处理，大大提高了数据处理的速度和准确性。然而，这一时期的会计系统仍然局限于模仿手工记账的模式，主要职能仍然是记账、算账和报账，与传统会计的职能基本一致。

进入21世纪，随着企业资源计划（ERP）系统的普及，会计工作进入了ERP阶段。在这个阶段，信息技术的应用更加深入，不仅实现了财务信息的实时控制和报告，还涵盖了供应链管理、人力资源管理等多个业务领域。大型数据库和互联网的广泛使用，使得会计信息能够跨越时间和空间的限制，为企业的全局决策提供了支持。此时，会计的职能开始从单纯的记录和计算，转向更侧重于企业运营的实时监控和决策支持。

最后，会计信息化阶段的到来，标志着会计工作与信息技术的深度融合。21世纪10年代以来，云计算、大数据、人工智能等新技术的快速发展，为会计信息的获取、处理和分析提供了更为强大的工具。会计系统不再局限于内部财务数据，而是能够整合内外部的各种信息资源，为管理者提供全面、深入的决策依据。同时，会计的职能也从传统的记录、计算和报告，转变为企业运营、管理和决策提供全方位的信息服务。

总体来说，会计信息化的发展历程是信息技术与会计理论不断融合、创新的过程。随着新技术的不断涌现，会计信息化的未来将更加广阔，会计的职能也将更加多元化和深入。

10.6 财务共享服务中心

10.6.1 财务共享服务中心概述

财务共享服务中心，一种在当今企业中日益流行的管理模式，是将企业的财务运作整合到一个统一的实体或平台上，以实现高效、经济和安全的财务管理。这种模式的核心理念是将分散的财务功能，如会计核算、费用报销、资金结算等，集中在一个特定的地点，以达到资源共享、成本优化和风险控制的目的。

首先，财务共享服务中心显著提高了工作效率。通过集中处理，可以实现流程标准化和自动化，减少重复工作，降低错误率，从而大大提高财务处理的速度和准确性。例如，根据IBM的一项研究，实施财务共享服务的企业，其财务处理效率平均提高了30%。

其次，这种模式有助于企业更好地控制成本。通过规模经济，财务共享服务中心可以降低单个财务交易的处理成本，同时，通过持续改进和自动化，可以进一步减少人力和运营成本。据普华永道的报告，企业实施财务共享服务后，财务运营成本平均下降了25%。

此外，财务共享服务中心强化了内部风险控制。集中化的管理使得风险识别和管理更为有效，可以及时发现并防止潜在的财务风险，保障企业的财务安全。同时，通过增强合规性和透明度,也有助于提升企业的声誉和信任度。

在资源共享方面,财务共享服务中心打破了部门间的壁垒,使得企业能够更有效地利用财务资源,支持业务发展。同时,这种模式也有助于提升客户满意度,因为更快的财务处理速度和更高的数据准确性可以直接反映在对客户的服务质量上。

最后,财务共享服务中心也加强了人力资源管理。财务人员可以从日常操作中解放出来,更多地专注于战略性的财务活动,如预算规划、财务分析和决策支持,从而提升财务部门的战略价值。

总体来说,财务共享服务中心通过整合和优化财务流程,实现了财务与会计的分离,提升了财务管理的效率和效果,为企业的持续发展和价值创造提供了强大的支持。

10.6.2　财务共享中心定位

在当今的数字化时代,集团的财务管理模式正经历着深刻的变革。其中,财务共享中心作为一种创新的财务管理模式,正在逐步成为集团内财务数据的“智慧大脑”,以及业务扩张的强有力支撑平台。

1. 数据服务中心:财务的“智慧大脑”

财务共享中心,如同一个高效运转的“数据服务中心”,其核心任务是集中处理和分析集团内部的财务数据。通过先进的信息技术,如云计算、大数据和人工智能等,财务共享中心能够实现财务数据的实时收集、整合和加工,确保数据的准确性和完整性。这样的数据处理能力,为公司的运营决策提供了强有力的数据支持,使得决策过程更加科学、精确和高效。例如,通过实时分析,公司可以迅速洞察市场变化,及时调整经营策略,以应对瞬息万变的商业环境。

2. 业务支撑平台:跨越地域的“桥梁”

财务共享中心的另一大优势在于其强大的业务支撑能力。它打破了传统的组织架构和地域限制,构建了一个跨越地域的财务服务网络。无论公司业务扩展到何处,财务共享中心都能迅速响应,提供标准化、一致化的财务服务。这不仅大大缩短了服务响应时间,提高了服务效率,还为公司业务的快速扩张提供了坚实的后盾。以跨国公司为例,通过财务共享中心,公司可以快速整合全球的财务资源,优化资源配置,降低运营成本,从而在全球竞争中取得优势。

总体来说,财务共享中心作为数据服务中心和业务支撑平台,正在深度影响和重塑集团的财务管理方式,推动企业向更高效、更智能的方向发展。然而,这一变革也对财务人员的技能和素质提出了更高的要求,他们需要不断学习新的知识和技能,以适应这一全新的财务管理环境。

10.6.3　财务共享中心价值体现

1. 加强管控、推动财务转型

在当前的商业环境中,财务管控的重要性日益凸显,它不仅是企业运营的基础,更是推动企业战略实施的关键因素。为了实现这一目标,我们需要强化财务管控,积极推进财务转型,以适应快速变化的市场环境。

首先,财务核算的标准化是规范业务工作的重要手段。通过制定统一的核算规则和流程,可以有效减少人为因素带来的不确定性,降低操作风险,提高财务数据的准确性和可靠性。这就像在企业内部建立了一套严谨的"财务语言",使得不同部门、不同地区的业务活动都能在统一的标准下进行,从而增强集团的管控能力。

其次,财务核算的集中化是推动财务职能专业化的重要途径。通过将分散的核算工作集中到一个中心,可以实现规模效应,提高核算效率,同时也有利于培养专业的财务人才。这种专业化分工使得财务部门能够从日常的交易处理中解放出来,更专注于提供战略性的财务分析和决策支持,形成战略财务、业务财务、共享财务三层架构的整合财务管理体系。

这种财务管理体系的转变,实质上是推动财务职能由传统的"账房先生"角色向"价值创造者"角色的转型。财务部门不再仅仅是记录和报告数据,而是要深入业务,理解业务,通过提供深度的财务洞察,帮助管理层制定和优化战略,提升企业的价值创造能力。

以某大型跨国企业为例,该企业在实施财务转型后,其财务部门的效率提高了 30%,财务报告的错误率下降了 50%,更重要的是,财务部门在企业战略决策中的参与度提高了 60%,显著提升了企业的经营效益。

总体来说,加强财务管控,推动财务转型,是企业适应市场变化,提升竞争力的必然选择。这需要我们不断探索和实践,以构建更加高效、智能、战略导向的财务管理体系。如图 10-2 所示。

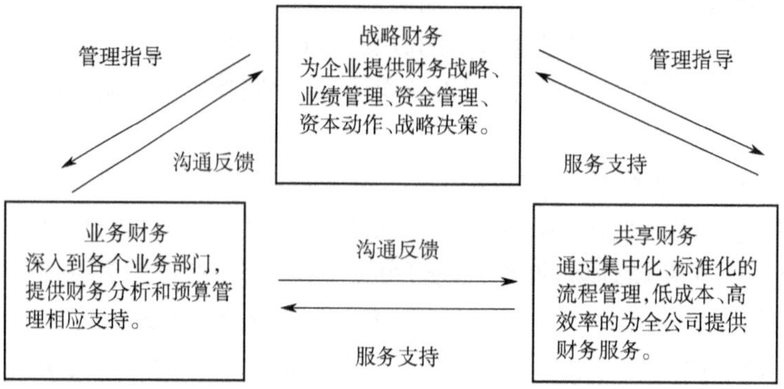

图 10-2 战略财务、业务财务、共享财务三层架构的整合财务管理体系图

2. 优化成本结构,提升运营效率

在当今的商业环境中,企业不断寻求优化运营模式以提升竞争力。财务共享服务中心(Financial Shared Service Center, FSSC)作为一种创新的财务管理策略,正在全球范围内被广泛采用。这一模式的核心理念是将分散在各个部门的财务职能集中到一个专门的团队,以实现规模经济和标准化操作,从而降低整体成本,提高工作效率。

首先, FSSC 通过集中处理日常的财务事务,如账单支付、发票处理和财务报告,显著减少了基础财务人员的需求。根据波士顿咨询公司的研究,企业通过设立 FSSC,可以减少财务人员数量高达 40%,极大地降低了人力成本。此外, FSSC 还通过自动化和流程优化,减少了操作执行成本,例如,通过引入人工智能和机器学习技术,可以自动识别和处理大量的报销单据,减少了人为错误和处理时间。

其次,FSSC 对报销流程的改革也是提高效率的关键。传统的报销流程通常涉及多层审批和烦琐的纸质文件,而 FSSC 则采用数字化和移动化的报销方式,员工可以随时随地提交电子报销单,审批流程也得以简化和加速。据 Gartner 的报告,实施 FSSC 的公司,其报销时间平均缩短了 50%,极大地提高了资金流转效率。

同时, FSSC 的标准化操作和严格的内部控制,也显著提高了财务核算的质量。通过统一的财务规则和流程,可以减少错误和遗漏,确保财务数据的准确性和一致性。这不仅有助于企业做出更明智的决策,还有利于满足严格的财务法规和审计要求。

总体来说,财务共享服务中心通过优化成本结构、提高运营效率和保证财务质量,为企业带来了显著的经济效益和战略优势。然而,实施 FSSC 也需要考虑到组织变革管理、技术整合和员工培训等挑战,企业需要有明确的规划和执行策略,以确保转型的成功。